高等学校应用型特色规划教材

数字新媒体营销教程

唐乘花 主 编

王谷香 余 福 袁 超 副主编

清华大学出版社
北京

内 容 简 介

本书凝聚了编写团队多年的教学经验和精华，坚持以"学"为中心，引导学生提出探索型问题、自主学习。全书内容涉及当前各类数字新媒体营销手段和营销平台，包括 6 个项目、19 个任务、6 个实训。为了帮助师生更好地使用教材，特别在每个"项目"中设计了"项目情境描述""学习目标""学习任务""课后练习""项目实训实践"栏目，对该项目提出学习目标要求、作出课时分配建议。每个项目下所设"任务"均包含了"教学准备""案例导入""知识嵌入"和"课堂演练"等部分，为教学提供了大量实用的素材，而"课堂演练"更好地巩固了本任务的知识和操作技能。

本书适合普通高等院校(含高职院校)市场营销、出版与发行、新闻采编、编辑学、数字出版、数字媒体艺术、网络新媒体等专业作为数字新媒体营销课程的教材使用，也可供从事数字新媒体营销工作的人员参考。

本书封面贴有清华大学出版社防伪标签，无标签者不得销售。
版权所有，侵权必究。举报：010-62782989，beiqinquan@tup.tsinghua.edu.cn。

图书在版编目(CIP)数据

数字新媒体营销教程/唐乘花主编. --北京：清华大学出版社，2016(2025.1重印)
高等学校应用型特色规划教材
ISBN 978-7-302-42467-3

Ⅰ.①数… Ⅱ.①唐… Ⅲ.①网络营销—高等学校—教材 Ⅳ.①F713.36

中国版本图书馆 CIP 数据核字(2015)第 310884 号

责任编辑：陈冬梅　李玉萍
封面设计：杨玉兰
责任校对：周剑云
责任印制：宋　林

出版发行：清华大学出版社
　　　网　　址：https://www.tup.com.cn, https://www.wqxuetang.com
　　　地　　址：北京清华大学学研大厦 A 座　邮　编：100084
　　　社 总 机：010-83470000　邮　购：010-62786544
　　　投稿与读者服务：010-62776969, c-service@tup.tsinghua.edu.cn
　　　质量反馈：010-62772015, zhiliang@tup.tsinghua.edu.cn
印 装 者：三河市君旺印务有限公司
经　　销：全国新华书店
开　　本：185mm×260mm　印　张：14.5　字　数：346 千字
版　　次：2016 年 2 月第 1 版　印　次：2025 年 1 月第 9 次印刷
定　　价：48.00 元

产品编号：062356-03

高等学校应用型特色规划教材

出版传媒系列丛书编委会名单

主　任：唐乘花

副主任：章忆文　陆卫民　袁　超　张　波

编委会成员：

唐乘花　章忆文　陆卫民　张彦青　王谷香

刘为民　陆　文　张　波　陈　琦　余　福

周蔡敏　赵艳辉　袁　超　曾红宇

本书编委会名单

主　编：唐乘花

副主编：王谷香　余　福　袁　超

编写人员(排名不分先后)：

王谷香　刘为民　陆　文　张　波

余　福　杨钰莹　欧继花　周蔡敏

赵艳辉　唐乘花　袁　超

前　言

所谓新媒体，就是利用数字技术、网络技术，通过无线或有线传输网络，向用户提供视听服务内容、发挥传播功能，并与用户互动的媒介总和。目前，我国已出现的新媒体形态多达数十种，比较热门的有：手机、数字电视、直播卫星电视、移动电视、交互式网络电视(IPTV)、网络电视(WebTV)、网上即时通信、虚拟社区、博客、播客、搜索引擎、简易聚合(RSS)等，以及出现在电梯间、地铁、超市、医院、商场、机场的液晶显示器(LCD)、发光二极管(LED)等各种新形式的户外媒体，可谓林林总总。新媒体以前所未有的互动性，使信息资源在交互、共享的增值过程中进一步增强了黏合性与传播效力。

"数字新媒体营销"是市场营销、编辑出版、数字出版、数字媒体艺术、新闻采编、网络新媒体等专业的必修课之一。本课程主要介绍数字新媒体的种类与传播特点、数字新媒体营销的优势，以及各种数字新媒体营销平台和手段(如互联网营销、社会化媒体营销、数字视频营销、移动和户外新媒体营销、电子商务平台营销)等知识，为后续开设的"网络书店经营管理""电子商务"等课程作铺垫，着重培养学生在数字新媒体营销、策划与创意方面的能力，为培养适应数字时代发展、从事数字新媒体开发与网络传播的应用型人才奠定基础。

此次出版的《数字新媒体营销教程》教材是我与我的教学团队 5 年多来开设"数字新媒体营销"课程的教学和研究成果。教材的编写框架来自数字新媒体营销工作流程的推导，内容上覆盖了从事数字新媒体营销工作岗位所需要的知识和技能，内容的定位为数字新媒体营销策划、创意、执行与运营层面的知识和技能，内容的呈现方式符合学生的认知规律。全书内容涉及各类数字新媒体营销手段和营销平台的营销，共分 6 个项目，包含 19 个任务和 6 个实训，项目一为"认识数字新媒体营销"，项目二为"互联网营销"，项目三为"社会化媒体营销"，项目四为"数字视频营销"，项目五为"移动和户外新媒体营销"，项目六为"电子商务平台营销"。为了帮助师生更好地使用教材，特别在每个"项目"的结构中设计了"项目情境描述""学习目标""学习任务""课后练习"，对该项目的学习内容所对应的工作岗位能力进行描述，并对该项目提出学习目标要求、作出课时分配建议，教材篇幅、案例、操作任务完全能够在教学课时内完成。每个"任务"均包含了"教学准备""案例导入""知识嵌入"和"课堂演练"等部分，抓住"案例、知识、演练"三者之间的内在联系，促进学生对专业知识和职业技能的掌握。

本教材的特点归纳如下:

(1) 新颖性。本书突破了其他数字新媒体营销教材过于强调理论知识系统性的局限性,紧密结合数字新媒体营销工作岗位对学生知识技能的要求,项目知识内容涵盖数字新媒体营销工作所涉及的各种营销平台,从低到高形成能力体系。

(2) 实用性。全书按 72 课时设计编写内容,所编写的"任务"对应完整的教学课时;每个"任务"的课时计划都在以往的教学中实践过,完全可行;教材中提供了大量的原创案例、演练和实训素材,完全满足教学的需要。

(3) 操作性。本书的"课堂演练""课后练习""项目实训实践"等操作性内容具有原创性。各项目中的"课堂演练"由易到难形成实践操作体系,通过"项目实训实践"对项目所学内容进行巩固和实践,让学生熟悉数字新媒体营销的操作,且全书各项目的实训实践具有逻辑递升性,将各项目的实训实践串起来,基本可以使学生掌握数字新媒体营销的操作技能。

(4) 针对性。本书编写主要针对应用型本科院校、高职传媒类院校市场营销专业、新闻采编与制作专业、网络与新媒体传播专业的特点,基于传统营销向数字营销转变时期企业对数字营销人才的需要,着重培养学生解决实际问题的能力。

本书由教材编写委员会成员共同编写完成,教材编写成员有来自业界的新媒体营销专家和院校教师,书中融汇了他们的教学成果和数字新媒体营销经验。其中,唐乘花担任主编,负责拟定提纲、编写体例和样章,以及全书的统稿、审稿和修改工作,并执笔撰写项目一、项目二、项目三和项目四;余福执笔项目五和项目六;王谷香参与项目一、项目二的编写;袁超参与项目三的编写;周蔡敏参与项目四的编写。赵艳辉、杨钰莹负责全书操作步骤的验证及制图工作。

本书在编写过程中,得到来自业界刘为民、陆术华的大力支持,同时,在编写过程中参考了大量的著述和文献,在此一并向这些作者表示感谢。

我们的这一新尝试,需要在教学实践中不断地加以完善和提高,编者真诚地希望广大教师和读者对本书提出宝贵意见。

本书可以作为应用型本科院校和高职院校市场营销专业、出版与发行专业、新闻采编专业、数字媒体专业、数字出版专业的数字新媒体营销课程的教材使用。

唐乘花

目 录

项目一 认识数字新媒体营销 1

任务1 数字传播与数字新媒体 2
【教学准备】 2
【案例导入】 2
【知识嵌入】 3
一、数字传播技术及其特点 3
二、数字新媒体 4
【课堂演练】 7

任务2 全媒体整合营销 7
【教学准备】 7
【案例导入】 7
【知识嵌入】 9
一、全媒体出版 9
二、整合营销与全媒体营销 11
【课堂演练】 13

项目实训实践 区域内数字新媒体营销
现状大调查 14

课后练习 16

项目二 互联网营销 17

任务1 网站营销 18
【教学准备】 18
【案例导入】 18
【知识嵌入】 19
一、网站营销及网站分类 19
二、网上价格策略 23
三、如何做好网站营销 25
四、网站文案写作 26
【课堂演练】 28

任务2 电子邮件营销 28
【教学准备】 28
【案例导入】 29
【知识嵌入】 29
一、电子邮件营销 29

二、如何做好电子邮件营销 33
【课堂演练】 36

任务3 搜索引擎优化 36
【教学准备】 36
【案例导入】 36
【知识嵌入】 37
一、搜索引擎、搜索引擎优化与搜索
引擎营销概述 37
二、搜索引擎优化的特征影响因素
及其工作流程 39
三、免费策略与付费竞价推广 45
【课堂演练】 48

任务4 联署计划营销 49
【教学准备】 49
【案例导入】 49
【知识嵌入】 49
一、联署计划营销 49
二、联署计划付费方式 51
三、联署计划营销的设计 51
四、联署计划营销的方式 53
【课堂演练】 56

项目实训实践 新媒体营销经理
训练营启动 56

课后练习 58

项目三 社会化媒体营销 59

任务1 认识社会化媒体营销 60
【教学准备】 60
【案例导入】 60
【知识嵌入】 61
一、社会化媒体及社会化媒体营销 ... 61
二、国内社会化媒体营销平台 64

任务2 网络社区与论坛营销 66
【教学准备】 66
【案例导入】 66

【知识嵌入】 67
　　　一、网络社区与网络论坛 67
　　　二、网络社区营销 70
　　　三、论坛营销 72
　　【课堂演练】 75
任务 3　SNS 营销 75
　　【教学准备】 75
　　【案例导入】 75
　　【知识嵌入】 76
　　　一、认识 SNS 76
　　　二、SNS 营销 78
　　【课堂演练】 84
任务 4　博客营销 84
　　【教学准备】 84
　　【案例导入】 85
　　【知识嵌入】 86
　　　一、博客和博客营销 86
　　　二、企业博客营销的策略 93
　　　三、博客平台的选择和优化 98
　　【课堂演练】 102
任务 5　微博营销 102
　　【教学准备】 102
　　【案例导入】 103
　　【知识嵌入】 104
　　　一、微博和微博营销 104
　　　二、企业微博营销的策略 108
　　【课堂演练】 115
任务 6　微信营销 116
　　【教学准备】 116
　　【案例导入】 116
　　【知识嵌入】 117
　　　一、微信及微信的功能 117
　　　二、微信公众平台及功能 123
　　　三、微信营销 125
　　【课堂演练】 132
项目实训实践　社会化媒体营销
　　　　　　　大比拼 132
课后练习 135

项目四　数字视频营销 136
　任务 1　聚焦数字视频营销 137
　　【教学准备】 137
　　【案例导入】 137
　　【知识嵌入】 138
　　　一、了解数字视频 138
　　　二、数字视频营销 141
　　【课堂演练】 143
　任务 2　视频营销的策划、制作与传播 144
　　【教学准备】 144
　　【案例导入】 144
　　【知识嵌入】 145
　　　一、营销视频策划 145
　　　二、营销视频的设计与制作 155
　　　三、营销视频的传播 160
　　【课堂演练】 165
　任务 3　微电影营销 165
　　【教学准备】 165
　　【案例导入】 165
　　【知识嵌入】 166
　　　一、什么是微电影 166
　　　二、微电影营销方式的优势 168
　　　三、企业应用微电影营销的建议 170
　　【课堂演练】 171
　项目实训实践　原创视频营销 172
　课后练习 173

项目五　移动和户外新媒体营销 174
　任务 1　移动新媒体(手机)营销 175
　　【教学准备】 175
　　【案例导入】 175
　　【知识嵌入】 176
　　　一、手机广告 177
　　　二、手机短信营销 178
　　　三、手机 App 营销 180
　　　四、手机二维码营销 183
　　【课堂演练】 185
　任务 2　户外新媒体营销 185
　　【教学准备】 185

【案例导入】...185
【知识嵌入】...187
一、户外 LED...189
二、楼宇数字电视..190
三、车载移动新媒体....................................193
【课堂演练】...194
项目实训实践　寻找区域内户外新媒体
　　　　　　　营销机会............................194
课后练习...196

项目六　电子商务平台营销.........................197

任务 1　电子商务概述....................................198
【教学准备】...198
【案例导入】...198
【知识嵌入】...199
一、电子商务的基本概念.................................199
二、电子商务的特点与功能............................202
三、电子商务模式分类....................................204
【课堂演练】...205
任务 2　企业的电子商务营销策略................205
【教学准备】...205
【案例导入】...206
【知识嵌入】...206
一、企业电子商务营销的方式.........................206
二、主流电子商务平台分析............................208
【课堂演练】...213
项目实训实践　我在淘宝开网店.................213
课后练习...216

《数字新媒体营销教程》授课计划表
（72 课时）...217

主要参考文献...219

项目一　认识数字新媒体营销

【项目情境描述】

　　随着数字化技术的快速发展，大众传播媒体领域的数字化进程也日益加速，越来越多的数字媒体开始走进人们的日常生活。比如，相较模拟电视，人们使用数字电视可以自主地选择喜爱的电视节目；智能手机与互联网的发展使得人们不仅可以用手机通话还可以用手机收看视频、上网、购物，畅享网络生活；数字电影、数字广播让人们真切地体验到高清晰、便捷的数字化品质的享受；卫星电视、网络电视等也纷至沓来，中国的数字媒体产业正在数字媒体的普及和发展中日渐成型、成长。

　　数字传播技术包括数字信息采集技术、数字信息加工技术、数字信息传输技术、数字信息发布技术、数字信息存储技术、数字信息检索技术和数字信息智能处理技术。数字传播技术具有很多新的传播特点，如技术获得的门槛低、信息制作的成本低、复制与传播便捷、存储与循环利用方便、信息可以双向传播、传播模式多样、信息传播渠道交叉化和融合化。以数字信息传播技术为介质的新媒体包括原生的数字媒体(如网络媒体、手机媒体)和数字化的传统媒体(如数字化书报刊)。

　　以计算机、互联网、数码成像、数码印刷为核心的数字化生产流程，将信息的最终表达方式从传统的纸质媒体发展到电子媒体和网络媒体，出现了跨媒体出版技术，直接推动了跨媒体出版业的发展。阅读数字出版物已经成为人们学习和获取知识的主流方式之一。互联网的兴起，以智能手机、电子书阅读器为代表的智能终端大面积普及，数字出版内容的丰富和技术的日趋成熟，为数字出版物的广泛传播提供了强力支持。

　　数字传播技术催生跨媒体出版，带来了阅读方式的变化，助推了全媒体营销。数字技术虽然动摇了传统出版的优势地位，改变了传统出版物的生产方式和营销方式，但也丰富了出版物的内容和形式，一方面产生了数字新媒体，另一方面也产生了数字化的传统媒体，跨媒体出版的经营理念和全媒体营销的理念正在逐步形成。无论是传统出版物的营销，还是数字出版物的营销，都需要运用新媒体营销。

　　本项目将带领大家认识什么是数字传播新技术、什么是数字新媒体，以及在数字新技术形势下的全媒体营销等相关知识，并了解数字新媒体营销对营销人才的基本要求以及如何成为一名优秀的数字新媒体营销经理，为将来从事数字新媒体营销相关岗位打下基础。

【学习目标】

(1) 认识数字传播技术及其对出版的影响。
(2) 认识数字新媒体的种类及其对出版物营销的影响。
(3) 具有利用新媒体进行出版物营销的意识。
(4) 具有努力成为优秀新媒体营销经理的理念。

【学习任务】

任务 1 数字传播与数字新媒体(建议：2 课时)

任务 2 全媒体整合营销(建议：2 课时)

项目实训实践 区域内数字新媒体营销现状大调查(建议：4 课时)

任务 1 数字传播与数字新媒体

【教学准备】

(1) 具有互联网环境的实训教室。
(2) 指定可链接的网页如下。

- 百度：http://www.baidu.com/
- 优酷网：http://www.youku.com/
- 京东网：http://www.jd.com/
- 淘宝网：http://www.taobao.com/
- 天涯社区：http://www.tianya.cn/
- 豆瓣网：http://www.douban.com/

【案例导入】

从几则新媒体营销人员招聘信息看人群中的自己

【YM 网寻人启事 我们要的你】：痛恨灰蒙蒙的雾霾天，厌倦了枯燥的办公室？绿色植物最多、艺术气息最浓、创业激情最盛、职场资源最丰的"YM 网"现觅新媒体高管啦！希望你：对移动互联有热情，思维活跃，拥抱变化，玩得转新事物，有新鲜、有趣、持续不断的新思路；擅长新媒体内容创意及研发，能根据 YM 网的品牌定位，开发并策划具有爆点的新媒体推广方案。资历、年龄、从哪儿来都不论。薪资待遇？只要你敢提，我们满足你！希望你动作快一点，抢在邮箱被别人砸满之前让我看到你！

【JY游戏平台招募新媒体运营专员】：需要本科学历、专业不限，对事件营销、借势营销、视频营销和口碑营销手法有一定程度的了解；1年以上的手游游戏经验，能熟练使用论坛、贴吧、微博、微信等社交媒体。

【网络文案专员招聘】：上着班还能刷微博、泡论坛、聊天、玩转朋友圈？这不是幻想。你的任务就是出没于"微博""微信""人人网""猫扑"等各大新媒体社交网络……只要你够大胆，够新潮，够有创意；还要你文笔好、有想法，新闻软文广告通稿总结报告通通拿得下，活动事件公关营销策划略懂一二，善于沟通交流，和粉丝打成一片不分你我。希望你积极向上，思维敏捷，嬉笑怒骂、插科打诨样样擅长，这里将会成为你的乐土，任你天马行空、驰骋网络、呼风唤雨！按捺不住热血沸腾的心了吗？赶快丰富你的简历投来吧！记住，我们在寻找人群中最特别的那一个！

【知识嵌入】

一、数字传播技术及其特点

数字传播技术是数字技术的分支，是现代通信技术与计算机网络技术的结晶，为数字出版的实现及推动提供了重要的技术支持。

(一)数字传播技术简介

从传媒的角度看，数字传播技术可以分为数字信息采集技术、数字信息加工技术、数字信息传输技术、数字信息发布技术、数字信息存储技术、数字信息检索技术和数字信息智能处理技术。这些技术并非截然分割的，实际上，很多技术都是相互交织、相互依存的。在它们的共同作用下，会带来不同的数字媒体应用方式，如互联网站、论坛、博客、SNS、微博等。也就是说，数字媒体中的各种应用方式往往不是某一个层面的技术，而是多个层面的技术的结合。

(二)数字传播技术的特点

在数字技术出现之前，图书、报刊的印刷技术基于铅字排版，广播电视采用的是模拟信号。这些传统技术不仅生产效率较低，信息的传播渠道也受到很大限制。

以计算机技术为基础的数字传播技术，大大地突破了传统的信息传播技术的种种障碍，克服了传统信息传播技术的一些弱点，同时也形成了很多新的传播特点，主要表现为技术获得的低门槛、信息制作的低成本、复制与传播的便捷性、存储与循环利用的方便性、信息传播的双向性、传播模式的多样化和信息传播渠道的交叉化、融合化。

二、数字新媒体

数字媒体是指以数字信息传播技术为介质的媒体。数字媒体不是一个静止的事物，数字媒体的形态本身在不断地发展。但无论哪一种数字媒体，其基本的发展方向都是一致的，除了数字化以外，还包括网络化、移动化和融合化。

很多人常常混用"媒介"与"媒体"这两个相似的概念。尽管"媒体"与"媒介"这两个词有时可以通用，但是它们的含义还是有区别的。"媒介"一词在使用时更强调传播介质这一属性。而"媒体"一词通常有两种用法：一种用法强调的是传播主体，即传播机构；另一种用法则强调介质的大众传播属性。因此，本书所提到的数字媒体，更多地强调它们的大众传播功能，也更多是从专业的新闻传播的角度来认识的。

(一)数字媒体构成

对数字媒体进行分类不是一件容易的事，因为随着媒介融合进程的深化，过去相对独立的媒体之间的界限越来越模糊，很多数字媒体之间已经出现交叉。

1. 原生的数字媒体

原生的数字媒体是指基于全新的传播技术和相应终端而形成的新的媒体。网络媒体和手机媒体就是目前最典型的原生的数字媒体。

1) 网络媒体

今天人们谈到的网络媒体主要是以互联网为技术依托的。网络媒体有两个层面的含义：一是指利用网络这样一种媒介从事新闻与信息传播的机构(如有传统媒体背景的网站、商业新闻网站等)；二是指作为大众传播媒体的网络。从技术平台看，目前人们更多地把基于万维网技术的网站视为网络媒体的核心，当然，各种网络互动空间，如论坛、博客、微博等，也是网络媒体的重要构成部分。从终端角度看，网络媒体主要依赖于计算机。但是，从长远来看，手机、Pad、电子阅读器等都是其终端，因此，它和其他数字媒体的融合是必然的趋势。

2) 手机媒体

随着技术的发展，手机在大众传播领域中扮演的角色也日益明显，因此，它被称为继网络之后的"第五媒体"。

手机媒体的发展，取决于手机技术、手机产业、手机应用等各方面因素。手机媒体的传播形式，从早期的语音通信，发展到短信、彩信、WAP 网站，后来又出现了"应用"

(Application)等方式。作为一种媒体，手机对传统媒体具有延伸、拓展的作用，因此，也经常会看到"手机报纸""手机广播""手机电视"这样的称呼。手机媒体还可以提供游戏、社区、交易、支付等功能。

网络媒体与手机媒体并不是截然分开的，有些时候，手机也是网络的一个终端，而在媒介融合的趋势下，两者也会进一步交融。除了计算机和手机外，目前还有很多新的个人移动终端出现，如 Pad、电子阅读器等，但它们都是网络媒体或手机媒体的新终端，本身还不能称为一种独立的媒体。

2. 数字化的传统媒体

传统媒体的数字化改造和变革是数字媒体发展的另一个支脉，这个支脉与网络媒体、手机媒体的发展并不是彼此隔绝的，但也并不完全等同。

1) 数字化书报刊

书报刊数字化的前提是书报刊印刷中激光照排技术的普及。尽管在激光照排技术推广的初期，书报刊的形态没有发生变化，但是它带来了书报刊信息存储的数字化，这为书报刊各种形态的数字版(电子版)的出现奠定了基础。例如，书报刊的光盘版、书报刊的网络版、书报刊的手机版、书报刊的 Pad 版、电子书等。

2) 数字化广播

广播的数字化主要有三种方式：利用网络平台、利用手机平台以及利用 DAB 技术。

3) 数字化电视

数字化电视意味着电视信号在信息的存储、加工、传播等各个环节的数字化。数字化电视技术主要表现为以下几种形式：IPTV(Internet Protocol Television)、有线数字电视、无线数字电视、网络视频等。

可以看出，今天传统媒体的数字化已经全面展开，非数字化的媒体会越来越少。图书、报纸、广播、电视等媒体的数字化最终也会体现在网络与手机等平台上。

原生的数字媒体和数字化的传统媒体并不是基于对数字媒体的严格分类，而是从两条不同的线索来梳理数字媒体的形成与演进规律，两者实际上是有交叉的。

(二)新媒体的界定

关于新媒体的定义，《新媒体失范与规制论》一书中是这样阐述的："利用数字技术、网络技术和移动通信技术，通过互联网、宽带局域网、无线通信网和卫星等渠道，以电视、计算机为主要输出终端，向用户提供视频、音频、语言数据服务，连线游戏、远程教育等集成信息和娱乐服务的所有新的传播手段和传播形式的总称。"新媒体的种类很多，主要有博客、播客、搜索引擎(如百度、Google)、电子邮箱、手机短信、手机彩信、手机报纸、网络动画、网络游戏、网络广播、移动电视等，其中有的属于新的媒体形式，有的是新的媒体硬件、新的媒体软件和新的信息服务方式。各方对新媒体的定义也不一致。美国《连线》杂志对新媒体的定义："所有人对所有人的传播。"清华大学新闻与传播学院熊澄宇教授认为新媒体是："在计算机信息处理技术基础之上出现和影响的媒体形态。"阳光文化集团首席执行官吴征认为："相对于旧媒体，新媒体的第一个特点是它的消解力量——消解传统媒体(电视、广播、报纸、通信)之间的边界，消解国家与国家之间、社群之间、产业之间的边界，消解信息发送者与接收者之间的边界，等等。"分众传媒CEO江南春在讨论新媒体时论述道："分众就是区分受众，分众传媒就是要面对一个特定的受众族群，而这个族群能够被清晰地描述和定义，这个族群恰好是某些商品或品牌的领先消费群或重度消费群。"

新媒体是一个相对的概念，相对于图书，报纸是新媒体；相对于广播，电视是新媒体。新媒体又是一个时间的概念，在一定的时间段内，新媒体应该有一个稳定的内涵。新媒体同时又是一个发展的概念，科学技术的发展不会终结，人们的需求不会终结，新媒体也不会停留在任何一个现有的平台。

(三)数字新媒体的传播共性

无论是网络、手机还是其他数字媒体，其传播中所具有的复合性、双向性、开放性、多级性以及网状化等特点，都是过去传统媒体所不具备的，如图1-1所示。

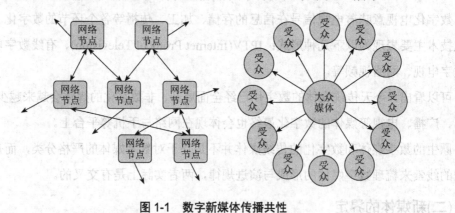

图1-1 数字新媒体传播共性

首先，在博客、播客等自媒体中，人们既是信息的受众，又是信息的传播者。在这方面具有最大优势的手机媒体通过将移动通信技术与互联网紧密结合，打破了地域、时间和计算机终端设备的限制，用户可以通过手机博客、QQ等形式，随时随地接收、传递信息。随着4G技术的广泛应用，手机媒体的优势逐渐在扩大，智能手机更以其手机视频、游戏等功能迎合人们休闲娱乐时间碎片化的需求，获得消费者的青睐。其次，是其个性化和自由性。新媒体为广大受众提供了个性化自我表达的平台，如博客、微博、QQ 空间等，人们可以对其风格、版式、内容进行自主选择、设计，进而能够最大限度地满足人们张扬自我个性的需求。此外，由于网络平台的虚拟性，人们还可以畅所欲言，自由发表对各类事件的看法，或者是对身边小事的感慨，而不必担心会对自己造成不利的影响。(当然，如果一不小心触犯了大众的底线被"人肉"了的情况除外。)最后，就是其网际互联性。新兴媒体是建立在互联网技术的基础上的，而这给大众带来的一大好处就是生活更加便捷。人们不但能随时随地了解世界各处的即时消息，而且在电子商务、远程教育、网上办公等正在强势兴起的产业的影响下，人们基本上实现了足不出户就可满足自己的任何需求。

【课堂演练】

(1) 上网了解百度、优酷网、京东网、淘宝网、天涯社区、豆瓣网等，找到你感兴趣的内容。

(2) 上网了解当前最流行的新媒体产品，并写下你对这些产品的了解与理解。

任务 2　全媒体整合营销

【教学准备】

(1) 具有互联网环境的实训教室。

(2) 指定可链接的网页如下。

- 百度书城：http://kanshu.baidu.com/
- 起点中文网：http://www.qidian.com/
- 豆瓣读书网：http://book.douban.com/
- 新浪读书网：http://book.sina.com.cn/
- 中国移动和阅读：http://www.cmread.com/
- 中国联通沃阅读：http://iread.wo.com.cn/

【案例导入】

《非诚勿扰》与《贫民窟的百万富翁》全媒体整合营销

2008 年 12 月 19 日，长江文艺出版社和中文在线等单位联合举办新闻发布会，冯小刚的首部长篇小说《非诚勿扰》以全媒体方式同步出版，如图 1-2 所示。这是我国首次实现图书的全媒体同步出版,也是湖北长江出版传媒集团与中文在线自2008年10月20日签署数字出版战略合作协议以后迈出的第一步。双方在技术、业务、资源等多方面展开长期合作,构建强强联合、互惠双赢的数字出版战略合作格局。《非诚勿扰》的全媒体出版,为双方的合作下了第一个有力的注脚。《非诚勿扰》的出版同时提供了传统图书、互联网、阅读器、手机阅读等四种形式。

图1-2 《非诚勿扰》全媒体出版首发式现场照片

2009年3月底,《贫民窟的百万富翁》中文版同时采用传统图书、互联网、手持阅读器、手机阅读平台等方式,实现多渠道全媒体同步出版,如图1-3所示。其中,作家出版社出版发行纸质图书,中文在线则获得该书数字出版的独家授权。《贫民窟的百万富翁》已经翻译成36种语言在世界各国热销。《贫民窟的百万富翁》是我国首次实现引进版图书的全媒体同步出版。作家出版社早在《贫民窟的百万富翁》获得8项奥斯卡大奖之前就已经获得了图书在中国大陆的版权,在得知根据图书改编的电影成为本届奥斯卡奖的最大赢家之后,作家出版社主动把出版周期调整到与中影集团引进的国内版上映时间相一致,以达到借势的目的。中影集团斥巨资引进了《贫民窟的百万富翁》中文版权,中影集团、作家出版社、中文在线三家密切配合、共同造势,体现了参与者乐于见到优质资源之间的相互流动。出版时间的同步性,加上电影版权、图书版权、数字版权的相互配合和支持,不同媒体通力发挥了整合营销的巨大优势,这是《贫民窟的百万富翁》成功的又一重要因素。

图1-3 《贫民窟的百万富翁》中国首映式现场照片

可以看出，从《非诚勿扰》的全媒体出版，到《贫民窟的百万富翁》的全球全媒体同步出版，人们的阅读正在变得越来越方便。

(资料来源：唐乘花. 传统出版业数字化转型的困境与突破研究. 湖南科学技术出版社，2013.7)

【知识嵌入】

一、全媒体出版

"全媒体"的概念并没有在学界被正式提出，它来自传媒界的应用层面。媒体形式的不断出现和变化，媒体内容、渠道、功能层面的融合，使得人们在使用媒体的概念时需要意义涵盖更广阔的词语，至此，"全媒体"的概念开始广泛使用。

(一)全媒体的概念

全媒体，顾名思义就是全部的媒体，即所有媒介载体形式的总和。它是指"综合运用各种表现形式，如文、图、声、光、电，来全方位、立体化展示传播内容，同时通过文字、声像、互联网络、无线通信等传播手段来传输的一种新的传播形态"。"全媒体"的概念最早(约在 2008 年)由中文在线的版权总监袁晖先生提出，是近年来在业界出现频率较高的一个词，但目前学界、出版界对全媒体的定义尚未有统一、公认的界定，不同时期的定义也有不同的提法。2008 年以来，各类报纸、期刊、广播、电视中频频出现一个名为"全媒体"的关键词，其中包括"全媒体时代""全媒体战略""全媒体报道""全媒体记者""全媒体出版""全媒体广告"等。

"全媒体"在英文中为 omnimedia，即前缀 omni 和单词 media 的合成词。同样，国外新闻传播学界也没有把"全媒体"作为一个新闻传播术语来使用。1999 年，信息技术和通信技术得到长足发展，互联网开始在全世界范围内起步发展。媒介内容通过报纸、杂志、电视节目、网站等不同的媒介形态得以表现。但早期的"全媒体"只停留在扩张阶段，只求拓展新的媒介形态，而没有注重"全媒体"中传统媒体和新媒体的融合问题。"全媒体"一词在我国的出版物中出现也大体在 1999 年，最早在《中国经济时报》的一篇文章《消费真无热点》中所提到的"全媒体的声音和图像效果"，只局限于传播形式中的声音和图像，随后各行各业对于"全媒体"的提及都是在文章中点到为止，人们对全媒体的认识是直观而片面。但从 2007 年开始，"全媒体"出现的频率越来越高，"全媒体"大致是指包括当今各种媒介的传播形态。这种对"全媒体"认识上的进步与信息技术和通信技术的发展是分不开的。

(二)全媒体的特点

1. "全媒体"是人类现在掌握的信息流手段的最大化的集成者

从传播载体工具上划分,全媒体可分为报纸、杂志、广播、电视、音像、电影、出版、网络、电信、卫星通信等等;从传播内容所倚重的各类技术支持平台来看,除了传统的纸质、声像外,基于互联网络和电信的WAP、GSM、CDMA、GPRS、3G、4G及流媒体技术等等都是全媒体。

2. "全媒体"并不排斥传统媒体的单一表现形式

在整合运用各媒体表现形式时,仍然很看重传统媒体的单一表现形式,并视单一形式为"全媒体"中"全"的重要组成。

3. "全媒体"体现的是"跨媒体"的融合

全媒体并非指各媒体间的简单连接,而是全方位网络媒体与传统媒体乃至通信的全面互动、网络媒体之间的全面互补、网络媒体自身的全面互融。"全媒体"的"全"体现在覆盖面、技术手段、媒介载体和受众传播面上都是最全的。

4. "全媒体"针对受众个体表现为超细分服务

全媒体在传媒市场领域的整体表现为大而全,但针对受众个体而言则是细分的。比如说,对同一条信息,通过"全媒体"平台可以有各种纷繁的表现形式,但同时也根据不同个体受众的个性化需求以及信息表现的侧重点来对采用的媒体形式进行取舍和调整。例如:在对某一楼盘信息进行展示时,用图文来展示户型图和楼书中描述性的客观信息,利用音频和视频来展示更为直观的动态信息;同时,对于使用宽带网络或4G手机的受众还可在线观看样板间的三维展示及参与互动性的在线虚拟装修小游戏等等。"全媒体"的应用不是大而全,而应根据需求和其经济性来综合运用各种表现形式和传播渠道。"全媒体"超越"跨媒体"之处也就在于它用更经济的眼光来看待媒体间的综合运用,以求投入最小、传播最优、效果最大。

(三)全媒体的应用

2008年,"全媒体"开始在新闻传播领域崭露头角。许多媒体从业者纷纷提出"全媒体战略"或"全媒体定位"。报纸、广播、电视、出版、广告等行业的"全媒体"发展呈现出两种方式:"扩张式"的全媒体,即注重手段的丰富和扩展,如新兴的"全媒体出版""全媒体广告";"融合式"的全媒体,即在拓展新媒体手段的同时,注重多种媒体手段的有机结合,如"全媒体新闻中心""全媒体电视""全媒体广播"。烟台日报传媒集团2008年3月率先在全国组建了"全媒体新闻中心",开始探索并运营从传统报业到"全媒体"的运作方式、生产流程以及各种运营平台。一方面,单一的印刷报纸分化成多种产品形态,如手机报纸、数字报纸等;另一方面,媒介生产流程进一步细分、专业化。

2008年北京奥运会期间,中国广播网实现了中央电视台所有奥运报道广播信号同步网上直播,尝试广播频率、门户网站、有线数字广播电视、手机广播电视、平面媒体五大终端融合的图文并茂、音视频同步多点互动的全媒体直播报道新模式。2009年,国家广电总局成立了中广卫星移动广播有限公司,负责建设全国移动多媒体广播传输覆盖网络。

在2008年北京奥运会期间,手机电视成为重要的传播形式,中央电视台的转播也采取"全媒体"对外传播。中央电视台从2009年7月2日开播的《世界周刊》,其定位就明确提出"全媒地带,信息就是选择"。该电视新闻的全媒体运作启动了强大的信息搜索及整合能力,打破了不同媒体间隔,开辟了独具特色的全媒体地带,给观众提供了丰富的信息"选择",向观众展示全球重大新闻事件背后的世界和新闻事件所引发的关注。

2009年10月《中国计算机报》上的《全媒体:指点网络大市场》一文中,作者指出:将网络广告与传统广告形式结合起来优势互补,形成全媒体的"融合式"发展才能真正发掘出"全媒体"的价值,更符合"全媒体"的内涵。

(四)全媒体出版

"全媒体"出版(Federated Media Publishing)是指同一个出版内容同时发布在纸质媒体、互联网、手机和手持阅读器等多种媒体上。它强调的是多渠道的同步出版,即图书一方面以传统方式进行纸质图书出版,另一方面以数字图书的形式通过互联网、手机、手持阅读器等终端数字设备进行同步出版。以纸质出版、线上阅读、手机阅读和手持阅读器阅读四种方式同时推出的冯小刚的作品《非诚勿扰》被认为是"全媒体出版第一书"。

二、整合营销与全媒体营销

作为市场营销和营销传播领域的一种新观点,整合营销传播的概念兴起于20世纪后期。1993年,美国西北大学丹·E.舒尔茨教授等人出版了《整合营销传播》一书,从理论上提出整合营销传播的概念,并认为在这个一体化、多元化竞争时代,营销即传播、传播即营销,二者密不可分。

(一)整合营销及其特征

整合营销是一种将各种营销工具和手段系统化结合,根据环境进行即时性的动态修正,以使交换双方在交互中实现价值增值的营销理念与方法。整合就是把各个独立的营销工作综合成一个整体，以产生协同效应。这些独立的营销工作包括广告、直接营销、销售促进、人员推销、包装、事件、赞助和客户服务等。

整合营销多年来一直受到企业和营销公司的广泛关注，美国广告代理商协会认为：整合营销是对营销传播的一种规划，一种对各种营销工具和手段的系统化结合，它强调营销传播工具的附加价值以及它所扮演的战略性角色，通过对营销传播工具的结合，整合营销可以实现清楚的、一致的以及最大化的传播效果。

整合营销的特征：在整合营销传播中，消费者处于核心地位；整合营销传播的核心工作是培养真正的"消费者价值观"，与那些最有价值的消费者保持长期的紧密联系；整合营销以本质上一致的信息为支撑点进行传播，企业不管利用什么媒体，其产品或服务的信息一定得清楚一致；整合营销以各种传播媒介的整合运用作为手段进行传播；整合营销紧跟移动互联网发展的趋势，尤其是互联网向移动互联网延伸、手机终端智能化以后，新技术给原有 PC 互联带来了前所未有的颠覆和冲击，在这个过程当中我们应当紧盯市场需求，整合现有的资源，成为一个移动营销价值的整合者和传播者。

(二)全媒体营销及其意义

数字时代给出版物的营销提出了更高的要求，全媒体营销是以全媒体出版为代表的营销模式，在以读者阅读需求为中心的基本观念指导下，通过全媒体密集的信息发布，将出版资源有效整合，实现传播模式从单一化向多元化转型，从而带来版权价值最大化、信息传播广泛化、品牌传播具象化的有效营销。

全媒体出版本身是出版的创新，更是出版营销的创新。其创新的根本，在于打破了传统出版和推广的模式，全媒体营销将成为一种全新的业态。在中国当前传统出版和数字出版共存共荣的时代，全媒体整合营销意义非凡。

全媒体营销将是未来营销的主流模式，而互联网也将成为整合营销的中心。

传统媒体对于企业来说，就是让消费者能够接触产品品牌，能够帮助企业达到宣传和推广的作用。而网络则不一样，网络的最大本质在于能够互动，它能够实现产品的前期开发到后期宣传、销售，再到消费者的消费认知、考证的全过程，为企业和消费者提供了双向的沟通桥梁，这是其他任何媒体都做不到的，这就是新媒体营销的优势所在。全媒体营销已经连接到了市场消费终端，全媒体营销不仅仅是媒体的形态，更是对资源的整合能力。

新媒体与传统媒体的融合，为消费者带来了更多的互动、更多的选择、更多的变化。企业可以在户外、地铁、商场以及网络上发布自己拥有独特创意的广告。全媒体营销可以帮助企业给消费者带来统一的内容，不一样的形式，不一样的感受。例如，"凡客体"大家可能都不陌生，地铁、户外广告牌和网络同时向我们传达着凡客的品牌精神，而且观众还可以进行实时互动。

从营销角度来看，原来出版单位从事的是单一纸质媒体的销售，比如图书，就是出版社把文字内容印刷在纸张上，通过编辑、印刷、发行到读者手里，这是我们传统出版业的营销方式。但数字时代打破了这种单一介质的出版和销售形式，使同一内容可以以多种介质形式出版，出版物也可以通过多种形式进行营销战略的改造。比如，原来我们只做单一的介质出版，现在出版社可以通过与多种传媒介质的合作，不但在网上同步销售电子版图书，同样的内容还可以做在纸上、网上、光盘上等等进行销售。当同一出版内容在同一时间点上以各种媒体形态销售时，出版社的角色就发生了变化，即从原来的纸介质图书提供商，转变为内容的生产者和内容的提供商。

通过全媒体营销，同一本图书不仅可以从纸质出版物上赚钱，还可以在网上、光盘上、手机上赚钱，这样就使内容在利益的实现上最大化了。为什么能做到这一点，是因为数字技术使内容与介质分离了。在单一纸质媒体出版时代，图书出版实际上是将文字内容印刷在纸张上，使内容与介质完全合一，然后进行销售。内容无法脱离纸介质单独存在。但数字技术使内容与介质有可能分离，内容的编辑过程可以离开介质独立进行。正是因为内容与介质进行了分离，才有可能实现同一出版内容在同一时间点上以不同的媒体形式呈现，全媒体营销才成为可能。

当然这也使出版社的运作方式相应地必须改变，就是说它的加工方式、运营方式全都应该跟着转变。现在加工对象首先针对内容，而不是像过去那样是针对内容在纸张上的呈现，包括校对、版式都要适应纸介质的形态。加工的方式不同了，过去是在纸样上进行编辑，全媒体以后，编辑可能是直接在软件中进行标注。

由于是跨媒体或全媒体出版，出版社完全可以利用互联网和移动设备所具有的交互功能，加强与读者的沟通和交流，强化黏合力，重构产业价值链，通过不同的介质获取更大的利润空间。同时，这种新的出版形式也是一个产业链重组的过程，是一个出版流程再造的过程。

【课堂演练】

(1) 案例讨论：《非诚勿扰》与《贫民窟的百万富翁》全媒体整合营销。

(2) 分析讨论：你所知道的还有哪些全媒体出版形式？你如何看待全媒体营销的前景与价值？

(3) 请上网搜索"新浪 weibo.com"上线时的全媒体整合营销相关资料，从营销背景、市场竞争态势、营销的创意与计划、媒体整合与选择等角度，分析新浪 weibo.com 上线全媒体整合营销的策略，撰写分析报告。

项目实训实践 区域内数字新媒体营销现状大调查

1. 实训名称
××企业数字新媒体营销现状大调查.

2. 实训目的
(1) 能够运用"出版物市场调查与分析"课程所学知识，制订调查方案。
(2) 能够针对调查目的的需要设计调查方法。
(3) 能够顺利进行市场调查。
(4) 能够分析调查数据并撰写调查报告。

3. 实训内容
(1) 以"××企业数字新媒体营销现状大调查"为调查课题，制订调查方案。
(2) 以"××企业数字新媒体营销现状大调查"为调查课题，设计调查问卷。
(3) 以"××企业数字新媒体营销现状大调查"为调查课题，开展调查。

4. 实训步骤
第一步，以小组为单位，制订调查方案。调查方案的主要内容有：确定调查目的、调查对象和调查单位(调查对象是指依据调查的任务和目的，确定本次调查的范围及需要调查的那些现象的总体；调查单位是指所要调查的现象总体所组成的个体，也就是调查对象中所要调查的具体单位，即我们在调查中要进行调查研究的一个个具体的承担者)、调查内容和调查表(把调查目的转化为调查内容，是把已经确定了的调查目的进行概念化和具体化；把调查内容转化为调查表)、调查方式和方法(采访法、问卷调查法)、调查项目定价与预算、数据分析方案、其他内容(包括确定调查时间——工作筹备阶段时间、调查实施时间、调查报告完成时间，安排调查进度，确定提交报告的方式，调查人员的分工、协作和组织等)。

第二步，以"××企业数字新媒体营销现状大调查"为调查课题，设计和制定调查问卷。调查问卷的特点：一是确定每个对象阅读时收到的信息一样，二是确保匿名，三是间接。调查问卷通常包括前言(说明信：调查的目的与意义、关于匿名的承诺、填写要求、调查者的身份)、主体(问题表：问题、回答方式、回答的指导语；指导语：做记号的说明、答案数目的说明、填写答案要求的说明、关于答案是用于哪些被调查者的说明)、结语(可省略，对被调查者表示感谢，以及不要漏填、复核的请求)等部分。

问卷设计的问题有事实问题和态度问题两种类型。事实问题：事实材料，如校园面积、教师人数、使用者教材版本等；实际行为，如上课，老师有多少次提问。态度问题：对于行为或事件的意见、看法、体会等，如你认为上课讨论是有效的方法吗？问题一般是来自调查的主题，通过假设提炼概念、设计变项、针对变项列出问题，再对问题进行筛选。问题的编制要注意合理性，即问题是否为课题研究必须了解的、调查对象是否为课题所覆盖、问题的范围是否具有研究性和有效性、问题对于全部调查者是否普遍适用、提问的形式是否适合被调查者等；问题的编制还要注意科学性，即一事一问避免双重问题、问题中性、不带倾向性、问题明确，尽量不使用专业词汇和生僻词汇；问题的编制还要注意艺术性，防止引起反感、厌倦、顾虑。问题通常按时间顺序、理解顺序、内容顺序、类别顺序进行排列；回答问题的方式有封闭型(提供单选、多选、等级式、排序式、矩阵式、后续式的备选答案，只能选择其中的答案)、半封闭型(提供备选，若找不到符合实际的备选答案，则在最后一个答案后"其他(　　)"项里填上被调查者自拟的答案)、开放型(被调查者自拟答案。开放型答案数据整理难，但可获得被调查者的更多观点)。

第三步，以"××企业数字新媒体营销现状大调查"为调查课题，开展调查。以小组为单位组织实施调查计划(调查成员分工，调查的工作步骤：制作问卷、审核问卷、印制问卷等其他备用物品，发放调查问卷，回收问卷，对问卷调查结果进行分析)。

第四步，收集整理调查资料，并运用二手资料完成调查分析报告。调查报告一般由标题和正文两部分组成。标题可以有两种写法，一种是规范化的标题格式，即"发文主题"加"文种"，基本格式为"××关于××××的调查报告""关于××××的调查报告""××××调查"等。另一种是自由式标题，包括陈述式、提问式和正副题结合使用三种形式。正文一般分前言、主体、结尾三部分。调查分析报告的前言有三种写法：第一种是写明调查的起因或目的、时间和地点、对象或范围、经过与方法，以及人员组成等调查本身的情况，从中引出中心问题或基本结论；第二种是写明调查对象的历史背景、大致发展经过、现实状况、主要成绩、突出问题等基本情况，进而提出中心问题或主要观点；第三种是开门见山，直接概括出调查的结果，如肯定做法、指出问题、提示影响、说明中心内容等。前言起着画龙点睛的作用，要精炼概括、直切主题。调查报告的主体是调查报告最主要的部分，应该详细叙述调查研究的基本情况、做法、经验，以及分析调查研究所得材料中得出的各种具体认识、观点和基本结论。调查报告的结尾可以提出解决问题的方法、对策或下一步改进工作的建议；或总结全文的主要观点，进一步深化主题；或提出问题，引发人们的进一步思考；或展望前景，发出鼓舞和号召。

第五步，制作PPT，在全班进行汇报陈述。

5. 实训要求

(1) 以小组为单位上交 1 份详细的调查方案，方案要求具体，人员分工协作，调查和访问对象要有全局性和代表性。

(2) 以小组为单位上交 1 份调查分析报告，分析报告撰写要符合格式规范要求，调查报告要来自调查资料。

(3) 调查方案和调查分析报告文本质量要高，文字差错率不高于万分之二。

(4) 以小组为单位，制作 PPT，并在全班进行汇报。

6. 考核标准

考核标准 (100 分制)	优秀(90～100 分)	良好(80～90 分)	合格(60～80 分)
	调查方法恰当，问卷设计与制作优质；分析报告逻辑性强、主题明确、编校质量高	调查方法恰当，问卷设计与制作良好；分析报告符合逻辑、主题明确、编校质量较高	能及时完成调查，及时上交调查分析报告，无重大编校质量差错
自评分			
教师评分			

说明：未参与实训项目，在本次实训成绩中计 0 分。

课后练习

1. 思考题：新媒体用户有哪些特征？

2. 简答题：什么是 Web 2.0？Web 2.0 时代新媒体的主要形态有哪些？

3. 了解几大主要门户网站(新浪、搜狐、腾讯等)的"读书"频道、出版社官网(可以按教育类、大众类、专业类寻找出版社)、几大网络书店(亚马逊、亚马逊中国、当当、京东等)，从界面设计与布局、读者找书的便捷性、人气指数、图书品种等多角度进行优势与劣势的分析。

4. 每小组收集 50 本感兴趣的图书并记录这些图书的 CIP 信息要素，作为本学期模拟营销的图书。

5. 上网收集感兴趣的电影、音乐、视频等产品，并记录完整信息，作为本学期模拟营销的产品。

项目二　互联网营销

【项目情境描述】

　　始于1969年美国的互联网,是以一组通用的协议相连,形成的逻辑上单一且巨大的全球化网络,在这个网络中可以将信息瞬间发送到千里之外的人手中,它是信息社会的基础。

　　互联网在现实生活中的应用很广泛,不仅给人们的生活带来很大的方便,比如学习、娱乐、聊天,更为重要的是在互联网上还可以进行广告宣传和购物,因此也为企业产品宣传和营销开创了新的渠道和手段,并同时诞生了新兴的营销行业。

　　互联网具有全球互通性,在技术层面,互联网不存在中央控制的问题,任何一个国家或者某一个利益集团都无法通过某种技术手段来控制互联网。这就为各行各业、大小不同的各类企业或者个人在互联网上的营销提供了开放性和相对公平性。互联网的所有这些技术特征都说明对于互联网的营销完全与"服务"有关,而与"控制"无关。互联网还没有定型,还一直在发展、变化。因此,利用互联网进行营销的潜力也是巨大的。

　　"互联网营销"其实不等同于网络营销。互联网营销是指基于互联网平台,利用信息技术与软件工程,满足商家与客户之间交换概念、推广产品、提供服务的过程,通过在线活动创造、宣传和传递客户价值,并对客户关系进行管理,以达到一定营销目的的新型营销活动。互联网营销与广大网民共同"参与"的"交流"紧密相关。互联网通过大量的、每天至少有几千人乃至几十万人访问的网站,实现了真正的大众传媒的作用。在互联网上能够进行网站营销、电子邮件营销、搜索引擎优化营销和联署计划营销,这是比其他任何一种方式都更快、更经济、更直观、更有效的营销方式。

　　本项目将带领大家真正区别互联网营销和网络营销的概念,掌握运用网站营销、电子邮件营销、搜索引擎优化营销、联署计划营销的技能,为将来从事数字新媒体营销相关岗位工作奠定基础。

【学习目标】

　　(1) 认识互联网营销的内涵。
　　(2) 充分肯定互联网营销在企业营销中的意义和价值。
　　(3) 能够运用网站营销、电子邮件营销、搜索引擎优化营销和联署计划营销手段进行营销。

【学习任务】

任务1　网站营销(建议：3课时)

任务2　电子邮件营销(建议：2课时)

任务3　搜索引擎优化(建议：3课时)

任务4　联署计划营销(建议：2课时)

项目实训实践　新媒体营销经理训练营启动(建议：4课时)

任务1　网 站 营 销

【教学准备】

(1) 具有互联网环境的实训教室。

(2) 指定可链接的网页如下。

- 百度：http://baidu.com
- 新浪新闻网：http://news.sina.com.cn
- 搜狐网：http://www.sohu.com
- 凤凰网：http://www.ifeng.com
- KFC豆浆坊：http://kfc.sina.com.cn

【案例导入】

肯德基豆浆坊网站营销

肯德基近年来陆续推出一系列中式餐品，在很大程度上迎合了中国消费者的口味，并且取得了不错的销售业绩。为了让中国消费者能够以最快的速度接受其新饮品——豆浆，肯德基以"向传统致敬"的理念进行了该款新饮品的网站营销，通过网站营销活动对新品豆浆进行最大化曝光，刺激线下消费。

产品的目标消费人群为22~30岁、有一定的经济收入、对"传统"事物关注度较高的年轻白领。

利用新浪的新闻传播优势进行活动告知，达到网站与品牌的双赢。活动期间，网站与新浪微博实现双向互通，活动网站与新浪微博技术对接，实现动态双向即时更新，便于用户关注并参与进来，如图2-1所示。其影响力从微博粉丝扩大到所有粉丝，方便用户了解促销信息，极大地提升了用户参与的积极性。该网站的营销活动从2011年3月25日持续到4月19日，在线广告总共达到了2 533 891 100次的曝光量及1 997 926次的点击量。

图2-1 肯德基豆浆坊网站营销的网站首页

(资料来源：本文改写自"肯德基豆浆坊：向传统致敬"，http://www.njfzad.com/ infoshow.asp?articleid=380)

【知识嵌入】

网站营销就是以国际互联网络为基础，利用数字化信息和网络媒体的交互性来实现营销目标的一种新型的市场营销方式，是企业营销实践与现代信息通信技术、计算机网络技术相结合的产物。网络营销是指企业以电子信息技术为基础，以计算机网络为媒介和手段而进行的各种营销活动的总称，它包括网络调研、网络产品开发、网络促销、网络分销、网络服务、网上营销、互联网营销、在线营销、网路行销。

网站是互联网营销的主战场，是电子邮件、论坛、博客等发布信息的平台，最终成为电子商务交易的主战场。

一、网站营销及网站分类

(一)网站营销

网站营销，即以网站作为平台进行的营销活动。网站营销可以说是数字营销和网络营销这些非传统营销方式中最传统的一种营销战略战术，因为网站几乎是随着1989年Tim Berners-Lee(见图2-2)发明WWW (World Wide Web)而同时出现的。

图 2-2　WWW 之父：Tim Berners-Lee

最早的网站于 1990 年创建，网址是 http://nxoc01.cern.ch/hypertext/www/theproject.html，但是已经于 1992 年被关闭了。

(二)网站营销中的网站分类

根据在整个营销战略战术中扮演的角色不同，网站可以分为以下三种类型。

1. 企业信息网站

这是发布企业的产品、服务、支持、介绍等信息的网站，如图 2-3 所示。因为这些信息相对放在网站上的时间较长，更新也不频繁，因此国外常叫 Evergreen Website("常青"网站)。

图 2-3　某出版企业网站

2. 营销活动网站

针对某一次营销活动而制作的专题网站，其生命周期较短。如微软中国某营销活动专门制作的网站，如图 2-4 所示。

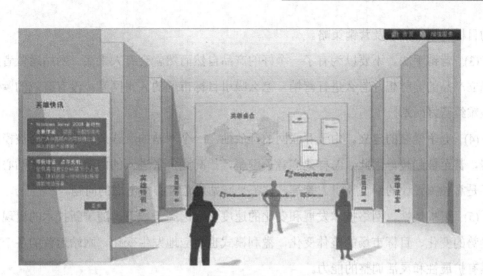

图 2-4　微软中国某营销活动网站

目前，还有专门为各企业提供活动营销的网站，如中国活动营销网，它基于互联网的"活动营销一网通"的理念，推出了"办活动"和"找资源"两个针对信息用户需求的功能平台，企业可以选择该网站进行品牌传播与消费体验。

3. 营销型网站

营销型网站在行业内还没有一个标准的定义。顾名思义就是具备营销推广功能的网站，是指以现代网络营销理念为核心，基于企业营销目标进行站点规划，具有良好搜索引擎表现和用户体验、完备的效果评估体系，能够有效利用多种手段获得商业机会，提高产品销售业绩和品牌知名度的企业网站。此类网站在建站之初，便以营销推广为目的和出发点，并贯彻到网站制作的全过程，使网站一上线即具备营销功能或有利于优化推广的特征。

电子商务网站就是典型的营销型网站。

(三) 网站营销的几种模式

1. 建立网站销售产品

我们看到许多书店建立的网站，基本上属于此种类型。而这种建立网站销售产品的形式，又类似于电子商务平台。

产品或服务的形式有很多，不同的产品或服务在网站上销售的技巧也不同。建立网站销售产品或服务需要考虑的问题很多，盈利的基础有以下几个方面。

(1) 产品。产品必须质量高、价格适当才能吸引网民购买。

(2) 产品定位。在所建立的网站上销售的出版物与其他网上销售的产品有什么不一样？用户为什么要从你这里买？产品卖点是什么？这就是产品的定位。产品定位决定了网站的目标、用户群以及营销策略。

(3) 营销手法。不要以为有了一个好的产品自然而然就会有人来买。网站运营者必须在确立产品的同时想好怎么进行营销，怎么吸引目标市场的人来网站。没有有效的营销手法很难经营好网站。

(4) 竞争壁垒的建立。由于互联网的开放性，一个网站的赚钱效应很快就会被模仿、抄袭，甚至被超越。因此，怎样建立竞争壁垒、抬高竞争者进入的门槛，是靠最贴心的服务还是靠独家设计的网页吸引人等等，这都是网站运营者必须考虑的问题。

(5) 可扩展性。网络技术发展和变化的速度要远远高于线下。随着新技术的出现、流行趋势的变化、目标市场的整体变化，盈利模式也相应地发生变化。网站运营的各个方面要具有扩展性和灵活调整的能力。

2. 通过网站广告卖产品

很多网站都在以卖广告为盈利方向，商家可以借助网站广告卖产品。网站广告有不同的种类，如矩形广告、焦点图广告、背投广告、跨栏广告、通栏广告、对联广告、全屏广告、旗帜广告、按钮广告、文字链接、浮动标识、弹出窗口、画中画、网络调查等。广告又有投放的页面、频道、位置的不同，如有首屏通栏广告、首页对联广告、首页背投广告、首页首屏焦点图，如图 2-5 所示。广告的传播方式也有不同，如有两轮播、三轮播、分时传播等。网站广告收费方式有按点击量收费、按页面浏览收费、按月或年付固定费用。商家要通过网站广告卖产品，就要选择符合自身实力和产品特色的广告投放方式，广告内容主要是直接销售产品或服务。

图 2-5　不同位置的广告类型

3. 通过网站宣传产品

有时候出于各种原因，企业既不能自己做网站销售产品，也无法与一些网站合作通过做广告的形式来直接销售产品，而是希望借助网站来宣传产品(并非直接销售)，提升产品的认知度和品牌的知名度。

目前，出版单位选择后两种方式比较多，即借助其他网站来宣传产品或借助其他网站销售产品。

二、网上价格策略

有时消费者会发现这样的现象，在不同的商场或不同网站卖完全相同的产品，但价格却不一样。这种相同或极为相似产品的不同价格完全是由营销策略所决定的，与产品本身无关，这就是价格策略。

大部分传统营销理论中的价格策略也适用于网上，但由于网站特殊的技术能力，一些在网下很难实现的价格策略在网上却可以发挥得淋漓尽致。

(一)价格目标

(1) 利润最大化。为取得利润最大化，并不意味着需要定价最高，也不意味着需要销售量大。

(2) 占据市场份额。在某些情况下，获得利润并不是主要目标，企业的目标是尽快扩大市场份额，提高品牌知名度或者打压竞争对手。以市场份额为目标的价格策略，通常需要以低价为主，甚至有时需要低于成本的价格。

(3) 预期投资收益。投入资金时，通常要做资本收回预期和盈利预期，包括预期投资收益周期和数额。预期投资收益一旦固定，也就确定了为达到这一目标的产品价格。

(二)售价因素

(1) 成本。成本是商品经济的价值范畴，是商品价值的组成部分，是生产和销售一种产品所需的全部费用总和。

(2) 预期利润。在成本确定后，企业也可能有一个固定的预期利润百分比。

(3) 资金周转。想要企业资金周转快就得把价格定在对用户最有吸引力的水平上。而最有吸引力的价格水平并不一定是利润最大的。

(4) 供需情况。市场需求有淡旺季的区别，商品销售价格也可以根据市场需要上下浮动。

(5) 竞争对手价格。这是指同类商品其他竞争对手的销售定价。

(三)网上价格实验

网上与线下相比，最大的价格策略优势在于网站上可以进行精确的价格测试，寻找出最符合企业长远利益的价格点。网站营销人员通过在网站上进行 AB 测试或多变量测试，可以为调整价格、跟踪计算销售进行有利价格的实验。进行价格测试是为了找出销售收入最高或利润最高的价格点。

比如，某个商品分别以 50 元、60 元、70 元各销售 3 天，记录所有销售数量，这种实验在网上可以轻易完成。也可以运用技术手段使同一时间访问网站的一半用户看到的价格是 50 元，另一半用户看到的价格是 60 元，然后统计两者的销售情况。

虽然价格测试很简单，但用户的购买行为并不简单。虽然网上销售经常能去除中间环节从而降低价格，但很多用户在网上消费不仅仅是在找便宜的价格。对网站的信任度、忠诚度，网站的服务质量，营销信息的传达，网站文字撰写水平等，都会影响销售情况。所以，商品的销量并不与商品价格有线性关系，并不是说商品价格提高销量就成比例下滑。在绝大部分情况下，产品存在一个价格无差异区间，在这个区间内，价格的变动对销量没有明显影响。如图 2-6 所示，商品价格在 20～30 元，销量并没有很大差异，即卖 22 元、25 元、28 元都不会对销量产生重大影响。这个区间就是无差异区间。超过 30 元，销量则随着价格提升基本呈线性下降。价格无差异区间，就是用户觉得产品满足了他们的需求因而对价格不敏感、可以接受的一个可浮动价格范围。

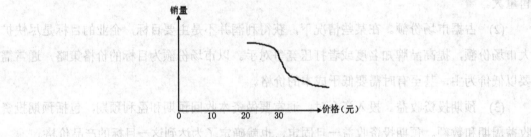

图 2-6　无差异区间

如果把价格、销量及总销售额的变化作对比，就可以看出随着价格的上升，销量通常会降低，但存在一个价格无差异区间。而总销售额随着价格上升先是上升，达到一个最高点后总销售额反而下降，因为销量有大幅下降。再考虑到商品的固定成本和可变动成本，将两者所达到的企业利润作对比就可以发现，通常利润曲线与总收入曲线趋势相同。随着价格上升利润先是上升，达到最高点后利润反而降低。因为销量的下降已经抵消了价格上涨带来的利润，如图 2-7 所示。

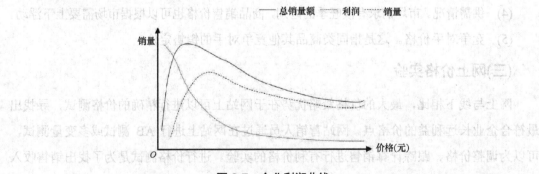

图 2-7　企业利润曲线

三、如何做好网站营销

(一)决定网站营销盈利的基本因素

运用网站营销获得盈利,要涉及网站建设、库存、进货、防诈骗、客户服务、运货发货、人员管理以及网站推广等。从总体上来说,决定网站营销盈利要做好三件事:好的产品、目标流量和高转化率。

(1) 好的产品。网站上卖的既有商品也有为用户提供的服务。好的商品是网站营销的基础。虽然网站上卖东西一般并不与客户见面,但在网上搞一锤子买卖同样没有好下场,可能比在现实生活中更危险。随着 Web 2.0 网站和社会化网络的发展,负面新闻的传播范围广、速度快,一点小事就可能毁掉一个网站。

(2) 目标流量。网站流量就代表着潜在用户,有了流量就有了销售的机会。但网站营销需要的不是泛流量而是目标流量,即要吸引那些与商品营销相关的人群,他们在寻找商品或有问题需要解决,而营销的商品正好能够满足这些人群的需要并帮助他们解决问题。只有目标流量才能带来利润。

(3) 高转化率。潜在用户来到网站,只是给了商家一个机会。要卖出商品,就得提高网站的转化率。这是很多企业网站尤其是企业官网相对薄弱的环节。提高网站转化率需要考虑的因素非常多,包括精确设定网站目标、网站的实用性和易用性、以网站营销为导向的网站设计风格、网站方案写作、怎样让用户信任网站、用户行为的引导、购物流程的优化等。

(二)以网络营销为导向的网站设计

大部分人在网上逛是为了寻找信息而并非买东西,一些很明确要在网上买东西的人也很自然地货比数家,所以流量与销量之间并没有必然的因果关系。电子商务网站要引导浏览者成为消费者,以提高转化率。

(1) 为目标用户设计网站。有经验的网络营销人员都清楚,在网上产生流量并不难,难的是产生来自目标市场的精准的目标流量。在网站设计过程中,必须做到以目标流量或者目标用户为中心设计网站。无论是网站内容、视觉设计还是促销安排等,都要考虑是否适合目标用户的心理。

(2) 强有力的文案写作。在网站上靠的是文字内容说服浏览者买东西,用户对商品的判断都来自于文字。网站文案要研究的是消费者心理学,要能用几秒钟的时间就吸引浏览者停留在网站上并继续看下去,很大程度上依赖于网站的口号。网站口号一般在首页,要用特殊颜色的大号字体醒目地让浏览者一眼就能看到；口号的内容一般不超过20字，要能够产生让浏览者必须继续看下去的心理效果。

(3) 诱导浏览者采取行动。网站必须在每一个用户可能停下来的节点，如网页文字的小标题、文字结尾处、最打动人的口号等旁边，都明确地告诉用户下一步做什么，用各种手段把用户引导到网站目标完成页面。不要让用户有停留的时间琢磨下一步该做什么、能做什么。

(4) 购买流程必须方便。网站的购买流程不要太长，要用尽可能详尽的信息帮助用户方便完成购买行为，不要让用户琢磨该怎么订购。

(5) 取得用户信任。只有得到用户的信任，网站营销才会有更好的口碑。

(三)怎样取得用户信任

在网站上卖东西的一大问题是，客户既看不到要买的东西也看不到卖东西的人。怎样取得用户信任呢？

(1) 专业的网站形象。和现实生活中人与人的交往一样，用户打开网站的第一印象非常重要。网站必须做到具有专业形象，专业形象并非要把网站做得像个门户网站，应该配合自己营销的产品特色和用户的特点，以充分展现适合特定的网站专业形象为目的。设计要有氛围、无错别字、无病句、无"网站正在建设中"字样，背景音乐要适当，颜色不能低俗。

(2) 翔实的信息。大量有用的信息最能取得用户的信任，这些内容要尽可能是原创内容。

(3) 第三方资质认证。企业应该把自己获得的第三方资质放在网上，如支付宝、营业执照、政府组织或行业协会证书、主管和主办单位等等。

(4) 联系方式一应俱全。

(5) 退货、退款保证。

(6) 客户评价。客户评价很重要，要尽可能维持正面的评价；但不要留有编辑、加工的痕迹。

(7) 实时在线客服。这可以引导消费者完成信息收集和订购的消费过程。

四、网站文案写作

潜在消费者浏览网站时，从挑选产品到最终购买，其实是一个被网站说服的过程。在线上，这个说服的过程主要是通过网站文字来实现的。网站文案的写作需要的不仅仅是对产品或服务的深入了解，还必须研究心理学，充分以文字为工具，说服潜在消费者产生购买行为。

(一)标题是成功的一半

网站文案最重要的部分就是标题，浏览者只有3~5秒的停留时间，只有用标题打动用户，才能继续用正文说服。标题必须能在几秒之内吸引住用户，告诉用户你要说什么，所以一般不要在标题上故弄玄虚。如果标题不能清楚地表达网页内容，很多用户可能就不再继续往下看了。标题主要有以下三个方面的作用：第一，引起注意。要求标题的字体、颜色、位置能使用户打开网页后目光所投向的第一个地方就是标题。第二，简单传达一个完整信息。尽管标题很短，但必须想办法包含一个完整的信息。第三，引导用户继续看正文。

好的标题一般有三个特性：引起好奇(使用户不得不往下看)、有新闻性(对用户来说是没有听说过的内容)、说明对用户的好处。

常见且屡试不爽的标题格式包括："×××……揭秘""必须收藏的20个×××工具""终极×××指南""20个做好×××的方法""十大最热门×××""你想×××吗？""怎样×××"等等。

(二)格式清晰简洁

用户看网站就是浏览，因此网站文案的排版格式要有利于用户浏览。

(1) 多分段。网页文案要非常简洁，逻辑结构要清晰，不要写很长的段落，长段落会造成阅读疲劳，产生厌倦感。

(2) 要点分列。以黑体及稍微大一点的字号列出小标题，要点分列有助于用户大致浏览便可抓住内容要点。

(3) 融入个性化风格。写文案时要避免使用八股词汇及写法，要尽量融入写作人的特点，使人感到网站的背后是一个或一群有血有肉的人，而不是一个摸不着头脑的机构。

(4) 少用空洞的词汇。网站文案不是论文也不是公司业绩报告，在可能的情况下要尽量少使用晦涩的专业词汇和一些不着边际的空洞的大词。

(三)使用带有积极主动性的词汇

尽量使用具有积极正面心理效果的词汇，避免使用负面心理效果词汇，这是一个潜移默化地影响用户心理的过程。例如：比较"我们愿意少赚您50元"和"怎样立即赢得50元优惠券"，哪句话更让人想买东西？第一句话是从"少亏点"的角度提醒用户自己还是被别人赚了钱，第二句话是引起用户"赢"和"获得"的正面感觉。

较容易引起读者正面积极情绪的词有：免费、尽快、爱、保证、价值、安全、简单、快速、节省、快乐、秘密、解决、舒适、立即、现在、证明等。

较容易引起读者消极和负面情绪的词有：失败、费用、损失、困难、死亡、税务、合同、责任、成交等。

(四) 明白告知用户能得到什么好处

网站文案的写作必须站在用户角度思考，整个文案必须清楚明白地告知用户能得到什么好处。写文案时尽量以第二人称"你"为主，少谈"我""我们""我们的产品"，要强调"你"(用户)会得到什么好处，而不是"我们"能给"你"什么好处。比如说"你的销售额能立即上升30%"，而不是"我们的产品能让你提升30%的销售额"。

(五) 用数字说话，呼吁行动

在文案中要尽可能使用非常具体的数字，用数据说明产品的效能和好处，暗示浏览者和潜在用户产品的效果是真实的、经过测试的，或者是真实的案例。模棱两可的、笼统的说法不如具体的数字有说服力。例如：说"您的销售额将有很大增长"，就不如说"经过客户实验，您的销售额将增长23.7%"。

行动呼吁就是以明确、积极主动的文字，呼吁用户采取行动，如购买产品、填写在线表格、打电话咨询，推动用户完成你事先设定的网站目标。在网页上常见的"点击这里""这里有更多相关文章"等链接，或者在纯信息类文章结尾处有简单的提示："我们的产品就可以帮您解决这个问题""想了解更多服务优惠，请联系我们"等，都可以起到呼吁行动的作用。

【课堂演练】

(1) 根据自己在项目一中收集的模拟营销产品，搜索相关的网站营销信息。

(2) 根据所模拟营销商品，为网站营销撰写一篇软文。

(3) 有能力的同学也可以根据在"数字出版基础"课程中所学的知识，制作一份飘浮广告小样。

任务2 电子邮件营销

【教学准备】

(1) 具有互联网环境的实训教室。

(2) 指定可链接的网页如下。

- 163网易免费邮箱：http://mail.163.com

- QQ 邮箱：https://mail.qq.com
- 126 网易免费邮箱：http://mail.126.com
- 新浪邮箱：http://mail.sina.com.cn
- 雅虎邮箱：http://mail.cn.yahoo.com
- 139 邮箱：http://mail.10086.cn

【案例导入】

《湘当游味》周刊推广电子邮件

亲爱的李小明：

  非常感谢您订阅我们的电子杂志。

  欢迎您打开《湘当游味》周刊第 28 期。在这一期，我们为您准备了访遍湖南各地的特色美食，并提供了自驾游线路和寻访美食攻略。

  如果您还没有把我们的邮件地址放入您的邮箱白名单中，请尽快这么做。如果您使用自己的域名和邮件服务器，您需要把我们的邮件地址放入您的垃圾邮件过滤器白名单中。如果您是使用雅虎、Hotmail 等免费 Web 邮件，您只要将我们的电子邮件地址存入您的地址簿中即可。

  再次感谢您的订阅！

《湘当游味》编辑部

【知识嵌入】

一、电子邮件营销

  电子邮件营销(E-mail Direct Marketing，EDM)，是在用户事先许可的前提下，通过电子邮件的方式向目标用户传递价值信息的一种网络营销手段。它是利用电子邮件与受众客户进行商业交流的一种直销方式，同时也广泛应用于网络营销领域。

  电子邮件营销是一个广泛的定义，凡是给潜在客户或者客户发送电子邮件都可以视为电子邮件营销。电子邮件营销这个术语通常涉及以下几个方面：第一，以加强与其他企业和目标客户的合作关系为目的发送邮件，从而鼓励客户忠实于本企业或者重复交易；第二，以获得新客户和使老客户立即重复购买为目的发送邮件；第三，在发送给自己客户的邮件中添加其他公司或者本公司的广告；第四，通过互联网发送电子邮件。

电子邮件营销是网络营销手法中最古老的一种，在 20 世纪 70 年代由雷·汤姆林森(Ray Tomlinson)发明；在 80 年代由于个人计算机兴起，电子邮件开始在计算机迷以及大学生中广泛传播开来；到 90 年代中期，互联网浏览器诞生，全球网民人数激增，电子邮件被广为使用。

电子邮件是互联网上用得最多的工具之一，目前提供电子邮件服务的网站有很多，如图 2-8 所示。在这些网站，可以申请免费邮箱。

网易163邮箱	139手机邮箱	搜狐邮箱	QQ邮箱	189邮箱
网易126邮箱	Gmail	新浪邮箱	outlook邮箱	阿里云邮箱
TOM邮箱	搜狗邮箱	2980邮箱	21CN邮箱	188财富邮
网易Yeah邮箱	foxmail	联通手机邮箱	263邮箱	

图 2-8　提供电子邮件服务的部分网站

(一)电子邮件营销的三大基础条件

(1) 电子邮件营销的技术基础。从技术上保证用户加入、退出邮件列表，并实现对用户资料的管理，以及邮件发送和效果跟踪等功能。

(2) 用户的电子邮件地址资源。在用户自愿加入邮件列表的前提下，获得足够多的用户电子邮件地址资源，是电子邮件营销发挥作用的必要条件。

(3) 电子邮件营销的内容。营销信息是通过电子邮件向用户发送的，邮件的内容对用户有价值才能引起用户的关注，有效的内容设计是电子邮件营销发挥作用的基本前提。

(二)电子邮件营销的特点

(1) 范围广。随着国际互联网(Internet)的迅猛发展，全球上网人数在不断激增。面对如此巨大的用户群，作为现代广告宣传手段的电子邮件营销逐渐受到人们的重视。只要你拥有足够多的电子邮箱地址，就可以在很短的时间内向数千万目标用户发布广告信息，营销范围可以是中国全境乃至全球。

(2) 成本低廉。电子邮件营销是一种低成本的营销方式，所有的费用支出就是上网费，成本比传统广告形式要低得多。只要有邮件服务器，联系 10 个用户与联系成千上万个用户，成本几乎没什么区别。如果要发上百万封邮件，则另当别论，因为需要专用的服务器及非常大的带宽。

(3) 应用范围广。广告的内容不受限制，适合各行各业。因为广告的载体就是电子邮件，所以不仅具有信息量大、保存期长的特点，而且收藏和传阅非常简单方便。

(4) 操作简单、快速。发送电子邮件本身操作过程简单，可以针对某一特定的人群发送特定的广告邮件，也可以根据需要按行业或地域等进行分类，然后针对目标客户进行广告邮件群发。电子邮件营销只要有邮件数据库，发送邮件后几小时之内就会看到效果，产生订单。相比其他方式，比如搜索引擎优化、博客营销、社会化网络营销要简单快速得多。

(三)电子邮件营销的劣势

从用户角度看，邮件营销具有以下劣势：
(1) 用户会将这些邮件视为"垃圾邮件"，即用户对邮件提供的内容不感兴趣。
(2) 不尊重用户权利的情况下强制用户接收邮件，用户主动阅读邮件的积极性不高。
(3) 用户反感邮件发送方，从而降低品牌美誉度。如果某产品或服务在用户心中已留有较好印象，垃圾邮件营销则会起到反效果。

(四)许可式电子邮件营销

电子邮件已经成为世界上广受欢迎的通信模式，因此，电子邮件也成为非常流行的广告媒介。然而，也可能会出现因为电子邮件过载广告信息而造成客人的疏离感，或者广告本身还没被读取就被删除了。许可式电子邮件营销则不同，它使用的是潜在用户主动提供的联系方式，凡进入邮件数据库的都是主动填写表格的一群人。因此，许可式电子邮件营销的对象是最精准、最有可能转化为付费客户的一群人。

1. 许可式电子营销的定义

许可式电子邮件营销是指在用户事先许可的前提下，通过电子邮件的方式向目标用户传递有价值信息的一种网络营销手段。电子邮件营销有三个基本因素：用户许可、电子邮件传递信息和信息对用户有价值。三个因素缺少一个，都不能视为有效的电子邮件营销。

事前许可电子邮件营销将逐步发展成一项利用发送人与收件人握手协议的科技。如果营销者多利用事前选择电子邮件广告，被递送的电子邮件内容将是消费者所"预期"的，消费者会感到广告更贴心，也更容易引起消费者共鸣。

2. 许可式邮件与垃圾邮件的区别

许可式邮件与垃圾邮件之间最大的不同就在于：垃圾邮件是顽固的、持续的，以一种流氓式的、让人厌恶的方式发送到消费者的电子邮箱，对消费者而言没有任何用处却又无法拒绝；而许可式电子邮件可以让消费者从周期性的邮件中获得需要的、有价值的信息和资源。

许可式的邮件营销如何区别于垃圾邮件营销呢？第一，邮件发送方在发送电子邮件之前必须经过接收方的同意；第二，营销邮件列表中的 E-mail 联系人(即邮件接收方)可以自由加入和自由退出邮件列表；第三，不能以任何方式共享或出售邮件列表中的 E-mail 联系人信息给第三方；第四，发送方应周期性地传递有价值的信息和资源，不发送与主题无关的信息、内容、广告。

3. 许可电子邮件营销的基本原则

第一，及时回复。养成顺手回复邮件的习惯，哪怕是简单的"谢谢，来信已经收到"也会收到良好的沟通效果。通常邮件应该在一个工作日之内回复客户，如果碰到比较复杂的问题，需要一段时间才能准确答复客户，也要简单回复说明情况。实在没有时间回复，可以采用自动回复邮件的方式加以及时回复。

第二，避免无目标投递。不采用群发的形式向大量陌生电子邮件地址投递广告，因为这样不但收效甚微，而且会变为垃圾邮件，有损公司形象。

第三，尊重客户。不要向同一个邮件地址发送多封同样内容的信件，当对方直接或者间接拒绝接受电子邮件时，绝对不可以再向对方发送广告信件。

第四，内容要言简意赅。邮件要言简意赅，并能充分吸引客户的兴趣，长篇累牍会使客户放弃阅读。

第五，附上联系方式。邮件一定要有签名并附上联系方式，以备消费者需要时加以联络。

第六，尊重隐私权。不得转发或出售他人邮箱地址或客户背景。

(五)垃圾邮件

垃圾邮件(spam)现在还没有一个非常严格的定义。一般来说，凡是未经用户许可就强行发送到用户邮箱中的任何电子邮件都可称为垃圾邮件。《中国互联网协会反垃圾邮件规范》中是这样定义垃圾邮件的："本规范所称垃圾邮件，包括下述属性的电子邮件：

(一)收件人事先没有提出要求或者同意接收的广告、电子刊物、各种形式的宣传品等宣传性的电子邮件；(二)收件人无法拒收的电子邮件；(三)隐藏发件人身份、地址、标题等信息的电子邮件；(四)含有虚假的信息源、发件人、路由等信息的电子邮件。"

垃圾邮件一般具有批量发送的特征。常见内容包括赚钱信息、广告、商业或个人网站广告、电子杂志、漂流瓶等。垃圾邮件可以分为良性的和恶性的垃圾邮件。良性垃圾邮件是指各种宣传广告等对收件人影响不大的信息邮件，恶性垃圾邮件是指具有破坏性的电子邮件。

多个国家已立法来试图杜绝垃圾邮件。不少网络服务供应商的服务政策也包含反垃圾邮件，并设立了用作投诉的电邮地址；一些软件商也推出反垃圾邮件的软件。真正的电子邮件营销不是发送垃圾邮件，但垃圾邮件对于许可电子邮件营销的影响很大，一些用户会将电子邮件营销与垃圾邮件等同起来。

二、如何做好电子邮件营销

尽管电子邮件营销的方式千差万别，包含的内容丰富多样，但每封电子邮件都应该具有营销要素。

(一)营销要素

(1) 文本标志。电子邮件最通常的营销方式是使用文本标志，文本标志是一些有特定意义的字符，大约 5 行左右，一般放置在新闻邮件或经许可的电子邮件中间。也可以为这些文本标志设置一个 URL，链接到广告主公司主页或提供产品或服务的特定页面。

(2) 标志广告。HTML 格式的电子邮件和新闻邮件可以设置与一般网页上所显示的一样的标志广告，不过并不是要在整页都放置广告，而是在发送给特定目标受众的 HTML 格式的电子邮件和新闻邮件中放置标志广告，这些目标受众是事先征得许可的。

(3) 其他方式。随着电子邮件营销的不断发展，出现了一些更有吸引力的其他方式，有时是由广告主和第三方撰写的电子邮件，其中的一些营销方案中设有奖励或奖金计划。

(二)营销过程

1. 选择邮件地址

要针对营销的产品选择电子邮件用户，比如一家做儿童用品的公司，应该选择什么样的电子邮件用户群呢？一般来说，母亲是最关心自己孩子的，所以首先要锁定女性电子邮件用户群；而一般有宝宝的女性年龄为 25~35 岁，所以最终锁定年龄为 25~35 岁的女性电子邮件用户群是最合适的。当然，还要根据自己公司的产品定位来精细化用户群，比如地域、收入、文化背景、个性偏好等，以便达到最高宣传率。

2. 撰写邮件内容

邮件内容的撰写包括标题(主题)、正文、链接等。标题的设计要让接收者能够认可邮件并有兴趣打开邮件，标题要醒目、吸引人，或关乎收件人自身利益，满足其好奇的心理，让人看到标题后会有打开邮件的欲望。如果标题不够吸引人又缺乏新意，邮件就容易遭到目标客户群的忽视或被删除。比如，要营销励志类的出版物，目标客户群通常是一些有上进心、有追求卓越成功精神的人，所以邮件的主题就可以与"财富""成功"相关，这是他们的渴望，所以收到这样标题的邮件会不自觉地点击。营销的电子邮件每封只有一个主题，通常也是邮件的中心思想，如果邮件不写明主题，接收者一看就会认为是垃圾邮件而直接删除。

电子邮件的内容要简洁明了，用最简单的文字表达出营销的诉求点，让目标客户一看就知道是做什么的，字数不要过多，一般在200字以内。要知道越长的内容，目标客户越不会去阅读。如果有必要，可以给出一个关于详细内容的链接，收件人如果有兴趣会主动点击链接的内容。正文内容在语气、表达方式等方面一定要合理、恰当，注重礼貌，显出质感。一般来说，电子邮件没有统一的格式，但在实际工作中，要根据不同的地方习俗、不同的国家及语言采用不同的邮件版本及规格，方便双方交流。同时，不要全用粗体字写邮件，这会让人感觉你在大叫或者在吼。

3. 发送电子邮件

正常的营销活动邮件，不要隐藏发件人。隐藏发件人，给人的感觉是发件人在做什么见不得人的事情，其内容的可信度会大打折扣。也不要使用免费邮件地址(免费邮箱)发送邮件，最好使用区别其他公司和部门的专用企业邮箱来发送邮件，这样显得更正规，也能得到收件人的尊重。由于邮件系统会过滤附件或限制附件大小，以免给客户带入病毒，因此，发送电子邮件时不要将邮件内容放在附件中。由于操作系统、应用软件有所不同，所以收件人未必能打开附件内容，更不要为图省事将一个甚至多个不同格式的文件作为附件插入邮件内容，而应该使用链接的形式引导客户进入营销的页面。还要掌握发信频率，频率过高会使客户反感。研究表明，同样内容的邮件，每个月发送2~3次为宜。不要错误地认为发送频率越高，收件人的印象就越深。过于频繁地重复发送同样的邮件，肯定会被列入"黑名单"，这将导致永远失去那些潜在客户。

4. 处理反馈信息

邮件发送出去后，若有客户回应，应当及时回复。现实生活中，4~6小时内收到回复邮件会让人感觉棒极了；8~12小时内收到回复邮件会让客户感觉受重视；24小时内收到回复邮件说明未被遗忘；48小时后才收到回复邮件或邮件得不到回复，客户就会失去耐心或成为竞争对手的客户。对客户反馈的好的信息应加以利用，对不好的反馈信息应尽早将坏影响控制在最小范围内。做好后续的服务与跟踪，细致认真地分析用户反馈的资料，才能有针对性地为每个客户提供信息或服务，这也是电子邮件营销的价值所在。

(三)电子邮件营销成功的要素

电子邮件是企业和现有客户沟通常用的渠道之一。电子邮件营销的成本低、投递速度快、精准性好和具有个性化、易操作是许多企业选择使用这个沟通渠道的因素。但便宜而一网打尽式的邮件投放不仅不能收到理想的投资回报，甚至可能会招致收信人的反感。成功的电子邮件营销具有如下五个要素。

1. 明确的营销目标

电子邮件营销不等于滥发邮件，要有营销目标。一般来说，收集寻找潜在客户的电子邮件地址需要花费大量时间，因此，必须事先制定营销目标，并遵循营销目标开展电子邮件营销。

2. 使用合适的沟通策略

合适的沟通策略包括以下几个方面：

第一，提供有针对性的、收信人关注的优惠；

第二，提供和收信人地理位置及兴趣相关的内容；

第三，做到个性化，如用收信人的姓名打招呼；

第四，给予收件人控制收邮件的频率。

3. 明确目标客户

在不了解目标对象的情况下盲目发送大量的营销邮件，一方面投入产出比严重失衡；另一方面把产品信息发送给"错误"的人将严重误导对营销邮件功效的正确判断。因此，在开展电子邮件营销之前，要尽可能地缩小客户范围，研究可能的潜在客户，了解他们的真正需求。电子邮件营销的目标对象越准确，效果越好。

目标客户可以按性别、年龄等人文方面来抓取，也可以按照购买行为，甚至是网上浏览和交易行为来区分对待；目标客户也可以根据其他业绩型指标来划分，比如最有经济效益的客户、对电子邮件营销反应率最高的人群等。挑选目标客户是个艰巨的工作，必须是有依据的。灵活可定制化的电邮发送平台、具有营销活动管理模块的 CRM 平台、可供营销人员使用的具有客户细分或是打分信息的数据库等等，都是必不可少的。

4. 设计有吸引力的电子邮件

电子邮件本身的内容和创意是不容忽视的。标题的设计、内容的撰写、图片的大小和下载速度、图片的文字说明等等，都是影响电子邮件营销能否成功的要素。

5. 分析效果

每次发送电子邮件之后，要对反应率、打开率、点击率和投资回报等指标做分析并记录在数据库中。很多企业把每次的电子邮件营销作为单一营销活动来对待或是完全没有一个对客户进行忠诚营销的年度 CRM(Customer Relationship Management，客户关系管理)方案，这样就永远不知道哪些客户对电子邮件营销的反应度高，哪一类型的电子邮件营销效果好，每个客户一年收到多少封电子邮件。没有数据就很难建立准确的营销活动反应模型，只有通过不断分析，企业才能把握对自己客户最有吸引力、最能提高销售和利润的优惠和内容，才能把握最佳投递的时机，降低成本并提高营销投资回报率。

【课堂演练】

(1) 根据模拟营销产品，收集 300 个你认为是潜在客户的电子邮箱，并将电子邮箱分类。

(2) 撰写一封适合运用电子邮件营销的信，通过老师审核后，向 300 个邮箱发送。

任务 3　搜索引擎优化

【教学准备】

(1) 具有互联网环境的实训教室。

(2) 指定可链接的网页如下。

- 百度：http://baidu.com
- 谷歌(英文)：http://www.google.com
- 谷歌中国：http://www.google.cn
- 360 综合搜索：http://so.360.cn
- 搜搜：http://www.soso.com
- 必应：http://cn.bing.com
- 有道搜索：http://www.youdao.com

【案例导入】

为某腕表电商提 SEO 优化建议

电商网站是具有高盈利的大网站，对于大型电商的 SEO 优化而言，从规范和内容上做站内的优化比较容易，但要把每一个细节做到极致需要非常强的执行力。我们一起来看看杭州营销公司对某腕表电商提出的 SEO 优化建议吧！

第一，图片处理。图片是构成电商网站的主体内容，几乎 80%～90%的内容都是图片。

对于图片的优化,必须保证图片的质量,让蜘蛛爬虫感觉图片清晰;图片在不影响用户体验的基础上一定要带上自己品牌的logo,比如在右下角加上品牌的水印,这样一旦被收录,能起到宣传品牌的效果;对于图片的alt标签,可以考虑为每个产品的图片都加上产品名称。

第二,内链分析。对于大型网站特别是这类电商网站,因其内链结构复杂,难以统计和分析,因此很难通过内链控制排名和优化。推荐用"谷歌站长工具"程序来统计内链,可以统计到链接数量和来源域,也可以向程序求助,让程序帮忙计算出不带 nofollow、带 nofollow 和图片链接的所有链接数量、链接类型和个数。

第三,降权处理。由于百度对"品牌""官网"等关键词有严格控制,因此电商网站如果堆积了这类关键词,往往会遭受降权的处理。如果出现该类问题,应第一时间与百度的工作人员取得联系并确认,然后适当调整这些关键词,继续日常更新和优化。

第四,关键词优化。通常情况下,一个页面可以优化多个关键词,但是建议每个关键词只用一个页面(或 URL)来优化。如果一个关键词用多个页面优化,会分散权重,在竞争激烈时权重过于分散不利于获得长期的、稳定的排名。

第五,外链建设。对于大型电商网站来说,内链作用远远大于外链,应该把大部分的精力放在内链上。外链的建设重点应该放在引流上,比如微博、微信等社交类平台,在做外链时,一定要保证软文质量。

(资料来源:此文改写自聚卓营销网站, http://www.jz182.com/seocases/356.html)

【知识嵌入】

一、搜索引擎、搜索引擎优化与搜索引擎营销概述

(一)搜索引擎(SE)

搜索引擎(Search Engine)是根据一定的策略、运用特定的计算机程序从互联网上搜集信息,并对信息进行组织和处理后,为用户提供检索服务,将与用户检索相关的信息展示给用户的系统。搜索引擎包括全文索引、目录索引、元搜索引擎、垂直搜索引擎、集合式搜索引擎、门户搜索引擎与免费链接列表等多种类型。当前国内主流的搜索引擎如表 2-1 所示,其搜索排名如图 2-9 和图 2-10 所示。

表 2-1 当前国内主流的搜索引擎名称及其工作内容、所属公司

名 称	搜索内容	所属公司
百度	网页搜索、新闻搜索、图片搜索、MP3 搜索、视频搜索	百度公司
谷歌	网页搜索、图片搜索、视频搜索、地图搜索、购物搜索	Google 公司

续表

名称	搜索内容	所属公司
雅虎	网页搜索、图片搜索	Yahoo！中国分公司
搜搜	网页搜索、图片搜索、视频搜索、音乐搜索、博客搜索	腾讯公司
必应	网页搜索、图片搜索、视频搜索、地图搜索	微软公司
搜狗	网页搜索、新闻搜索、音乐搜索、图片搜索、视频搜索、地图搜索	搜狐公司
有道	网页搜索、图片搜索、购物搜索、图片搜索、音乐搜索、视频搜索	网易公司

统计数据

当前选择日：2015-01-25

排行	对象	点击次数	百分比
1	谷歌	2261	22.20%
2	搜狗	1957	19.22%
3	搜搜	1805	17.72%
4	有道	1691	16.60%
5	必应	1653	16.23%
6	百度	817	8.02%

当前选择月：2015年01月（01至25日）

排行	对象	点击次数	百分比
1	搜狗	42370	18.22%
2	必应	41154	17.70%
3	有道	40432	17.39%
4	谷歌	36822	15.84%
5	搜搜	35891	15.44%
6	百度	35815	15.41%

图2-9 2015年1月各搜索引擎使用百分比

搜索引擎的工作原理分为四个步骤：第一步，爬行，即通过一种特定规律的软件"蜘蛛爬虫"跟踪网页从一个链接爬到另外一个链接；第二步，抓取存储，即通过蜘蛛爬虫跟踪链接爬行到网页并将爬行的数据存入原始页面数据库；第三步，预处理，即将蜘蛛抓取回来的页面进行提取文字、中文分词、去停止词、消除噪音、正向索引、倒排索引、链接关系计算、特殊文件的处理；排名即排名程序调用索引库数据，计算排名显示给用户；第四步，为用户搜索排名，排名过程与用户是直接互动的，用户搜索得多自然排名会靠前。

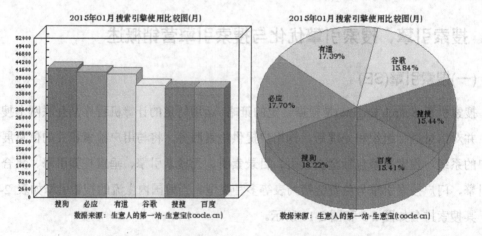

图2-10 2015年1月各搜索引擎使用比较图

(二)搜索引擎优化(SEO)

搜索引擎优化(Search Engine Optimization，SEO)是一种利用搜索引擎的搜索规则来提高目的网站在有关搜索引擎内的排名的方式。通过采用易于搜索引擎索引的合理手段，可以使网站各项基本要素适合搜索引擎检索原则并且对用户更友好(Search Engine Friendly)，从而更容易被搜索引擎收录及优先排序。通俗理解是：通过总结搜索引擎的排名规律，对网站进行合理优化，使网站在百度或 Google 等搜索引擎中的排名提高，让搜索引擎给你带来更多的客户。搜索引擎优化分为站外 SEO 和站内 SEO 两种。

搜索引擎定位(Search Engine Positioning)和搜索引擎排名(Search Engine Ranking)是较为流行的搜索引擎优化方式，主要目的是增加特定关键词的曝光率以增加网站的能见度，进而增加销售的机会。SEO 的主要工作是通过了解各类搜索引擎如何抓取互联网页面、如何进行索引，以及如何确定其对某一特定关键词的搜索结果排名等技术，来对网页进行相关的优化，使其提高搜索引擎排名，从而提高网站访问量，最终提升网站的销售或宣传的效果。

SEO 不是突然出现的一个技术，而是和搜索引擎同步发展起来的，两者的关系虽然不能说是"矛和盾"的关系，但是可以肯定的是，因为有 SEO，才使得搜索引擎技术变得更完善。

(三)搜索引擎营销(SEM)

搜索引擎营销(Search Engine Marketing，SEM)是指通过搜索引擎来进行营销。搜索引擎优化虽然可以达到排名获得免费流量的目标，但它不是营销的全部。但是搜索引擎优化又是搜索引擎营销不可或缺的。SEO 是一种工具，一种归属营销范畴的工具，它可以帮助搜索引擎更好、更多地索引和收录网站；也可以帮助访问者更友好快捷地访问网站，最终帮助网站拥有者获取更符合营销要求的高质量的浏览人群。

搜索引擎营销的基本思想是让用户发现信息并通过搜索引擎搜索点击进入网站/网页进一步了解他所需要的信息。搜索引擎营销的策略设计基本目标有 2 个层次，一是被搜索引擎收录，二是在搜索结果中排名靠前。SEM 的方法包括竞价排名、关键词广告、搜索引擎优化(SEO)、按照点击收费(Pay Per Click，PPC)付费广告。

二、搜索引擎优化的特征影响因素及其工作流程

(一)搜索引擎优化的主要特征

搜索引擎优化是针对搜索引擎对网页的检索特点，让网站建设各项基本要素适合搜索引擎的检索原则，从而使搜索引擎收录尽可能多的网页，并在搜索引擎自然检索结果中排名靠前，最终达到推广网站的目的。

通过了解各类搜索引擎如何抓取互联网页面、如何进行索引，以及如何确定它对某一特定关键词的搜索结果排名等技术，来对网页内容进行相关的优化，使其符合用户的浏览习惯，在以不损害用户体验的前提下提高搜索引擎排名，从而提高网站访问量，最终提升网站的销售能力或宣传能力。所谓"针对搜索引擎优化处理"，是为了让网站更容易被搜索引擎接受。搜索引擎会对网站彼此间的内容做一些相关性的资料比对，然后再由浏览器将这些内容以最快速且接近最完整的方式呈现给搜索者。研究发现，使用搜索引擎的用户往往只会留意搜索结果中最开始的几项条目，所以不少商业网站都希望通过各种形式来干扰搜索引擎的排序，当中尤以各种依靠广告为生的网站最甚。在国外，SEO 开展较早，那些专门从事 SEO 的技术人员被 Google 称为 "Search Engine Optimizers"，简称 SEOers。由于 Google 是目前世界上最大的搜索引擎提供商，所以 Google 也成为全世界 SEOers 的主要研究对象。对于任何一家网站来说，要想在网站推广中取得成功，搜索引擎优化是最为关键的一项任务。同时，随着搜索引擎不断变换它们的排名算法规则，也会影响网站排名结果，从而影响访问量。

(二)影响搜索引擎优化及其排名的因素

1. 影响搜索引擎优化的因素

1) 域名对搜索引擎优化的影响

域名的权重、长短、域名的拼写方式以及域名的存在时间等都是影响搜索引擎优化的因素。

第一，域名的权重。各大搜索引擎在各自优化排名算法中都有对域名权重的估分。在域名权重被提出的初期，无数搜索引擎优化者使用各种各样的方法对域名权重是否真的存在进行了繁杂的测试，各种测试结果表明：域名权重在搜索引擎排名中占有非常重要的位置，域名权重越高，对排名越有帮助。在同等条件下，域名权重越高，排名越靠前。域名权重体现在域名的注册时间长短、域名续费时间长短、域名网站的内容质量凹凸、网站的规模巨细、域名的外部链接建设等。域名权重和其他外部、内部优化不同，不能在短时间内取得很好的效果。

第二，域名长短。域名的长度是衡量域名价值的一个重要因素。域名的长短其实并不妨碍搜索引擎的索引结果，但对用户而言，简短的域名容易记忆，用户的体验度高。SEO 的目的就是用户体验，因此域名的长短对搜索引擎优化仍然非常重要。

第三，域名的拼写方式。对于搜索引擎的索引结果而言，域名包含关键词的网站在排名上更具优势。近年来，百度搜索引擎中的拼音域名更是备受青睐，比如新浪之所以愿意花费巨资购得微博双拼域名，就是因为它符合中国用户的输入习惯。

第四，域名的年龄。搜索引擎认为，网站存在时间的长短是评价网站质量的一个因素，所以搜索引擎会给予在搜索引擎中存在时间更长的网站以较高的权重。随着收录时间的增长，即使没有外部链接，网页排名(Page Rank)也会慢慢提高。计算域名年龄是有前提的，网站注册高的域名要一直有内容，同样年龄的域名如果仅仅只是注册而没有使用，对 SEO 价值不大。

2) 空间对搜索引擎优化的影响

空间的位置、空间的速度、空间的稳定性、支持在线人数、选择虚拟主机还是服务器等，对搜索引擎都有影响。

2. 影响搜索引擎优化排名的因素

搜索引擎优化排名是网站推广策略中最常用和长期有效的低成本营销手段之一。全球的搜索引擎都喜欢把含有用户所需要的内容、网站设计细节符合搜索引擎标准的网站放到搜索结果的自然排名前面。

1) 内容因素

内容的相关度、原创性、独特性、抢先性和长效性都是影响搜索引擎优化排名的因素。网站内容越丰富越好，网站原创内容越多越好，尽量用文本来表现内容。

2) 域名、文件名、统一资源定位符(URL)因素

WWW 前缀的二级域名权重最高，二级域名比目录有优势，目录权重比静态网页高，静态 URL 比动态 URL 权重高。直接采用包含关键词的域名非常有助于提高排名，比如 chinatour 这个关键词，如果选用了 chinatour.com，那么很快就可以获得好的排名。因为各大搜索引擎识别拼音，所以中文网站全拼的域名有利于提高排名。如果是英文网站，文件名要用关键词且各个单词之间要用中横线(-)分开。在规划 URL 时，要注意目录层次不要太深，层次越深权重越低。例如新浪网站，它的新闻虽然多，但是层次都不超过 3 级。因为搜索引擎的排名规则是：二级域名比栏目页有优势，如 abc.web.com 比 www.web.com/abc/排名有优势；栏目页比内页有优势，如 www.web.com/abc/比 www.web.com/abc.html 排名有优势；静态路径比动态路径有优势，如 www.web.com/abc.html 比 www.web.com/adc.asp?=321 排名有优势。比如注册一个域名，用这个域名的首页排关键词"电子商务"，那么搜索引擎就认为整个网站都是围绕这个主题的内容。

3) 关键词分布

要处理好关键词分布，关键词一般会在网页的 title、meta、网页大标题、网页文本、图片 alt 注释、网页底部超链接文本等 6 个地方出现。包含关键词的密度一般在 3%～5%左

右为适宜。

4) title 和 meta 因素

title 和 meta 标签的设计原则如下：一个网页的 title 和 meta 中，核心关键词越少越好；每个页面的 title 和 meta 标签都要不同，并且要与该页面的内容相符合；title 设计得越简洁明了越好，尽量不要超过 25 个汉字或 50 个英文字符，内容标签(description)不要超过 100 个汉字，以七八十个汉字最为合理；不要堆积关键词；title 和 meta 标签中关键词出现的频率：title 中出现 1 次，网页描述标签中出现 3～4 次比较自然合理，关键词标签出现 1 次就可以了；title 中关键词尽可能放前面。

5) 网页排版细节

大标题要用<h1>，文本中的关键词用<b>加粗，网页中的图片要加上 alt 注释，关键词要进行适当的修饰(加粗、斜体等)。

6) 服务器因素

服务器所在地区和服务器的速度、稳定性都会影响排名。相同的关键词，用相同的方法，总是服务器与搜索引擎所在地区的网站排到第一页的速度快；服务器的速度越快，排名越有利，服务器速度快蜘蛛爬行的效率就高。服务器的安全性、稳定性以及是否能避免木马入侵等同样影响着排名。

7) 网站链接构架因素

导航结构要清晰明了、超链接要用文字链接、各个页面要有相关链接。

8) 反向链接因素

反向链接是针对网页和网页之间的应用。站内网页之间的链接叫内部链接，站外网页之间的链接叫站外链接。做站外链接要选择 PR 值(网页级别)高的网页、更新频率高的网页、权威网页、相关性高的网页。

(三)搜索引擎优化的工作流程

1. 搜索引擎网站优化

1) 关键词的研究和选择

第一，关键词的选择。运用 Google 关键词工具和百度指数等关键词分析工具可以分析出关键词在一定时期的搜索量；要以浏览者的身份考虑关键词，关键词不能由自己主观创造；分析同行业竞争对手，力求模仿、超越对手或避开竞争；单靠一个关键词是不够的，要根据网站内容衍生选择 2～3 个长尾关键词；用统计软件观察关键词，获知浏览者是搜索什么关键词找到网页的。

第二，网站关键词的布置。首页 title 是整个网站的重点，一定要让关键词出现在首页 title 中；每个页面的 discription 部分都要出现关键词；网页的文本部分要保证关键词尽量靠近前面，开头的地方密度大一点，蜘蛛对这个位置有专门的算法来识别；UR、网页(H1、H2、H3)、站内和站外链接的文本、图片的 alt 中，都要出现关键词。

第三，关键词密度。关键词密度=关键词出现次数/页面内容词数，假如某个网页共有 100 个词，关键词在其中出现 5 次，则可以说关键词密度为 5%。很多搜索引擎包括 Google、百度、yahoo！等都将关键词密度作为其排名算法的因素之一，每个搜索引擎都有一套关于计算关键词密度的不同的数学公式。合理的关键词密度可以获得较好的排名位置，密度过大会遭受搜索引擎的惩罚。所以，切忌堆砌关键词。

2) 网站标题、描述优化

网站标题、描述是网站优化的核心因素。搜索引擎对网站标题和描述的字符数量是有一定限制的，标题的中文字符应当限制在 45 个以内、英文字符应当控制在 75 个以内。描述限制在 200 个字符以内，不能有关键词堆积现象。

3) 内页与首页的链接处理

一般情况下，内页出现关键词的情况下应当指向首页的链接，但每页出现的相同关键词只能做一个指向链接，多余的可以设置本页地址链接。内页应当放长尾关键词，以增加网站流量。

4) 文本命名优化

文本命名优化的权重是非常高的。文本命名会直接影响搜索引擎能否正常读取网页的信息。文本命名是直接影响网站的二级域名的地址，文本命名应当标准化，可以采用汉语拼音或者英语直接命名。

5) 网站图片优化

图片大、数量多的确可以增加网站的美观性，但会影响网站打开的速度。对网站图片的优化方式是对图片进行切割，把图片分割成不同大小的方块，这样可以加快图片的打开速度又不影响网站的读取。提高图片的打开速度可以优化体验。对图片 alt 带有关键词内容的注释用以增加关键词密度，使搜索引擎读取图片。

6) 标准的网站程序代码优化

网站程序代码优化必须遵循 W3C 规范(万维网联盟 World Wide Web Consortium)；页面程序代码要不超过 125KB，大于 125KB 百度快照就拍不了；程序代码采取 div+css 样式，尽量少用动态页面，应多使用静态页面，这样可以方便搜索引擎抓取。

7) 网站结构优化

网站结构优化指的是路径优化，也就是页面与页面的互通性，不能有走向一个页面而没有回来的路径，要保障页面与页面、内页与主页的互通性。网站结构的优化方式有：新闻页的"上一篇"和"下一篇"、显眼位置出现"返回首页"、"返回主页"的设置，面包屑导航，全站导航，链接推荐，相关性推荐。

2. 搜索引擎站外优化

1) 外部链接

外部链接的质量直接决定了网站在搜索引擎中的权重。增加外部链接有以下几种方法：做友情链接、写一些高质量的软文发布到各大网站引起转载以获得外部链接；在 Google 和百度查询网站的主题看看排名第一页的网站的反向链接，联系并做交换链接；把论坛、QQ 等的个性签名改成网站的关键字链接、网站地址；在 ask 爱问、百度知道等问答系统的站点搜索网站关键词，回答相关的题目并留下网址；通过博客、微博、论坛、社区等社会化媒体留言互动，获得社会化媒体对网址链接留言的支持。

2) 网站友情链接处理

友情链接是搜索引擎评价网站质量的标准之一，PR 值越高权重就越高，可以选取 PR 值大于或等于自己 PR 值的网站进行友情链接。选取被较多搜索引擎收录的网站、选择友情链接数目合适的网站进行友情链接，一般来说，PR 值在 0~7、友情链接数目在 20~60 的为最佳选择。在百度用 site:www.***.com 查询对方网站收录数目，假如对方 PR 值很高收录数目却少于 10，或对方的首页链接没有在第一页或者找不到对方首页链接，则说明对方正被搜索引擎惩罚。尝试对方网站是否打得开、查看对方页面是否还有 nofollow 标签以及对方友情链接是否在 js/ifram 里面，假如对方网站总是打不开或屏蔽了蜘蛛抓取，则不要与这样的网站做友情链接。还可以在 QQ 群、友情链接发布平台(如 go9go、齐聚、米狗等)、百度友情链接贴吧等发布寻找友情链接的广告。

3) 网站向搜索引擎提交

向搜索引擎提交网站主要是为了把搜索引擎被动抓取网站变成主动抓取网站，更快地帮助搜索引擎访问该网站。找到所要提交的搜索引擎网站登录地址，然后按照指示，把相关信息填写完整，最后点"确定"就可以了。注意不要重复提交，以免被搜索引擎视为作弊。搜索引擎登录地址如表 2-2 所示。

表 2-2　2013 年部分搜索引擎登录地址

搜索引擎	登录入口
Google	http://www.Google.com/intl/zh-CN/add_url.html
百度	http://www.Baidu.com/search/url_submit.htm
一搜	http://www.yisou.com/search_submit.html?source=yisou_www_hp
中搜	http://d.zhongsou.com/NetSearch/pageurlrecord/frontpageurl.jsp
搜狐	http://db.sohu.com/regurl/regform.asp?Step=REGFORM&;class=
雅虎中国	http://search.help.cn.yahoo.com/h4_4.html
有道	http://tellbot.youdao.com/report
亚马逊	http://www.dmoz.org/World/Chinese_Simplified/
SN 搜索	http://search.msn.com.cn/docs/submit.aspx?FORM=WSDD2
搜虎	http://www.oksohu.com/main/join.asp

（资料来源：2013 年最新中文 SEO 外链网站大全"seo 必备". 豆丁网，http://www.docin.com/p-965655367.html）

3. 搜索引擎算法与网站后期维护

1) 搜索引擎算法

搜索引擎算法是一个很难把握的、最核心的技术，要想了解搜索引擎有什么变化，可以根据搜索引擎的收录量、链接情况、网站友情链接和网站标题分析搜索引擎下一步的动向。

2) 网站后期维护

网站应当不断地添加新内容，让网站一直保持最新状态有利于搜索引擎蜘蛛更勤快地访问网站。

三、免费策略与付费竞价推广

免费策略营销在线下生活中已经应用得很广泛了，把某样东西免费赠送，再想办法通过其他手段盈利，是抓住用户的有效手段之一。

网络是真正的免费世界，免费在网上更是如鱼得水。作为数字新媒体营销人员，更应该充分懂得此规律。免费的东西人人都喜欢，因此，免费策略营销具有强大的生命力。

互联网最初是完全免费的，所以使用互联网的人在认识上多少会有一种倾向，认为网上的东西都应该是免费的。比如，查找资料、阅读新闻、看小说和电子书，采用免费策略就会收到很好的效果。免费策略使浏览者变成固定用户的阻力大为减小，比如一个浏览者来到某个网站，如果该网站提供某种免费的东西，这个浏览者就容易成为该网站的用户、免费试用客户，甚至会员，为今后向他推销付费产品增加了机会。免费策略也是一种病毒性很强的策略，因为免费的东西大家都喜欢，很容易被传播出去。实施的所有免费策略都应该是为日后盈利打基础的网络营销策略，用免费的东西获得用户，必然要在其他地方赚回来。

免费策略并不是骗子策略，免费提供的东西应该是用户需要的、有价值的东西。任何商家都不要寄希望于送些垃圾然后再从用户身上赚钱。

(一)免费策略形式

免费策略主要有以下几种形式：

(1) SEO 免费。利用免费获得搜索引擎优化排名，提升网民的关注度。

(2) 利用免费试用索取电子邮箱或联系方式。网上同类产品很多，商家可以通过免费试用来吸引用户，并设计需要留下有效联系方式才能获得免费产品或服务的营销策略，这样企业就获得了精准的客户资料和电子邮件地址，得到了进一步推广产品的机会。

(3) 免费产品作为付费产品的赠品。有的人买东西的决定往往是在赠送大量免费赠品的推动下作出的。比如，要销售价格为 100 元的产品，可以通过赠送很多看似价值超过 100 元的东西来吸引用户购买。

(4) 初级产品是免费的，升级再付费。比如免费虚拟主机，如果想不带广告或者增加数据库、PHP 等功能，就要成为付费用户。软件行业也常采用这个免费策略，最初的试用版免费，但过一段时间软件会过期；或者初级版免费但功能有限制，想要没有限制的完整版软件则要付费。

(5) 利用免费使用提高市场占有率、战胜竞争对手。比如：微信的免费使用，让移动运营商不得不调整资费标准；淘宝战胜易趣，就是运用的免费策略。虽然到目前为止微信还没有收费，但天下没有免费的午餐。或早或晚，淘宝也终将通过开店用户产生利润，但不一定是向用户店铺收费，也许是其他方式。

(二)付费竞价推广

搜索引擎营销不只是搜索引擎优化，它还包含另一种形式，即付费竞价推广。付费竞价推广与 SEO 是搜索引擎营销的两种方式，综合恰当地运用两者能让网站脱颖而出。

1. 付费竞价推广的特点

付费竞价推广具有以下几个优点：

(1) 高质量的网站访问者。在进行付费竞价推广时，通常要对网站应该吸引哪些客户进行分析，初步了解他们在搜索引擎中常搜的关键词，有目的地进行付费关键词竞价，确保关键词带来的客户就是网站所想要的高质量的网站访问者。

(2) 效果迅速。即使是才建好一分钟的新网站，只要用付费竞价推广就可以有访客访问，丝毫不用操心网站是否收录以及收录量。

(3) 付费竞价推广启动成本低。Google、百度等搜索引擎都需要开通账号启动付费推广，但启动成本较低。

(4) 针对每个关键词改变网站的标题和描述。付费竞价推广可以针对每个关键词修改自己网站的标题和描述，而免费的 SEO 基本不可能做到这一点。

运用搜索引擎付费竞价推广需要人力进行管理，并非只是选中几个关键词并进行竞价排名就可以了。企业需要安排专人对付费竞价推广进行严格的管理，尤其是关键词的选取以及网站的标题、描述的修改，要不断进行改动，测试出性价比最高的关键词组合进行投放。付费竞价推广如果运用不当，很容易超出推广预算却不能提高销售收入。同时，要小心竞争对手恶意点击，付费竞价推广按点击量付费，比如百度里的付费竞价每次点击在 2 元以上，如果竞争对手恶意点击广告则会造成巨大的经济损失。

2. 怎样做好百度付费竞价推广

百度作为国内最大的搜索引擎，一直提供基于竞价排名的网站推广服务。那么,该如何做好百度竞价呢？怎样做百度竞价才能投资少回报大？

1) 选择合适的关键词

所谓的百度竞价其实就是关键词竞价。关键词有三种模式：一是产品关键词，二是区域性关键词，三是业务间接相关关键词。要在这三种模式中选择合适的关键词，同时还要注意关键词的热度。关键词的热度高，竞价自然要高；关键词热度低，竞价虽然低但不能带来好的点击量，营销效果可能不理想。百度指数(index.baidu.com)是百度搜索推出的一个用于分析关键词热度的工具。

2) 设定消费上限

百度提供了每日最高消费上限，如果设定了消费上限，则当消费额达到这个限制时搜索引擎就不再做推广。投放百度付费竞价可以考虑设定一个消费上限，但每天最高投放金额究竟多少才算合适，需要进行摸索。

3) 设置投放区域

百度付费竞价还会提供投放区域的设置，对于消费群有固定区域的可以选择该设置。比如做图书期刊营销，如果主要读者群在湖南，则只需要勾选湖南即可，在广告投放过程中湖南区域以外的用户在查询时并不显示参与竞价的关键词，也就不会发生点击行为，即可减少成本。比如，湖南旅游电子商务平台上线新闻发布会，是针对湖南旅游目的地的区域性活动，在投放百度付费竞价时就可以有针对性地选择这个活动区域。

4) 选择投放时段

客户不可能 24 小时在线，所以没有必要 24 小时开放竞价，以规避不必要的花销。商家要根据实际情况，按年度、季度、月度、星期等来选择投放时间。比如，快餐店一般选择周一至周五早上 9 点至下午 5 点投放比较合适，因为通常在上班时间叫外卖的比较多。

5) 选择竞价的名次

浏览者普遍具有货比三家的思想，一般会打开 3 个网站，那么在前 3 位的广告投放者原则上被点击的机会是均等的，所以不必选择费用最高的第 1 名。如果前 3 名竞争者并非本行业最有力的竞争对手，客观上很难和客户成交，则可以选择放弃竞争前 3 名，而直接竞争第 4、第 5 名。因为一般从第 4 名开始，竞争的价格比前 3 名会低很多。很多人在第一屏没有找到合适供应商的时候，会直接拉动滚动条到最下方，因此最后第 9、第 10 名被点击的机会大于第 6、第 7、第 8 名。

6) 主题推广

主题推广就是与其他网站相关联的点击合作，百度付费竞价默认情况下都是主题推广，不管是不是你网站的潜在客户，只要用户点击了其他网站就要扣费。所以，在开户操作的时候也可以把它去掉。

7) 提高网站质量

百度推广排名是由综合排名指数决定的，综合排名指数=质量度×点击价格。在选取了"点击价格固定"的情况下，提高网站质量就能提高排名，即使同行网站出的价更高也不一定能排到前面。网站质量取决于网站展现信息的点击率、网站整体结构和外链。点击率=点击次数/展现次数，网民有时在搜索时点击网站并非完全按排名来，一些有特色的关键词描述如能吸引人，点击率会更高。

8) 百度网盟

百度在各大网站上面留有广告栏，可以通过百度竞价在上面做广告。

【课堂演练】

(1) 湖南科学技术出版社 2012 年 9 月出版了《曾经的辉煌》，请你为它设置热点关键词。

(2) 尝试为模拟营销的产品设置热点关键词，并分析同类产品热点关键词设置情况。

任务 4 联署计划营销

【教学准备】

(1) 具有互联网环境的实训教室。

(2) 指定可链接的网页如下。

- 百度：http://baidu.com
- 软文之家：http://www.ruanwen51.com/
- 中国广告网：http://www.a.com.cn
- 艾瑞网：http://a.iresearch.cn
- 试客联盟网：http://login.shikee.com

【案例导入】

亚马逊书店成功的联署计划营销

联署计划最先开始成功运用的是亚马逊书店，可以说亚马逊书店当年的成功，网站联盟功不可没。

1996年，亚马逊(Amazon.com)通过建立这种网络营销的新方式，为数以万计的网站提供了额外的收入来源，且成为网络SOHO族的主要生存方式。亚马逊公司采用提成的方式鼓励其他网站将 Amazon 公司的广告链接到他们的网站，任何一个拥有自己网站的公司或机构都可以注册成为 Amazon 公司的合作伙伴，它们将 Amazon 逊公司的广告放在自己网站的醒目位置，然后从 Amazon 公司的网站上选择一些重要的图书。当客户点击要购买的书后，客户的购书信息就被直接传递到 Amazon 公司的网站上，利用 Amazon 公司的购买程序完成购买。不久，合作机构就可以收到出售图书的手续费提成。通过这种方式，亚马逊公司节省了许多营销费用，而且取得了良好的效果。

现在国内最有名的书店当当和卓越，也都在使用联署计划。

【知识嵌入】

一、联署计划营销

(一)联署计划营销概述

联署计划营销，也称联署营销，是一种按效果付费的网站推广方式，即商家(又称广告主,在网上销售或宣传自己的产品和服务的厂商)利用专业联盟营销机构提供的网站联盟服务拓展其线上及线下业务,扩大销售空间和销售渠道,并按照实际营销效果支付费用的新型网络营销模式。商家通过联盟营销渠道产生了一定收益后,才需要向联盟营销机构及其联盟会员支付佣金。由于是无收益无支出、有收益才有支出的量化营销,因此联盟营销已被公认为最有效的低成本、零风险的网络营销模式,在北美、欧洲及亚洲等地区深受欢迎。在国外,联署计划使用非常普遍,很大一部分商业网站都有自己的联署计划。相比之下,目前在我国,其他电子商务网站使用联署计划的比较少。联盟营销还处于萌芽阶段。虽然有部分个人或企业开始涉足这个领域,但规模还不大,一般的网络营销人员和网管人员对联盟营销还比较陌生。

网站站长注册参加广告主的联署计划,将获得一个特定的只属于这个站长的联署计划链接。站长把这个链接放在自己的网站上,或者通过其他方式推广这个链接。当有用户通过点击这个联署链接来到广告主的网站后,联署计划程序会对用户的点击、浏览、销售进行跟踪。如果用户在广告主的网站上完成了指定的行动,广告主就要将预先协商好的佣金支付给站长。

(二)联署计划营销的优势

联署计划营销是一种三赢的、有效的推广方式。对于商家来说,无须预支广告费和其他任何费用,只有在按预先设计的引导点击、产生销售的时候才支付佣金。对于网站站长来说,无须承担网站运营、进货、出货、后勤支援等工作,他所要做的只是推广他的联署计划链接。对于购买产品的用户来说,也没有任何损害,通过联署计划购买和直接从商家购买,付的价钱是一样的。如果没有联署计划,用户可能要花时间和精力去寻找广告主的网站,或者根本没有机会找到网站,也就没有机会买到自己想要的产品和服务。无论用户是以哪种方式来到广告主的网站,产品和服务的价格和服务水平都是完全一样的,并不会因为用户是从联署计划链接来到广告主网站,所付出的价格就更高。

(三)联署计划营销的风险

联署计划营销需要承担一定的风险,主要表现在如下两个方面:

一方面,参加联署计划的网站,无法预期和控制从联署网站所带来的流量的质量,也无法通过历史数据精确计算出联署计划每个点击的价值。

另一方面,参加联署计划的网站存在不良站长欺诈点击的行为。虽然像 Google、百度这样的大公司都积极提高欺诈点击的判断率,但仍然无法准确判断。据一些调查数据显示,整个行业的欺诈点击率为 16.6%,有时比例竟高达百分之二三十。这些欺诈点击会提高联署计划营销的佣金成本费用。

二、联署计划付费方式

(一)按点击付费(Pay Per Click)

按点击付费方式类似于搜索竞价排名。用户只要点击联署链接,无须在网站上完成其他行为,广告主就要支付站长一定数额的佣金。

广告主需要根据网站历史数据计算出平均每个访问者能带来的利润。假设网站每100个访问者中有一个人会购买,也就是转化率是1%;如果某产品的销售额是100元,扣除所有成本后的利润是30元,则可以计算得出每一个访问者的预期价值是0.3元,也就是说,每次点击可以承担的费用最多是0.3元。

(二)按引导付费(Per Per Lead)

用户点击联署链接来到广告主网站后,需要完成某个引导行为,比如下载试用软件、注册用户账号、订阅电子杂志等。按引导付费需要更严谨的计算和历史数据,因为用户并不需要在网站上购买任何东西,广告主就需要支付佣金。所以,广告主必须要非常清楚完成了引导行为的用户当中成为付费用户的比例、平均购买金额、平均利润,等等,以便作出按引导付费的广告选择。

(三)按销售付费(Per Per Sale)

用户点击联署链接来到广告主网站后,需要完成购买、产生销售额,广告主才会按商定的金额支付站长佣金。

对广告主来说,按销售付费是最安全可靠的。如果没有产生销售和利润,广告主就不必支付任何费用。只要广告主计算出自己的产品或服务的价格、成本、利润,就可以安全地确定可以支付的佣金。按销售付费佣金计算的安全性还在于,所有数字、价格、成本、利润,都是广告主自己可以确知的,不需要猜测任何数字。

三、联署计划营销的设计

(一)联署计划点击有效期限

用户点击联署计划链接来到广告主网站时,通常联署计划程序会在用户的计算机中设置一个Cookies,程序使用这个Cookies对用户的浏览和消费进行跟踪。Cookies有一个有效期限,可以设置为30天、100天等。广告主需要对这个有效期限加以考量及设定。

假设 Cookies 的有效期限设为 30 天，用户点击联署计划来到广告主网站后，即使当天并没有消费，但只要在 30 天内用户在网站消费，销售数字都会被计算在联署网站名下。但 30 天后 Cookies 失效，产生的销售就不会被计算在联署网站名下了。

广告主需要做一个全盘计划，选定一个公平且有吸引力的有效期限。有效期太短，参加联署计划的站长会不满意。因为用户的消费模式，一般是来到一个网站并不会立即购买，而是继续搜索其他网站、研究产品信息，等确定了从哪一家购买后，再回到网站产生购买行为。联署计划应该充分考虑到这种情况，给予足够长的有效期限。但有效期也不宜设置得过长。因为用户可能在几个月或一年后，通过其他方式，很有可能是广告主网站自身的其他营销方式来到广告主网站。如果 Cookies 还在有效期，广告主则还需要支付佣金。

(二)最低支付金额的设定

绝大多数联署计划程序都会把佣金累计到一定数额才支付给联署站长。这样做的原因如下：

第一，如果每笔很小的佣金都要立即支付的话，会导致成本高、效率低，不值得这样做。

第二，必须考虑到用户退货等情况。如果用户觉得产品不满意提出退货，广告主按照服务条款应该给予退费，当然也就不能再支付佣金了。完成一个产品退费流程的时间不是广告主可以控制的，有时可能需要几天甚至一个月。因此，联署计划营销不是每次产生佣金就立即支付，而是积累到一定金额(即最低支付金额)再支付。

最低支付金额不能设定得过低或过高。设定得过低就会增加工作量，提高成本，而且比较麻烦；设定得过高，对参加联署的站长不公平。比如，可能需要几个月甚至一年才能累计到最低支付金额，或者很多站长几年都达不到这个数额，就会造成对联署计划没有动力而放弃。所以，广告主需要设定一个对站长有吸引力，但又不至于产生太多工作量的最低支付金额数目。

最低支付金额的设计方式有：每月固定日期支付，凡是达到最低支付金额的，统一支付佣金；随时支付佣金，凡是达到最低支付金额的联署网站就支付佣金。

(三)多层联署计划

联署计划可以设计成多层联署，也就是说某个站长 A 来到广告主网站，参加联署计划，A 就是第一级联署网站；如果有其他站长 B 通过站长 A 的联署计划链接来到广告主网站，同样也参加了联署计划，那么站长 B 就成为二级联署网站。

多层联署计划的特点是，第一级、第二级都可以获得销售佣金；同时，第一级还可以从第二级的销售中获得佣金。依次类推，也可以有三级甚至四级联署网站。

多层联署计划的好处显而易见，可以鼓励站长不仅多带来消费客户，也鼓励他们多向其他站长推荐联署计划。推荐的层级越多，第一级所得到的佣金也越多。这种方式非常有利于快速推广联署计划。当然，是否采用这种多层联署计划方式，广告主需要看网站销售产生的利润是否足以支付多层佣金。

(四)参加联署计划的条件

第一，联署计划应该是免费参加的。如果对参加联署计划的网站收费，就会影响联署计划效果。

第二，对网站的流量也不适宜设定要求。有的网站规定联盟网站需要达到日流量多少个 IP，或 Alexa 排名达到前多少名才能参加。这些限制都是不合理的，其实广告主无法知道其他站长网站的真实流量，Alexa 排名的误差也相当大，无法判断真实流量。做出流量上的限制，只能降低其他站长的积极性，而不能提高联署网站的质量。

第三，需要有程序来实现对联署计划链接的点击及购买情况进行跟踪。一般是通过在用户计算机中设置 Cookies 来实现，联署计划程序通过联署链接 ID 和 Cookies 来判断某一销售是从哪一个网站介绍来的。每个参加联署计划的站长都会被分配一个独特的 ID，然后在自己的网站或者以其他任何合理的方式推广这个联署计划链接。

用户点击联署计划链接后，联署计划程序会自动在用户计算机中设置 Cookies，并将点击数据、用户 IP 等保存至数据库，然后程序自动将用户转到广告主网站首页。用户完成指定的引导或购买行为后，一定会来到付款完成确认页面，这些目标完成页面上的跟踪程序将查询用户计算机中的 Cookies，如果发现是来自某个联署计划 ID，则这个购买转化将被计入相应的联署会员账号下。

四、联署计划营销的方式

联署计划营销主要有两种实现方式：使用第三方联署计划网络服务和使用自己网站上的联署计划程序。

(一)第三方联署计划网络服务

在英文网站中，有几个规模很大、信誉可靠、历史较长第三方联署计划网络服务提供商，如 Commission Junction，Performics，Link Share 等。

使用这些第三方联署计划网络服务，通常需要支付一笔数额不小的设置费，有可能高达几千美元。如 Commission Junction 一般收取 2 500～5 000 美元设置费。服务商提供程序代码，广告主把这些代码放在自己的相应网页上。参加联署计划的站长直接从第三方服务商处注册。联署计划链接、统计数据等，也都由服务商提供。

1. 站长注册及管理

站长要参加联署计划，可以直接在第三方服务商注册。广告主的网站上联署计划介绍部分也是先链接到第三方服务商的网站，站长再注册。

这些服务商管理着众多网站的联署计划程序，站长注册后，可以从很多广告主网站中选择适合自己网站的联署计划，而不必局限于站长刚开始感兴趣的那个广告主网站。这就给站长提供了很大的灵活性。站长账号的管理也在第三方服务商的控制面板中完成。

2. 链接管理

广告主既可以在后台上传自己的产品数据库，也可以在后台上传自己的广告旗帜、图标、推荐的广告语等。站长注册相应的广告主联署计划后，可以在服务商的后台管理面板中获得相应的联署计划链接。站长在后台可以选用广告主提供的广告语、图标，创设自己的推广计划。联署计划链接不仅可以是广告主网站首页，也可以是具体的栏目页或产品页。这些链接的选择都可以在后台完成。

3. 跟踪

第三方服务商给出的联署计划链接，通常都是这个第三方服务商自己的域名。链接中含有相应广告主、产品、站长网站等信息。用户点击这个链接后，在服务商的服务器上会将用户的行为记录入数据库，并且在用户计算机中设置Cookies。然后用户将会被转至相应的广告主首页、栏目页或产品页。如果用户完成了相应的引导或购买行为，在最后的确认网页上，服务商的跟踪代码将记录这个完成行为。

4. 统计

服务商的统计分为给广告主的和给站长的。给广告主的统计包括各个联署网站站长的点击率、显示率、引导或销售数字转化率、佣金数额、已付佣金及未付佣金等。给站长的统计数字包括该站长参加的所有联署计划、联署计划链接点击率、显示率、引导或销售数字转化率、佣金数额、已付佣金及未付佣金、各个推广计划的效果等。

5. 付费

通常第三方服务商会从广告主那里收取押金，用于支付联署佣金。有用户完成了指定行为后，相应的佣金数额就会计算到站长账户中。当佣金总数达到一定数额后，由第三方服务商统一向站长支付佣金。站长需要积累的最低支付佣金，是他参加的所有联署计划的佣金，而不是一个广告主的佣金。有的站长有很多网站，或者网站有多个广告位，往往会参加很多网站的联署计划，在第三方网络服务中不用到每个网站去查询佣金情况，而是由

第三方服务商统一管理、一并付费。

6. 推广联署计划

广告主要参加第三方联署计划网络，需要支付设置费。除了要支付给站长佣金外，还要再支付给服务商一定比例的手续费或佣金。对一些大型网站来说，由于联署计划管理工作量巨大，把服务交给第三方服务商管理，比较划得来。第三方服务商已经聚集了大量的站长，使用他们的服务，广告主自己不必再花费太多广告费，就能把联署计划展现在数目巨大的站长面前。而且第三方服务商自己会做广告，发电子杂志给站长，积极推广广告主的联署计划。

(二)自己网站上的联署计划程序

实现联署计划营销，还可以使用运行在自己网站上的联署计划程序。这个程序可以是购买的，也可以是自己开发的。

1. 联署计划软件的选择

在选择或开发联署计划软件时有必要考虑以下功能：

(1) 实时统计。具有实时统计功能，可以在进行了广告成功推广活动后能立即看到效果如何，以便及时修改策略。所以，联署计划程序也偏重实时统计。统计的数字包括图片广告显示次数、链接点击率、用户转化率、成本、有多少用户完成引导(即销售时通知站长)、佣金数字、销售额及利润、给站长的月度或每星期统计报告等。

(2) 基本用户跟踪。一般来说，用户的跟踪是使用 Cookies。当用户点击联署计划链接时，用户计算机中将被设置一个 Cookies 作为识别用户的依据。当用户完成引导或购买行为时，程序将检查 Cookies 来确认是不是从联署计划网站介绍来的用户、是从哪一个网站介绍来的。但使用 Cookies 进行跟踪时有一个致命缺陷，因有一些用户会因为各种原因如隐私权等，定期清理 Cookies，而一旦 Cookies 被删除，联署计划的跟踪就消失了，用户完成购买后将不能被计算在以前点击的那个联署计划链接名下。

2. 联署计划软件的优化功能

在设计联署计划软件时，为了更精确、更可靠地跟踪用户，可以考虑更多的技术手段。

(1) 考虑 IP 地址。用户点击链接之后，程序不仅设置 Cookies，还记录用户的 IP 地址作为区分用户的标志。普通上网用户每次打开调制解调器时，ISP 都会分配一个随机的 IP 地址。有的 ISP，如美国在线，在用户没有断开链接时也可能随时改变用户的 IP 地址；有的公司使用局域网，同一个 IP 地址对应的不是一个人，而是整个公司局域网内所有的人。

所以，用户的 IP 地址通常是会变化的，除非用户使用的是专用 IP 地址。通过 IP 地址识别身份还是不太可靠，IP 地址只能作为一个辅助手段而不能是主要依据。

（2）用户与联署网站固定关系。只要客户通过链接转至某个联署站长名下，则无论 Cookies、IP 发生什么变化，这个用户永远在这个站长名下。用户点击联署计划链接后发生第一次购买行为，当然要支付佣金。假设以后又重复购买，而且重复购买是发生在 Cookies 过期或者被删除后，若只使用 Cookies 进行跟踪，这部分用户的重复购买都将无法被计算在最初的那个联署站长名下。有的联署计划软件是一旦用户发生第一次引导购买，在数据库中就永久性地将这个用户记录在某一个联署网站名下，以后凡是同一个用户重复购买，所产生的利润一律都算在这个联署网站名下并支付佣金，能给站长带来最大的利润。

（3）数据库比较。如果用户忘了自己的用户名，找回用户名或密码可能还没有重新注册更容易，所以有时同一个客户可能会使用不同的用户名重复购买。这时，联署计划程序可以考虑使用数据库比较，对新注册的用户，程序将自动比较用户的姓名、地址、电子邮件、信用卡号码等。如果有重要信息与数据库中已有的用户相同，则将这个新的用户计算在以前那个介绍现有用户的联署网站名下。一个用户在第二次购买时，姓名、地址、电子邮件、信用卡信息全都变了的可能性极低，所以这种方法可以最大限度地保证通过联署链接来的用户能够被正确地识别归类并支付佣金。

（4）线下订购的跟踪。凡是在网站上生成订单的系统都可以用以 Cookies 为主，以 IP 地址、数据库比较为辅的跟踪方法，无论是线上还是线下付款，无论是使用信用卡、网上银行还是银行转账、现金交易等。但有时用户并不在网上生成订单，交易过程的很大一部分都是在线下进行。在这种情况下，该怎么跟踪联署计划用户及佣金呢？根据不同情况要策划不同的方式。总的原则是，在用户和广告主取得联系的页面上要有联署计划代码。

【课堂演练】

（1）网上调查：每小组至少调查 20 家企业官网，收集其实施联署计划营销的网站名称，并打开链接，查看当前联署计划营销的产品有什么特点。

（2）角色扮演，请选择最合适的联署计划合作伙伴，并为自己小组营销的产品制订一份联署计划营销计划。

项目实训实践　新媒体营销经理训练营启动

1. 实训名称

新媒体营销经理训练营。

2. 实训目的

(1) 能对模拟营销的产品执行互联网营销计划。

(2) 能针对模拟营销的产品撰写网站营销活动方案。

(3) 能针对模拟营销的产品设计制作网站飘浮广告。

(4) 能针对模拟营销的产品撰写软文。

3. 实训内容

(1) 分组，按要求上交分组名单；每个小组对应一家企业，或者对应相应的产品；并结合小组同学特长，进行分工。

(2) 确定模拟营销产品：每小组自选 50 个产品图书、音乐或其他、或老师指定产品作为本学期实训的产品。要求选定营销产品，并尽可能保持本学期营销产品的连续性。

(3) 制订模拟产品互联网营销计划。

(4) 制订模拟产品营销活动网站设计、建设和推广计划。

(5) 为模拟产品(或营销活动)设计 1 份网站营销飘浮广告小样。

(6) 为模拟产品(或营销活动)撰写 1 篇软文。

4. 实训步骤

第一步，以小组为单位，确定本学期模拟营销的产品。模拟营销的产品可以在教师提供的产品中选择，也可以经小组讨论自行选择。一旦模拟营销产品确定，本学期的所有模拟实训实践需围绕所选定的产品连续开展相应的营销活动。

第二步，以小组为单位，制订模拟营销产品互联网营销计划，并撰写出计划方案。营销计划方案主要有以下内容：首先要分析营销机会，如营销信息与衡量市场需求、评估营销环境、分析消费者市场和购买行为、分析团购市场与团购购买行为、分析行业与竞争者、确定细分市场和选择目标市场；在分析营销机会的基础上确定营销定位，如营销差异化定位、自身定位，制订营销执行方案。营销执行方案包括管理产品线、品牌和包装，设计定价策略与方案，选择和管理营销渠道，设计和管理整合营销传播(如开发有效传播，包括确定目标受众、确定传播目标、设计信息、选择传播渠道、编制总促销预算、管理和协调整合营销传播)，设计者管理广告、促销和公关，销售队伍管理等。

第三步，针对模拟产品规划一个活动网站，撰写一份设计、建设和推广计划。在该计划方案中，要确定网站建设的目的(明确网站建设的"理由"、组建好一支队伍、形成自己的特色、做好运维管理)、网站建设步骤，首先要总体定位(网站究竟要达到什么目的？靠什么赚钱？网站的目标受众是谁？他们有什么特征？网站的核心优势是什么？只有先明确目的、方向、策略、风格，然后围绕策略规划网站，我们才能赢得客户，赢得商战)，然后要有网站结构规划(网站结构规划主要考虑的是逻辑关系,必须符合用户的逻辑思维并引导用户。用户最关注的是什么,先让用户了解什么内容,然后又了解什么内容,规划时要有引导用户最终联系客服或者拿起电话的意识)、视觉布局(确定网站的基本色和辅助色,然后根据网站结构图画出首页 DEMO 框架和所有内页 DEMO 框架,才能开始设计。规划网站框架时要综合考虑首页、内页、网站后台功能等)、搜索优化(搜索引擎优化的关键字策略规划,以及网站 SEO 的一些功能)、内容规划(网站结构规划好,只是提供了栏目或者说是目录,而真正的销售力主要是靠网站内容来打造。一个企业网站至少包括公司介绍、公司品牌、公司产品、公司新闻等内容,一定要精心策划撰写)。

第四步,为模拟产品(或营销活动)设计 1 份网站营销飘浮广告小样。运用"数字出版基础"课程所学内容,使用相关软件制作一个飘浮广告,尺寸不限,但要符合模拟投放的网站平台要求。

5. 实训要求

(1) 以小组为单位,上交 1 份模拟营销产品互联网营销计划方案。

(2) 以小组为单位,上交 1 份针对模拟产品的活动网站设计、建设和推广计划方案。

(3) 以小组为单位,上交 1 份飘浮广告小样。

(4) 设计方案文本质量要高,文字差错率不高于万分之二。

6. 考核标准

	优秀(90~100 分)	良好(80~90 分)	合格(60~80 分)
考核标准 (100 分制)	营销策略有创意,营销方案逻辑性强、主题明确、编校质量高;网站设计有创意,与模拟营销的产品相吻合;飘浮广告设计小样有视觉冲击力	营销策略有一定的创意,营销方案符合逻辑、主题明确、编校质量较高;网站设计有一定的创意,与模拟营销的产品比较吻合;飘浮广告设计小样颜色、图片、字体等具有美观性	能及时完成调查,及时上交调查分析报告,无重大编校质量差错;网站设计与模拟营销的产品比较吻合;飘浮广告设计要素齐全
自评分			
教师评分			

说明:未参与实训项目,在本次实训成绩中计 0 分。

课后练习

思考和分析题:什么是广告联盟?广告联盟的种类、操作流程、主要形式和广告模式。

项目三　社会化媒体营销

【项目情境描述】

人们越来越留恋社会化的互联网生活，甚至每天泡在网络社交媒体(Social Media)上孜孜不倦地撰写、评价、讨论、相互沟通，并乐此不疲地分享各种新奇好玩的想法、网站、新闻、音乐、视频的链接。社会化媒体是人们彼此之间用来分享意见、见解、经验和观点的工具和平台，现阶段主要包括社交网站、微博、微信、博客、论坛、播客，等等。社会化媒体在互联网的沃土上蓬勃发展，爆发出炫目的光芒，其传播的信息已成为人们浏览互联网的重要内容，不仅制造了人们社交生活中争相讨论的一个又一个热门话题，更吸引着商家争相借此进行营销。

社会化媒体传播的共同属性就是人际索引。大部分人都愿意相信从自己的人际关系系统中，比如从身边的朋友、自己的老师、同事和自己仰慕的明星那里所获得的信息。在互联网系统中，社会化媒体传递信息节点的博主、SNS 平台的首页主人如果足够真实(真实姓名、照片、工作地点等信息)，则此类传播效果会更好，容易集聚读者群。因此，社会化媒体成为一些出版社借势出版的选题策划来源，如郑渊洁的《勃客郑渊洁》、王小峰的《不许联想》、于娟的《此生未完成》，等等，均是出版社利用人际索引博客的优势策划出版的畅销书。同时，社会化媒体也成为企业营销的平台。

本项目将带领大家认识什么是社会化媒体营销，并了解包括社交网站、博客、微博、微信、SNS、论坛在内的各类社会化媒体的特点和营销价值，以及如何运用这类社会化媒体进行营销，并且通过实训实践，真实地在社会化媒体上小试牛刀，为将来从事数字新媒体营销相关岗位工作奠定基础。

【学习目标】

(1) 认识社会化媒体对出版及出版物营销的影响。
(2) 认识各类社会化新媒体的特点。
(3) 能运用各类社会化新媒体进行营销。

【学习任务】

任务 1　认识社会化媒体营销(建议：2 课时)
任务 2　网络社区与论坛营销(建议：2 课时)

任务 3　SNS 营销(建议：2 课时)

任务 4　博客营销(建议：4 课时)

任务 5　微博营销(建议：4 课时)

任务 6　微信营销(建议：4 课时)

项目实训实践　社会化媒体营销大比拼(建议：4 课时)

任务 1　认识社会化媒体营销

【教学准备】

(1) 具有互联网环境的实训教室。

(2) 指定可链接的网页如下。

- 天涯社区：http://www.tianya.cn
- 百度贴吧：http://tieba.baidu.com
- 豆瓣：http://www.douban.com
- 强国社区：http://bbs1.people.com.cn
- 人人网：http://www.renren.com
- 新浪博客：http://blog.sina.com.cn
- 腾讯微博：http://t.qq.com

【案例导入】

豆瓣小站，2 亿用户与 200 多个品牌不期而遇

豆瓣网以读书、电影、音乐起家，一直致力于帮助都市人群发现生活中有用的事物，通过桌面和移动产品来服务都市日常生活的各个方面。自 2005 年成立至今，豆瓣的用户规模稳健增长，2012 年月度覆盖用户超过 1 亿。豆瓣的核心用户群是具有良好教育背景的都市青年，他们热爱生活，除了阅读、看电影、听音乐，更活跃于豆瓣小组、小站，对吃、穿、住、用、行等进行热烈的讨论。他们热衷参与各种有趣的线上、线下活动，拥有各种鬼马创意，是互联网上流行风尚的发起者和推动者。豆瓣表面上看是一个评论(书评、影评、乐评)网站，实际上它却提供了书目推荐和以共同兴趣交友等多种服务功能，它更像一个集博客、交友、小组、收藏于一体的新型社区网络。在豆瓣上，你可以自由发表有关书籍、电影、音乐的评论，可以搜索别人的推荐，所有的内容、分类、筛选、排序都由用户产生和决定,甚至在豆瓣主页出现的内容也取决于用户的选择。

豆瓣小站希望能更好地服务于结识同好和维系沟通,目前只对线下实体商户进行注册开放(注册入口在同城页面)。截至 2014 年 5 月 30 日,已经有 253 个品牌客户入驻豆瓣品牌小站,与豆瓣进行硬广+互动营销合作(此外,还有 54 个品牌客户与豆瓣纯硬广合作)。另外,在豆瓣里还有 9130 个独立音乐人和 268 个唱片厂牌。对于品牌企业来说,如果目标用户是城市青年(小资、年轻白领、文艺工作者、文艺青年),则豆瓣网是非常合适的社会化营销平台。品牌(商店)在豆瓣小站上开展营销活动,可借助豆瓣上拥有众多豆瓣好友的品牌超级忠实用户,主动和自愿地传递商品信息。

【知识嵌入】

一、社会化媒体及社会化媒体营销

社会化媒体是个外来词汇,也称社会性营销,英文为 Social Media,简称 SM。社会化媒体是区别于传统主流形式(报纸、杂志、电视、广播)的一种新型的媒体方式,主要是通过互联网技术实现信息的分享、传播,通过不断交互和提炼,对观点或主题达成深度或者广度的传播,其影响力是传统媒体往往无法达成和不能赶超的。

(一)常见社会化媒体

常见社会化媒体有:论坛类(如强国社区)、SNS 类(如 Facebook、MySpace、人人网、海内、开心网、LinkedIn)、内容分享网(如 Flickr、YouTube、豆瓣、土豆、雅虎知识堂、百度贴吧)、维基类(如百度百科)、博客类(如新浪博客、Twitter、Technorati、播客、微博、微信等)。社会化媒体是随着互联网技术的发展而不断变化的,如图 3-1 所示。

图 3-1 社会化媒体的发展历史

国外的社会化媒体起步较早,如图 3-2 所示。中国互联网在时间上要远远落后于美国,直到 2000 年国内一些博客平台的兴起才标志着国内互联网 Web 2.0 时代的到来,各类社交、百科、主题分享(文字、图片、视频)网站得以相应发展。2009年新浪微博建立，腾讯、搜狐相继建立博客平台，社会化媒体的格局才逐渐清晰起来，如图3-3所示。

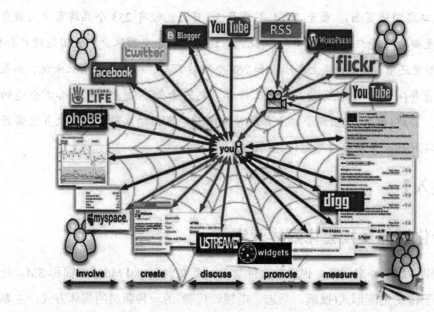

图3-2　国外社会化媒体表现

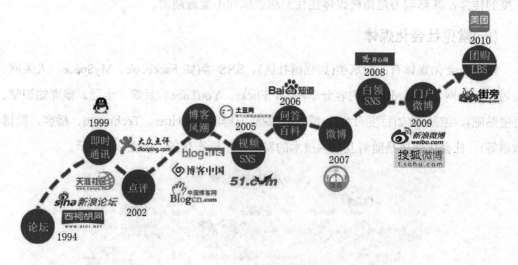

图3-3　国内社会化媒体表现

(二)社会化媒体营销

社会化媒体营销就是利用社会化网络、在线社区、博客、百科或者其他互联网协作平台和媒体进行营销、销售、公共关系处理和客户服务维护及开拓的一种方式。社会化媒体营销工具一般包括论坛、SNS社区、人人网和开心网、博客、微博、微信等。

社会化媒体的主要特点是网站内容大多由用户自愿提供(UGC),而用户与站点不存在直接的雇佣关系。

社会化媒体营销的内容体现在 3 个方面:一是创建大量有价值的新闻事件等来吸引关注,并能够自然地演变成病毒性内容。因为病毒性传播不需要购买广告位,而是用户自发传播;二是建立多种渠道让企业和企业品牌的粉丝可以通过多种方式进行推广,比如国外的 Twitter、MySpace、Facebook 和国内的人人网、百度空间等;三是企业与用户展开对话,社会化媒体营销不是全部都是由企业控制,允许用户参与和对话,并且必须要求全员参与,要求尊重用户。

据 CNNIC 于 2014 年第 34 次《中国互联网络发展状况统计报告》的调查数据显示,截至 2014 年 6 月,我国网民规模达 6.32 亿人,半年共计新增网民 1442 万人,互联网普及率为 46.9%,较 2013 年底提升了 1.1 个百分点,如图 3-4 所示。中国网民对社会化媒体的应用越来越广泛和持续发力,大量的网民将时间和精力耗在社会化媒体上,如表 3-1 所示,因此针对社会化媒体的营销也就迫在眉睫了。

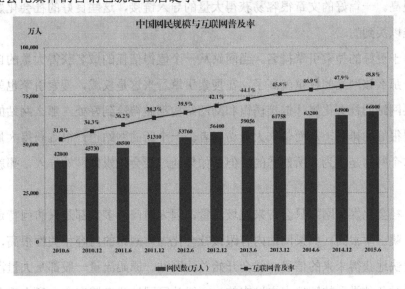

图 3-4 中国网民规模与互联网普及率

表 3-1 2013 年 12 月至 2014 年 6 月中国网民各类网络应用的使用率

应用	2014 年 6 月		2013 年 12 月		半年增长率/%
	用户规模/万人	网民使用率/%	用户规模/万人	网民使用率/%	
即时通信	56 423	89.3	53 215	86.2	6.0
搜索引擎	50 749	80.3	48 966	79.3	3.6
博客/个人空间	44 430	70.3	43 658	70.7	1.8

续表

应用	2014年6月		2013年12月		半年增长率/%
	用户规模/万人	网民使用率/%	用户规模/万人	网民使用率/%	
网络视频	43 877	69.4	42 820	69.3.3	2.5
微博	27 535	43.6	28 078	45.5	-1.9
社交网站	25 722	40.7	27 769	45.0	-7.4
论坛/BBS	12 407	19.6	12 046	19.5	3.0

(资料来源：CNNIC 2014年发布的第34次《中国互联网络发展状况统计报告》)

(三)社会化媒体营销价值

在各种社会化媒体网站(如Digg、StumbleUpon)上制造链接诱饵获得大量的外部链接对于任何网站来说都是有百利而无一害的。原始流量就是直接从社会化媒体网站上点击过来的流量，续发流量就是其他网站提及某网站而带来的高质量链接，如果在Digg或者Reddit这些社会化资讯网站上获得用户喜爱，将会无偿获得大量的高质量链接，其中一些链接内容相关性很高。一篇好的文章很容易获得大量的导入链接，这些良好的社会化媒体营销价值是金钱难以买到的。

链接等于更好的搜索引擎排名。当网站从一个值得信任的域名获得大量的自然、永久的链接时，那么该网站的权重就高了，在搜索引擎看来这是权威，搜索引擎也就会信任该网站。如果网站的社会化媒体链接诱饵和网站结构都做得恰到好处，那么网站的关键词就很容易获得很好的排名，从而带来大量访问者。一个新的网站也许很难获得大量的导入链接，因为这个网站是不为人所熟悉的。但是如果通过社会化媒体网站导入，那就变得相对容易了。

有时，社会化媒体网站只会带来垃圾流量，因为访问者多数都是只访问特定页面然后就离开了，跳出率很高。如果网站内容跟该社会化媒体网站的内容相关性很高，那么部分用户为了更快地获得未来的信息，就会开始关注网站。原始流量一般都是大量涌进的，续发流量是通过各种类型的链接点击过来的，一般社区网站或者博客在文章中提及的链接，是给它的读者带来的附加价值，但这种续发流量和链接所吸引的访问者是对相关内容有兴趣的。

二、国内社会化媒体营销平台

近年来，社会化媒体作为营销平台越来越受到大众的关注。截至2011年4月，由bShare官方统计数据显示，在博客类媒体形式中，从内容分享量上我们可以看出QQ博客平台占据第一的位置，如图3-5所示。至2013年，QQ的地位依然很难撼动，如图3-6所示。随着技术的持续发展，国内社会化媒体将不断有新兴媒体形式产生并逐渐改变网民的交流习惯。

2011年4月社会化分享量前10大排行榜
From：bShare数据中心

2011年排名	4月 平台	分享量占比	3月 平台	分享量占比
1	QQ空间	32.20%	QQ空间	33.70%
2	新浪微博	10.60%	新浪微博	10.52%
3	人人网	6.97%	人人网	8.38%
4	腾讯微博	6.37%	腾讯微博	6.18%
5	开心网	4.76%	开心网	5.91%
6	搜狐微博 ↑	3.18%	百度空间	2.53%
7	百度空间	2.83%	搜狐微博	2.46%
8	网易微博 ↑	2.58%	豆瓣	2.38%
9	豆瓣	2.40%	网易微博	1.86%
10	腾讯朋友 ↑	2.21%	Follow5	1.46%
	其他	25.90%	其他	24.62%

图 3-5　2011 年 4 月国内社会化媒体平台分享量排行榜

JiaThis社会化媒体排行榜（2013年11月）

排名	媒体名称	分享百分比	回点百分比	排名趋势
1	QQ空间	9.82%	25.10%	→
2	新浪微博	9.74%	20.00%	→
3	腾讯微博	6.60%	12.28%	→
4	微信	5.95%	0.04%	→
5	搜狐微博	4.29%	2.38%	→
6	人人网	4.25%	0.89%	→
7	飞信	3.49%	0.01%	→
8	开心网	2.98%	0.76%	→
9	百度贴吧	2.12%	0.40%	→
10	豆瓣	2.03%	0.01%	→

数据来源：www.jiathis.com/services

图 3-6　2013 年国内社会化媒体平台分享量排行榜

社会化营销核心平台，是指拥有大规模用户并占据用户大量时间的社会化媒体平台，是大部分品牌的营销投入重点。观察中国互联网络信息中心(CNNIC)最近几年发布的《中国互联网络发展状况统计报告》中所披露的权威数据，即时通信(CNNIC 报告将微信也列为即时通信类)、视频音乐、博客、微博、社交网络、论坛、移动社交、社会化生活、电子商务这 9 类平台被公认为社会化营销核心平台。

在选择网络营销平台的时候，可以根据各自所在市场选择占据市场份额最大、分享量最多的媒体。国内社会化媒体的发展起步较晚，但是发展速度较快，社会化媒体的时代已经到来，要充分利用社会化媒体营销大潮、掌握社会化媒体营销利器，使之为我所用，助力广大中小企业开展社会化媒体营销。

任务2　网络社区与论坛营销

【教学准备】

(1) 具有互联网环境的实训教室。

(2) 指定可链接的网页如下。

- 天涯社区：http://www.tianya.cn/
- 百度贴吧：http://tieba.baidu.com/
- 新浪论坛：http://bbs.sina.com.cn/
- 豆瓣：http://www.douban.com/
- 猫扑大杂烩：http://dzh.mop.com/
- 搜狐社区：http://club.sohu.com/
- 强国社区：http://bbs1.people.com.cn/
- 西祠胡同：http://www.xici.net/

【案例导入】

"安琪酵母"在论坛上如何发酵

安琪酵母股份有限公司是国内最大的酵母生产企业。酵母，在人们的常识中是蒸馒头和做面包用的必需品，很少直接食用。而安琪酵母公司却开发出酵母的很多保健功能，并生产出可以直接食用的酵母粉。要推广一款人们完全不熟悉的产品，通常选择什么样的推广方式比较好呢？电视广告？报纸软文？安琪公司在推广酵母粉这种人们完全陌生的食品时首选论坛来"发酵"。

第一步，在新浪、搜狐、TOM等有影响力的社区论坛制造话题。在论坛里，单纯的广告帖永远是版主的"眼中钉"，也会招来网友的反感，制造话题比较容易使人接受。2008年6月，当时有很多关于婆媳关系的影视剧在热播，婆媳关系的关注度也很高。公司策划了《一个馒头引发的婆媳大战》事件。事件以第一人称讲述了南方的媳妇和北方的婆婆因为馒头发生争执的故事。帖子贴出来后，引发了不少的讨论，其中就涉及了酵母的应用。这时，由专业人士把话题的方向引到酵母的其他功能上去，让人们知道了酵母不仅能蒸馒头,还可以直接食用,并有很多的保健美容功能,比如减肥。当时正值6月,正是减肥旺季,而减肥又是女人永远的关注点。通过论坛上的讨论,这些关注婆媳关系的主妇们同时记住了酵母的一个重要功效——减肥。

第二步,为了让帖子引起更多的关注,公司选择权威网站,利用它们的公信力把帖子推到好的位置。例如,在新浪女性频道中关注度比较高的美容频道把相关的帖子细化到减肥沙龙板块等。有了好的论坛和好的位置,帖子迅速引发了更多普通网民的关注。

第三步,运用恰当时机在新浪、新华网等主要网站发新闻,而这些新闻又被网民转到论坛里作为谈资。这样,产品的可信度就大大提高了。在接下来的两个月时间里,安琪酵母公司的电话量陡增。消费者在网上搜索"安琪酵母",页面的相关搜索里就会显示出"安琪即食酵母粉""安琪酵母粉"等10个相关搜索,安琪酵母获得了较高的品牌知名度和关注度。

从这个案例中我们可以看出:选择目标顾客群常去的论坛,使用能吸引大家关注的话题展开论坛营销不失为品牌推广的一个好法子。即通过在有影响力的论坛制造话题、利用网友的争论以及企业有意识的引导,把产品的特性和功能诉求详细地告知潜在的消费者,激发他们关注和购买。论坛营销真正的价值还在于互动,真正好的网络传播一定是网友自动顶帖或者转帖率高的传播,普通网民的参与度高,广告的到达率就高。

(资料来源:此文改写自三亿文库论坛营销案例,
http://3y.uu456.com/bp_7cg1i247xu28mwx144vs_1.html)

【知识嵌入】

一、网络社区与网络论坛

(一)网络社区

网络社区(E-community),是指包括论坛、讨论组、聊天室、博客等形式在内的网上交流空间,同一主题的网络社区集中了具有共同兴趣的访问者。由于有众多用户的参与,网络社区不仅具备交流的功能,实际上也成为一种营销场所。早期的网络社区如BBS和讨论组等是网络营销的主要场所,营销人员通过发布广告信息等方式达到宣传的目的。人们在网络社区中需要独立的个人空间(如Blog、Sns等),需要公共的活动和娱乐场所(如论坛、游戏等),需要各种服务(如商城、生活资讯、分类信息、在线咨询等)。

1. 构建网络社区的要素

网络社区包括3个要素：社区平台、社区成员和社区内容。社区平台是指社区成员快捷、便利地相互交流的平台，如论坛、评论、博客、维基百科、圈子或社会性网络、即时通信等；社区成员即在网络平台中聚集的每一个人；社区内容指可以满足社区成员的特定需求或引起他们共同兴趣爱好从而参与社区活动的信息。这些要素聚集在一起，最终形成了一种网络社区文化和大环境，从而成为真正意义上的网络社区。

2. 网络社区的基本情况

1) 入门

进入网络社区的每个网民都有若干属性，通过这些属性可以把网民归类。因此，进入网络社区时的信息当然是十分重要的，一般包括昵称、住址、等级、星级、职业、社区信息、个人信息、经验值、查看消息、通讯录、个人物品、宝物箱、食品柜、礼品盒。

2) 生活

每个人的家都是一个十分重要的环境，每个人都可以充分发挥自己的创造力把自己的家布置得与众不同，还可以在卧室的"社区信息"中写下"自我介绍"和"签名文字"。

3) 交流

网络社区一般都会提供5个方面的信息资源：计算机网络、体育健身、游戏动漫、时尚生活和人文情感，分别对应除商业区外的5个小区。

3. 网络社区的形式

1) 电子公告板(BBS)/论坛

它是虚拟网络社区的主要形式，大量的信息交流都是通过BBS完成的，会员通过张贴信息或者回复信息达到互相沟通的目的。有些简易的社区甚至只有一个BBS系统。论坛是一个非常有用的场所，你可以了解别人的观点，同时可以帮助他人或者向他人求助。论坛一般都有特定的讨论主题，参加论坛的人是对某些话题感兴趣的任何人。

2) 聊天室(Chat Room)

在线会员可以实时交流，对某些话题有共同兴趣的网友通常可以利用聊天室进行深入交流。

3) 讨论组(Discussion Group)

如果一组成员需要对某些话题进行交流，有利于形成大社区中的专业小组。

网络社区有综合类、门户类和专业类等类型。知名网络社区有天涯社区(如图3-7所示)、猫扑社区、西祠胡同、落伍者、商丘生活网、炫浪网络社区等。

论坛和聊天室是网络社区中最主要的两种表现形式，在网络营销中有着独到的应用。网络社区可以增进和访问者或客户之间的关系，也可能直接促进网上销售。有些论坛设有专门的广告免费发布区，可以充分利用这些机会宣传自己的产品，也可以参与一些和自己的产品有关的问题的讨论，通过和别人讨论或解答问题，达到间接推广产品的目的。

图3-7 天涯社区网站

(二)网络论坛

网络论坛又称BBS，为Bulletin Board System(电子公告板)或者Bulletin Board Service(公告板服务)的英文缩写，是Internet上的一种电子信息服务系统。它提供一块公共电子白板，每个用户都可以在上面书写，可以发布信息或提出看法。BBS最早是用来公布股市价格之类信息的，当时BBS连文件传输的功能都没有，而且只能在苹果计算机上运行。论坛只是构成社区的一部分，是社区中的公共活动和议论的场所，也是组织社区活动和体现社区文化特征的平台。

1. 论坛的主要特点

论坛是网络社区的一种主要形式，为网络社区的人们提供了一种可以获得各种信息服务、发布信息、进行讨论的网上交流空间。它具有如下特点：

(1) 参与论坛讨论具有极强的交互性和平等性。在论坛里，人们之间的交流和互动打破了空间、时间的限制，在与他人进行交往时无须考虑自身的年龄、学历、学识、社会地位、财富、外貌等，也无从知道对方的真实社会身份，使得参与讨论的人处于一个平等的位置。

(2) 论坛的内容丰富且按不同的主题分为许多板块。由于BBS的参与者众多，因此各方面的话题内容都十分丰富，为参与者提供解决问题的方法和学习的平台。论坛往往按照不同的主题又分为不同的板块。板块的设立依据是大多数用户的要求和喜好，用户可以阅读别人关于某个主题的看法，也可以将自己的想法毫无保留地贴到论坛中。一般来说，论坛也提供邮件功能，如果需要私下交流，也可以将想说的话直接发到某个人的电子信箱中。

2. BBS 与 Web 论坛的区别

BBS 与 Web 论坛的区别主要表现在以下几个方面：

（1）从界面上来看，BBS 采用的是每个回复作为一个帖子在版面上存在的形式，直接明了；Web 论坛一般采用一个主帖子然后回复的形式，通过点击主帖链接可以进入与主帖相关的内容。

（2）从版面整洁度来看，BBS 可以更显著地表现出当前版面的热点，但是当多个讨论同时进行的时候，版面看起来比较混乱，而且由于 Telnet 窗口的限制，一个页面能显示的文章数目不多。因此，BBS 需要能控制版面整洁的版主，以更好地调节版面秩序。

（3）从便捷性角度来看，BBS 浏览者具有一个非常明显的优势，即便捷。因为 Telnet 开始的时候不支持鼠标，因此所有操作必定可以用快捷键完成；由于 IE 的限制与编程的不方便，大部分 Web 论坛的快捷键功能极端贫乏。

（4）从界面友好角度来看，Web 论坛基本依靠鼠标操作、按钮的使用、图片的支持，这些让 Web 论坛很容易上手；BBS 却需要依靠内容来吸引使用者，优胜劣汰，因此能生存下来的 BBS 必然是最优秀的。

著名论坛有搜狐论坛、新浪论坛、百度贴吧、天涯论坛、华声论坛、中国高校教材图书网出版论坛、当当网读书论坛等。

3. 贴吧

贴吧相当于一个开放式的论坛，自由度很高，不用注册就可以回帖和发帖，而且很容易申请吧主，自己当版主，建立自己的论坛。

二、网络社区营销

网络社区是网上特有的一种虚拟社会，社区主要通过把具有共同兴趣的访问者集中到一个虚拟空间，达到成员相互沟通的目的。一个优秀的网络社区的功能包括电子公告牌（BBS）、电子邮件、聊天室、讨论组、回复即时通知和博客。网络社区营销是网络营销的主要营销手段之一，网络社区是网站所提供的虚拟频道，让网民产生互动、情感维系及进行资讯分享。由于有众多用户的参与，因而网络社区已不仅仅具备交流的功能，实际上也成为一种网络营销场所。

从网站经营者的角度来看，网络社区经营成功，不仅可以带来稳定及更多的流量，增加广告收入，其注册会员更能借此拥有独立的资讯存放与讨论空间。会员多、人气旺，就给社区营销造就了良好的营销场所。

(一)网络社区营销的分类与网站社区的作用

1. 网络社区营销的分类

按照功能不同，网络社区营销大致可以分为三类：市场型、服务型和销售型。

市场型社区的产品主要是 B2C(Business to Customer)的产品，比如索尼和可口可乐网络社区。因为消费者追求的是生活品位和文化而不是某一个产品，所以企业通过建立市场型社区进行文化传播和市场推广。

服务型社区主要是提供专业售后服务和技术支持。例如，西门子的社区，拥有本地化工程师的 FEQ 的支持。

购买型社区主要是希望访问者在社区留言，以利于企业辨别用户需求和购买意向。但由于消费者越来越理性，到了社区只会浏览售前讨论和售后评论，企业网络社区销售功能普遍很难推进，目前购买型社区成功的很少。

2. 网站社区的作用

网站社区营销，是网络营销区别于传统营销的重要表现。网络社区营销主要有两种形式：一是利用其他网站的社区；二是企业建立自己的网上社区，为网络营销提供直接渠道和手段。网站社区的主要作用如下：

(1) 与访问者直接沟通，得到访问者的信任。商业性的网站，可以了解客户对产品或服务的意见，访问者很可能通过和企业的交流而成为真正的客户，因为人们更愿意从了解的商店或公司购买产品；学术性的站点，则可以方便地了解同行的观点，收集有用的信息，并有可能带给自己一些新的启发。

(2) 进行更专业的讨论或聊天。企业网站社区往往能为消费者提供一个与志趣相投者聚会的场所，除了可以发表各自的观点外，还可以探讨一些有争议的更专业的问题。

(3) 利用 BBS 或聊天室等形式在线回答用户的问题。作为实时用户服务工具，聊天室往往能带给用户购买决策上的支持，也方便进行在线调查，无论是进行市场调研还是对某些热点问题进行调查，但在线调查由于会占用访问者的时间，多数访问者都不愿参与调查。如果充分利用聊天室的功能，主动、热情地邀请访问者或会员参与调查，参与者的比例一定会增加；通过收集 BBS 上用户的留言也可以了解一些关于产品和服务的反馈意见。

(4) 与那些没有建立自己社区的网站合作。与其他网站合作，由其他网站建立进入企业网站社区的链接和介绍，获得免费宣传的机会。建立了论坛或聊天室之后，可以在相关的分类目录或搜索引擎登记，这有利于更多人发现你的网站，也可以与同类的社区建立互惠链接。

(二)营销策略

Web 2.0 时代，新兴的网络社区逐渐显示出强大的营销功能。通过网络社区这个平台，企业可以更大范围地搜索消费者和传播对象，将分散的目标用户和受众精准地聚集在一起，利用新的网络手段扩大口碑传播，并且在日趋明显的消费模式(需求—搜索—行动—共享)中实现及时的信息传输和回馈。

选择网络社区进行宣传营销，虽然需要花费精力，但是效果非常好。网络营销要选择有企业或产品潜在用户的网络社区或者人气比较好的网络社区。网络营销策略总结如下。

(1) 不要直接发广告。随着网络社区逐步走向规范，往往不欢迎发布广告信息，广告信息很容易被当作广告帖被删除。即使有专门的广告发布区，浏览者通常也比较少。

(2) 用好头像、签名。头像可以专门设计一个，宣传自己的品牌，签名可以加入自己网站的介绍和链接。

(3) 发帖要求质量第一。帖子不在乎数量的多少，以及发的地方有多少，帖子的质量才最重要，发帖的目的是追求最终流量。所以专注地发高质量的帖子，可以花费较小的精力获得较好的效果。

(4) 适当托一把。在论坛里，有时候为了帖子的气氛、人气，可以适当地找个托儿，也可以自己注册两个账号适当托一把。

三、论坛营销

论坛营销就是企业利用论坛这种网络交流的平台，通过文字、图片、视频等方式发布企业的产品和服务的信息，从而让目标客户更加深刻地了解企业的产品和服务，最终达到宣传企业品牌、加深市场认知度的网络营销活动。企业以论坛为媒介，参与论坛讨论，建立自己的知名度和权威度，并顺带推广自己的产品或服务。利用论坛的超高人气，企业可以有效地进行营销传播；利用论坛话题的开放性，几乎企业所有的营销诉求都可以通过论坛传播得到有效的实现。如果运用得好，论坛营销可以成为非常有效的网络营销手段。

对于出版物的营销而言，选择论坛营销最恰当的是数字化营销渠道。出版发行企业可以逐渐培养和形成自己的主流文化或文风。比如，设一些专栏，聘请或培养自己的专栏作家和专栏评论家，就网友广泛关心的话题发言。不是为了说服别人或强行灌输什么，而是引导论坛逐渐形成自己的主流风格。比如，随时为某一话题在"贴吧"设立专门的论坛，任何对此事件感兴趣的网民都可以到论坛发表言论和图片。只要是受网民关注的话题，几乎每条后面会都有跟帖，热门新闻的跟帖甚至动辄达到几十万条。BBS的话题包括时事、经济、娱乐、休闲等等，几乎涉及生活中的每一个细节。网民通过BBS与网友对最近的热门事件进行交流，通过BBS了解所关注的产品(企业)在其他网友中的口碑。BBS正成为一个全新的、重要的信息传播媒体之一。

相关数据显示，网民停留在百度、新浪、腾讯三大门户的有效浏览时间只占总上网时间的19%。CNNIC调查证明，43.2%的中国网民经常使用论坛/BBS/讨论组。

(一)论坛营销的特点

论坛是以主题为核心，所有的内容都是按照主题分类，用户首先需要选择一个喜欢的主题，然后就其发表见解展开讨论。论坛营销具有以下几个特点。

第一，论坛营销的目的性强。论坛作为营销的传播载体是生活中的意见领袖会集之处，论坛中的各类意见都会影响到周边的人群。针对他们的精准营销，目的性强，营销效果明显。

第二，论坛的分享和互动性强。利用论坛超高人气的分享和互动，可以有效地为企业提供营销传播服务。论坛活动具有强大的聚众能力，利用论坛作为平台举办各类踩楼、灌水、贴图、视频等活动，可以活跃网友与品牌之间的互动。论坛话题具有开放性，企业所有的营销诉求都可以通过论坛传播得到有效的实现。比如，企业利用网络中的潜在消费者提前体验产品，通过具有冲击力的产品曝光图，刺激消费者的视觉感官，激发消费者的购买欲望。通过用户的参与、分享、互动，又将信息传播至网络更广阔的空间，这充分调动了用户的主动性和创造性，并最终实现网络的口碑传播。

第三，传播过程中的引导和监测作用明显。在论坛营销过程中，通过对论坛帖子的策划、撰写、发放、引导和监测，比如各种置顶帖、普通帖、连环帖、论战帖、多图帖、视频帖等，对用户的引导和交流将会大大增强用户的共鸣。

第四，立体营销组合相辅相成。运用搜索引擎内容编辑技术，不仅能使内容在论坛上有好的表现，而且在主流搜索引擎上也能够快速找到发布的帖子；通过炮制网民感兴趣的活动，并将客户的品牌、产品、活动内容植入，然后展开持续的传播效应，引发新闻事件，导致传播的连锁反应；与线下营销活动相结合，使得营销的影响力得以强化。

(二)论坛营销的策略

第一，明确产品定位，选论坛。根据产品的市场定位，确定目标人群，分析这部分人群在哪些论坛聚集得比较集中。选择论坛时，要注意论坛应与推广的内容相关、人气和流量要高、容易注册马甲、发超链接的限制越少越好。发超链接的限制有的是需要等时间，有的是需要积分。如果要求太多，那么花费的时间也越多，会影响效果，甚至会被版主封号，必定会带来更大的损失。比如，大众类传统图书通常可以选择当当网的读书论坛，专业教材则可以选择中国高校教材图书网的出版论坛，等等。

第二，制订工作计划。制定详细的网络推广方案，确定营销目标和工作步骤。

第三，注册登录账号。在全国各大知名专业性网站注册账号，即马甲，每个论坛要注册 5~10 个不同的 ID，每个 ID 都要上传不一样的头像和签名，如果头像和签名有特色和个性化的设计，则效果更好。注册账号时，最好不要含有"广告""马甲"等让版主看到就反感的词，最好用中文或中文+其他字符。注册成功后，要仔细阅读版区规则，很多论坛的版块里都有版区规则，在发帖的时候标题有一个固定的格式，若不按照格式发就有被删帖的危险。

根据企业不同产品注册相关论坛账号，有利于产品的推广营销。不同产品、不同营销事件，需求的马甲数量不定。例如：知名品牌进行论坛营销不需过多马甲，即可产生效应；而普通企业在论坛推广产品时，则需要多一些马甲配合。

第四，创作发帖内容。根据制订的计划制作发帖需要的内容。

第五，策划的题目要新颖和有创意，以吸引读者。营销主题非常重要，标题要有一定的号召性，能吸引读者；或者标题有一定的含义或歧义，让读者产生疑惑而进一步去追寻答案。在版区规则范围内，可以在标题里增加一些相应的特殊符号，让标题在帖子列表里很突出、与众不同，提高别人的注意力，激起网友的好奇心，标题是提高帖子浏览量的敲门砖，是开展论坛营销的关键。一个好的策划主题，无须费力即可达到预期的效果。

第六，策划的内容一定要具有一定的水准，使网友看了之后觉得有话要说才行。在图片帖和视频帖上加上相关宣传文字，因为图片和视频比较直观，能吸引读者；文章内容不要有硬广告，广告内容明显的帖子容易被删除。推广帖的链接以及标题一定要和所发出去的内容相关，主要目的是带动流量，但是也要注意口碑和用户的感受；不要为了使标题劲爆而不管内容；帖子的内容要有争议性，吸引网友看过后能留言或者评论。

第七，在各大型论坛有专门的人员管理账号、发布帖子、回帖等。如果有专人负责论坛推广，经常发帖、回帖，就可以融入论坛核心，积累更多的威望，在进行论坛营销时，会有很多资源辅助开展。

第八，有效沟通和积极回复非常重要。企业人员要积极参与回复，鼓励其他网友回复，也可以用自己的马甲回复。网友的参与是论坛营销的关键环节，可通过策划吸引并提升网友的参与度。通常企业在论坛做活动营销居多，可利用公司产品或礼品方式激励网友参与。

企业人员要正确地引导网友的回帖，不要让事件朝相反方向发展，无论是论坛中产生的争论还是质疑，尽可能做到一切可掌控和可引导。企业要及时和论坛管理员沟通交流，熟悉各大论坛的管理员和版主有助于论坛营销的开展。

第九，企业要仔细监测营销效果。做一个细致的数据分析和用户群体分析，通过营销总结问题和经验供下次策划借鉴；不同领域用户群体习惯不同，方式方法并不通用。

【课堂演练】

(1) 在搜狐论坛、凤凰论坛、网易论坛、新浪论坛、百度贴吧、中华网论坛、QQ论坛、华声论坛、Tom论坛、a5站长论坛、博客论坛、红袖论坛进行出版物营销。

(2) 实施步骤：在上述论坛注册马甲；根据自己小组的模拟营销产品，撰写一篇帖子；发帖子；本小组其他同学负责跟帖。

任务3　SNS营销

【教学准备】

(1) 具有互联网环境的实训教室。

(2) 指定可链接的网页如下。

- 人人网：http://www.renren.com
- 开心网：http://www.kaixin001.com
- 58同城：http://cs.58.com
- 天际Tianji：http://www.tianji.com
- 速途网：http://www.sootoo.com
- 世纪佳缘：http://www.jiayuan.com

【案例导入】

《龙之勇士》网络营销效果分析

由湖南少年儿童出版社和微琦文化传播(上海)有限公司出版的少儿系列小说《龙之勇士》是由"80后"知名作家周璇创作的神话冒险小说。《龙之勇士》的宣传以扩大《龙之勇士》小说主人公米鲁旦的知名度为切入点，配合首部神话冒险小说，以让孩子们了解中国传统文化为宣传辐射点，进行网络宣传，通过弘扬中国传统文化，激发孩子们的阅读兴趣。

先是在腾讯、网易、搜狐等知名门户网站进行图书连载，通过这些网站的权威性和知名度让读者首先熟悉了解《龙之勇士》系列小说。此外，在百度百科、互动百科、搜搜百科等知识性介绍平台进行《龙之勇士》相关知识普及，让读者对《龙之勇士》有个全面的了解。接下来，在各大知名网络媒体发布了以阅读国内首部少儿神话冒险小说、体验中国传统幻想元素为主题的新闻软文稿。在读书网站和百度贴吧加大《龙之勇士》小说的口碑好评，提升图书的品牌美誉度。通过发布QQ消息，有针对性地和读者互动问答，引导读者参与并关注图书话题，增加图书与读者的互动。充分利用百度、腾讯、搜狐、雅虎、天涯的力量，调动读者的参与性。最终，网络查阅该书信息的人次高达20 000多次，知名网络媒体发布新闻以及新闻连载共30篇次，互动问答60多条以及200多条QQ信息和群邮件，整个网络都铺满了有关该书的信息，百度关键词搜索量达到78 000个，读者互动程度高，反响非常好。

【知识嵌入】

一、认识SNS

SNS，是英文Social Network Service的缩写，意即社交网络服务。1967年，哈佛大学的心理学教授(Stanley Milgram，1933—1984)创立六度分隔理论。该理论指出：你和任何一个陌生人之间所间隔的人数不会超过6个。也就是说，在人际脉络中，要结识任何一位陌生的朋友，这中间最多只要通过6个朋友就能达到目的。依据人际交往六度理论，以认识朋友的朋友为基础来扩展自己的人脉，理论上可以无限扩张自己的人脉。在需要的时候，可以随时获取并得到该人脉体系的帮助。国内新出现的熟人婚恋应用"又又"也是很巧妙地利用了SNS，即通过朋友介绍来解决婚恋交友的诚信问题。

SNS在中国虽然发展的时间不长，但互联网和SNS服务却有迅猛发展之势，3G、4G商用手机应用也给SNS的发展带来了机遇。基于大规模的用户基础以及较强的用户付费能力，中国社交网页的潜在商业价值仍有极大的挖掘空间。

(一)SNS的独特性

1. 即时通信方面

运用SNS(P2P)时不需要自己建立或购买服务器。QQ、MSN等都是基于集中管理的网络模式，它们的后台拥有成千上万的服务器，这些服务器在分配给用户进行文字聊天时的资源消耗量并不很大(比如有1000万QQ用户同时在线时，只需要0.5万台服务器、1GB带宽)。因此，基于依赖服务器的方式，聊天即时通信应用并没有问题。

2. 视频及语音方面

SNS 的传输速度是 Skype 的 8 倍以上，SNS 相对于 Skype 来说，优势不在于简单的 P2P 语音连接，而是提高整个网络的带宽速度，SNS 的语音质量大大超过 Skype。SNS 是一个平台，Skype 是一个语音通信 P2P 软件。

QQ、MSN 等都没有成功地进入这个市场，因为庞大的服务器集群难以有效地管理这类通信量大、处理过程复杂的多媒体网络通信业务。相反，Skype 通过其 P2P 技术，却成功地进入了语音市场，而且几乎无须任何服务器。

3. 网络游戏方面

在 SNS 上开发的网络游戏，不需要网络游戏开发者为解决集中服务器和带宽投入费用，唯一需要的是有一个银行收费接口。盛大公司经营的游戏都是集中服务器的网络游戏，需要更高级的服务器及带宽资源。

4. 搜索引擎方面

Google 搜索的是网站上的信息，SNS 搜索的是 SNS 网络中个人发布共享的信息，但仍然可以使用 SNS 建立起一个 Google 那样的事前搜索/事后用户快速访问的搜索引擎。这依赖于 SNS 的网格计算模式。

5. 交易应用方面

SNS P2P 交易市场是为满足任何需要进行交易的个人或中小企业服务的，SNS 商店仅是 SNS 用于交易的应用举例。SNS P2P 交易市场的特点是面对面，你可以买我的东西和我交流，我也可以直接访问你的商店彼此交流。在 SNS 交易市场中，交易东西不需要服务器进行控制，交易双方需要的仅是如何保证交易的信用、如何完成交易。

(二) SNS 内容存在的缺陷

1. 内容分类与筛选

SNS 是以人为中心来组织信息的，人的需求和爱好多种多样、各不相同，用户在社区网站上发表论点和产生话题的门槛也很低，所讨论的话题很难限制，因此内容信息不可避免地五花八门，在 SNS 网站上进行内容信息的分类和筛选就特别困难。

2. 内容的沉淀与积累

在 SNS 社区，信息被"好友关系"分割成了一个个的孤岛，一个 SNS 社区有上千万甚至上亿的用户，但跟自身有关的就是那么几十个，绝大多数的用户都和自己无关。即使是非常大的 SNS 社区，用户真正能够接触到的只是其中很小一部分的信息，而大多数的信息，如果朋友没有推介，用户根本看不到。要在 SNS 社区进行内容积累非常困难。

3. 和搜索引擎的互动

由于用户产生内容的门槛很低，SNS 社区实际上能产生大量的页面内容，搜索引擎收录 SNS 社区页面内容在技术方面也没有困难，但在判定页面主题、决定页面权重方面有很大的困难。因为 SNS 的内容没有特定主题可言，绝大多数页面是一个一个的信息孤岛，缺乏有意义的内部链接，这使搜索引擎很难判定页面的权重。

(三)国内外的 SNS 应用网站

1. 国内主要的 SNS 应用网站

在国内，主要的 SNS 应用网站有综合类和商务类两种。

1) 综合类

综合类 SNS 应用网站有腾讯、百度、阿里巴巴、一起网、开心网和人人网等。腾讯是以即时通信为基础的 SNS 平台；百度是以搜索为基础的 SNS 平台；阿里巴巴是以商务应用为基础的 SNS 平台；一起网、开心网、人人网等是以开放式社会化网络结构为基础的 SNS 平台；51.com 针对 15～25 岁的青少年网民提供稳定安全的数据存储空间和便捷的交流平台。

2) 商务类

商务类 SNS 应用网站有美丽人生网、天际 Tianji、联络家 Linkist、海内 hainei、5G SNS 和创友网等。美丽人生网是职业 SNS，提供职业社交的网站；联络家 Linkist 是工具化的 SNS；海内 hainei 是 SNS 社区；5G SNS 主要针对 IT 专业人士；创友网为创业投资 SNS 社区。

2. 国外主要的 SNS 应用网站

在国外，Facebook 是应用人数最多、覆盖最广的综合性社交网站，LinkedIn 是唯一一家上市的职业社交网站。

二、SNS 营销

SNS 社区在中国的发展时间并不长，但是 SNS 现在已经成为备受广大用户欢迎的一种网络交际模式。SNS 营销就是利用 SNS 网站的分享和共享功能，借助好友圈在 SNS 网站进行产品信息、销售信息传播的活动。

SNS 是基于人际关系建立起来的朋友圈，一般朋友的推荐都可以接受，不会像传统广告推介那样让人反感，有时还可以当作一种游戏在朋友间自动传播，导致二次传播的营销效果。

(一)SNS 营销的特点

1. 资源丰富

无论是综合的 SNS 还是垂直的 SNS，现在都没有特定的用户群体，其中的人员分布很广泛，全国各地的、各行各业的都有，所以，这就给 SNS 网站提供了无限的资源，即由广大用户在使用中慢慢地帮助 SNS 网站积累资源。其实用户就是资源。

2. 用户依赖性高

由于 SNS 网站积累了较多的资源，所以，SNS 用户可以更容易地在网站上找到自己想要的内容，比如，有些人希望找老乡、找些自己喜欢的东西，通过其他用户提供的资源就可以解决这个问题。又如，在 SNS 网站上认识了一些志同道合的人，所以每天都想上去交流一番，逐渐地形成了一定的用户群体，并有较高的用户黏度。

3. 互动性极强

SNS 网站虽然不是即时通信工具，但是它的即时通信效果也是很好的，可以写一些消息发给好友，这是极其方便的工具。在 SNS 网站，人们可以就自己喜欢的、当下热点的话题进行讨论；可以发起一些投票，发出一些问题，调动所有人的智慧。

4. SNS 网站的价值

丰富的用户资源就是 SNS 的最大价值。其实用户可以分为好多种，有些人是想通过 SNS 来多认识些朋友，有些人是想通过在 SNS 上发软文来推广自己的网站，有些人是想通过写日志交到更多志同道合的朋友，有些人是想利用 SNS 的丰富人脉找到工作，等等。这些都体现了 SNS 网站的价值所在。

(二)SNS 营销的优势

以开心网为代表的 SNS 网站席卷全国。据统计，至 2009 年国内的 SNS 网民数量约为 8000 万左右，但是相对于当时近 3 亿的网民总数，显然存在一个让人有相当遐想的空间。对于营销而言，自然也就成了一把利器，下面展开介绍 SNS 的优势。

1. SNS营销可以满足企业不同的营销策略

作为一个不断创新和发展的营销模式,越来越多的企业尝试着在SNS网站上施展拳脚,无论是开展各种各样的线上活动(如悦活品牌的种植大赛、伊利舒化奶的开心牧场等)、产品植入(如地产项目的房子植入、手机作为送礼品的植入等),还是市场调研(在目标用户集中的城市开展调查,了解用户对产品和服务的意见),以及病毒营销等(植入了企业元素的视频或内容可以在用户中像病毒传播一样迅速地被分享和转帖),所有这些都可以在这里实现。为什么这么说呢?因为SNS最大的特点就是可以充分展示人与人之间的互动,而这恰恰是一切营销的基础所在。

2. SNS营销可以有效降低企业的营销成本

SNS社交网络"多对多"的信息传递模式具有更强的互动性,可以受到更多人的关注。随着网民网络行为的日益成熟,用户更乐意主动获取信息和分享信息,社区用户显示出高度的参与性、分享性与互动性,SNS社交网络营销传播的主要媒介是用户,主要方式是"众口相传",因此与传统广告形式相比,无须大量的广告投入。相反地,因为用户的参与性、分享性与互动性的特点,很容易加深对一个品牌和产品的认知,容易形成深刻的印象,形成好的传播效果。

3. SNN营销可以实现目标用户的精准营销

SNS社交网络中的用户通常都是互相认识的朋友,用户注册的数据相对来说都是较真实的,企业在开展网络营销时,可以很容易地对目标受众按照地域、收入状况等进行筛选,来选择哪些是自己的用户,从而有针对性地与这些用户进行宣传和互动。如果企业营销的经费不多,但又希望能够获得一个比较好的效果,可以只针对部分区域开展营销,例如只针对北京、上海、广州的用户开展线上活动,从而实现目标用户的精准营销。

4. SNS营销是真正符合网络用户需求的营销方式

SNS社交网络营销模式的迅速发展恰恰符合了网络用户真实的需求——参与、分享和互动,它代表了目前网络用户的特点,也是符合网络营销发展的新趋势,没有任何一个媒体能够把人与人之间的关系拉得如此紧密。无论是朋友的一篇日记、推荐的一个视频、参与的一个活动,还是朋友新结识的朋友,都可以让人们在第一时间及时地了解和关注,并与他们分享感受。只有符合网络用户需求的营销模式才能在网络营销中帮助企业发挥更大的作用。

把握好SNS营销方式,无论是企业树立自己的品牌,还是拓展销售产品,都是最直接、最快速达到效果的方法,自然能给企业带来丰厚的回报。

(三)SNS 营销方法

基于 SNS 资源丰富用户黏度高、互动性强等特点,在 SNS 上进行营销主要有以下几种方法。

1. 好友邀请营销

MSN 邀请和邮件邀请等方式已经被网站使用得太多了,所以导致许多人对 SNS 网站发送的邀请信特别反感。但是邮件邀请的确是效果最好的营销方式。毕竟邮件邀请人都是朋友,在虚拟的网络里,第一能信任的就是朋友。怎么找好友呢?

1) 朋友的朋友

如果你没有好的方法添加好友,那么可以加一些人气比较旺的人,他们一般都有很多好友,你可以将他们的好友加为自己的好友。我们可以先找一批非常精准的目标人群,最好是圈内人脉非常广的人,然后顺着他们的好友线索,一点一点地挖掘。

2) 直接搜索相关人群

如果目标人群是发散式的,通过加好友的方式找不到,则可以用此法。比如说,我们销售的是摄影类教材,那么我们可以去找摄像发烧友。首先,我们先确定国内最有名的院校或是院系有哪些,然后在 SNS 的搜索好友中,针对这些院校进行搜索。这样搜索出来的人基本上都是对摄影感兴趣的朋友。

3) 通过信息吸引别人来加你

在上面的两个方法都比较难操作时,可以通过发布一些热点的信息和爆炸性的消息来吸引大家的关注,一般喜欢你发的信息的人都会加你为好友。好的内容什么时候都值得推荐。

2. 软文营销

软文营销是 SNS 网站比较好的方式之一,在 SNS 里,日记功能简直就是为软文营销量身定做的好工具。不过大家在利用日记进行软文营销时一定要注意:在日志发布后,最好能跟好友沟通,请他们帮忙分享,以获得更多的读者,提升营销效果。有的 SNS 社区这方面就做得比较好,在发表日志后,可以提醒好友关注。日志发表后,能被好友最大限度地分享的前提,就是要与好友多多互动、交流。

3. 活动营销

线下的活动是能够快速提高知名度和口碑的主要宣传方式。活动也是传统网站增加会员积极性的重要方式之一，对于 SNS 来说，活动是最有效、最直接的宣传方式，只是传播的速度慢、范围小。组织冠名活动，比如在"人人网"冠名组织各种活动，一般都是公益性的活动，这样可以聚集大量的人气。

SNS 网站的魅力来自用户，SNS 网站真正体现了互联网分享互动的精神，是互联网网站最活跃的平台。如今 SNS 网站发生了很大的变化，微博的兴起是 SNS 网站新的代表形式，SNS 开始脱离互联网而转向移动互联网，SNS 营销也要发生相应的转变，未来移动互联将是网络营销的新方向。

4. 植入游戏

目前，有很多家公司将其产品和广告植入游戏中，像伊利牛奶成功地把营养舒化奶植入"人人餐厅"小游戏中；王老吉更是开发了"王老吉庄园"；纯果乐则是植入"阳光牧场"里，通过"纯果乐乐园"让用户深入了解其生产过程，推广其多种口味的产品，让用户在玩游戏的过程中一步步去了解其产品，这种推广方式比传统的营销方式更加精准有效。

5. 打造公共主页

自从人人网开发出公共主页之后，有众多的名人和媒体、企业加入其中，用户可以成为其粉丝和好友，关注其动态。这就是在培养深度的用户群体，一方面，可以扩大自身的影响力；另一方面，可以通过用户之间的口碑传播吸引更多的用户，加深用户黏度。像诺基亚、惠普等都有自己的公共主页。

6. 横幅广告

由于在人人网和开心网上活跃的以大学生和年轻白领为主，这是电子产品和网上商店最重要的客户，所以企业提供了最精准的营销目标，凡客诚品等企业都在上面投放了广告。

(四)SNS 营销技巧

SNS 是一种聚合的社会化网络，现今国内人气比较旺的 SNS 网站有开心网、人人网、欢乐网、豆瓣、51.com、聚友等，大量的实践证明，SNS 社区拥有更强的黏性、更高的信任度、更有效的口碑力量。如今，玩 SNS 的用户越来越普遍，SNS 营销已经成为网络营销不可忽视的力量。很多欧美的大型企业都在 SNS 上展现了互联网运营的成功实践。实际上，那些有益的尝试，对于任何企业都有借鉴的价值。现代营销，企业必须尝试掌握互联网，下面介绍 SNS 营销的一些技巧：

(1) 注册好友。注册成功后，把站内比较活跃的用户都加为好友，提高 ID 在这个 SNS

中的知名度。

(2) 加入相关的群组。跟 QQ 群组一样，通过查找，申请加入多个与推广产品相关的群组。例如，可以根据产品加入股票、休闲、旅游、美食等群组。

(3) 每天更新日志，分享给好友与群组，引起大家注意。尤其要提供一些大家比较关注的有用信息。SNS 社区里面的信息只有被用户认可才有可能被分享，从而达到传播的目的。

(4) 发起热门投票。SNS 社区都有一个基本的功能，那就是投票功能。可以在 SNS 中发起一些投票，一方面可以用作数据分析，另一方面可以提高站内用户的关注度。

(5) App 游戏推广。目前，SNS 社区有许多热门的游戏，这些游戏在一定程度上促成了 SNS 的大力发展。因此，这些游戏在 SNS 中是很受欢迎的，可以利用这些游戏来充分推广网站。

(6) 留言。很多别人分享的热门日志或者话题访问量非常高，因此，占个沙发，留言，打个小小的广告是个很不错的选择。

(7) 炒作值得用户分享的热门话题。按照六度空间的理论来推断，一个引人注目的话题在 SNS 社区中不断分享可以传播到 SNS 的每个角落。不同行业的热门话题应该发表到相对应的行业 SNS 中分享。

(8) 充分利用每个有用的组件。SNS 注册进入后可以通过添加组件把一些有用的组件打开。有用的组件可以分成两大类：一类是感情互动类，如模拟炒股、动他一下、朋友买卖、争车位、钓鱼等，通过这些组件可以慢慢加深与好友的感情，对后面的推广非常有帮助；另一类就是推广分享类，如短博客、日记、记录、转贴、投票、招贴板等，通过这些组件可以把要推广的内容渗透进入好友的视野。这两类是相辅相成的，当感情建立起来之后，你所讲的、所分享的东西才会得到好友信任。很突兀地一加好友就发广告是最失败的营销手法，轻则被人忽略，重则被踢入黑名单。

(五)SNS 营销注意事项

进行 SNS 营销时要注意以下事项：

(1) 找对营销对象，即寻找更合适 SNS。网络是个大家庭，或者说就是一个世界，只有当明白了自己的营销对象是谁，潜在客户是谁，潜在客户在哪里，才有可能继续去做营销。在 SNS 营销中也不例外，比如说如果你的产品适合一些大学生、一些比较年轻的群体，那么你可能更适合去大学生群体更多的网站，要找准自己的重点。

(2) 在 SNS 平台中，有针对性地选择目标群体。首先，可以利用 SNS 网站中的搜索功能，尤其是高级搜索，如现在大多数 SNS 网站都可以针对年龄段、性别、爱好等具体条件进行搜索,我们通过这些可以有针对性地选择目标群体。比如一些生活类图书,可以选择年龄为20~40岁的女性,这样更容易推广自己的产品。其次,可以通过一些有意义的文章,原创或者转载一些对自己的潜在客户比较有用的文章,这样就会让更多的潜在客户意识到你的存在,大家会不断地对你建立信任,营销也就即将开始。

(3) 在SNS中要做什么,如何在SNS中与网友互动。激活你的人群网络,通过合适的方式来推广自己的产品或者服务。这里就包括如何去和其他人进行互动,如何能够更加吸引眼球。比如反向营销、炒作等方式,我们要学习这样的营销思路,要学会了解大众的心理,他们需要什么,想要看到或者得到什么。

【课堂演练】

(1) 搜索著名的社会化媒体平台(不少于5家),说明其主要的商业模式与网站定位、是否展开了出版物营销(列表说明,要求可以参照表3-2),并截图说明。

表3-2 社会化媒体平台商业模式、网络营销分析

论　坛	商业模式	网站定位	是否展开了网络营销
新浪社区	新浪社区采用的是广告、收费邮箱、移动增值服务与"围脖约会+品牌部落+用户收费"相结合的商业模式	新浪网是门户网站,其受众是大中华地区与海外华人	是
阿里巴巴商人论坛	商人论坛是供应商会员、诚信通会员,是对中小企业竞价排名、库存拍卖的专业论坛。全部免费	商人论坛是一种专业的商业论坛,论坛内以商会友,全是买卖双方的会员	是

(2) 在人人网、开心网等平台注册账号完成你的模拟产品营销。要求注册好友、加入相关的群组、发表营销软文日志、在热门日志或者话题中留言,并把你的营销软文日志推广到短博客、日记、记录、转贴、投票、招贴板等地方。

任务4　博客营销

【教学准备】

(1) 具有互联网环境的实训教室。

(2) 指定可链接的网页如下。

● 新浪博客:http://blog.sina.com.cn

- 网易博客：http://blog.163.com
- 搜狐博客：http://blog.sohu.com
- 博客中国：http://www.blogchina.com
- 君之新浪博客：http://blog.sina.com.cn/junsmore
- 天下霸唱博客：http://blog.sina.com.cn/guichuideng

【案例导入】

《此生未完成》：人际索引博客传播的启示

《此生未完成》是借助作者于娟的个人博客，利用人际索引博客传播的专业化、分众化和交互性，使得于娟个人和她面对死亡的日记《此生未完成》一书出现极高的传播效率。这是怎么做到的呢？

首先，通过整体规划，做到有的放矢。虽然借助人际索引的博客传播无须太多投资，但出版社必须作出详尽的整体规划，并严格按照规划执行，管理好博客，并组织博客写作。博客文章不同于一般的新闻报道，只有持续不断更新的博客才能引起读者关注，并获得其信任，从而发挥长久的价值和应有的作用。在百度上，只要以"于娟"为关键词进行搜索，第一条便是作者于娟的博客。《此生未完成》是湖南科学技术出版社与上海的一家文化公司合作的畅销图书，其实于娟的个人博客已有一定的广度，因此，如何做好这本"博客书"是我们必须策划和规划的。要做到有的放矢，必先做到心中有数。值得注意的是：分析国内市场上已出版的"博客书"，有的销量并不佳，甚至也存在一些小有名气的高点击率的"博客"成书出版后在市场上遭遇冷落的情况，其主要原因可能是缺乏整体规划，没有掌握好节奏充分运用博客，在图书出版与博客传播联姻中并没有寻找到盈利模式。

其次，通过事件营销，激发情感共鸣。事件营销的作用一直得到大家追捧，出版社可以借热点话题为新书造势或增进粉丝间的感情，或配合事件营销，营造气氛，在读者心目中造成更大影响，并积极引导读者参与回复讨论，那么他们就有可能形成更大的网络影响力。热点话题看似和新书推荐没什么关系，其实只要抓准了时机就可以为我所用。透过于娟的博客日记，我们不难发现有几个词一定是很多人关注的，如"知识分子""女性""癌症""过劳死"，因此，她面对死亡与病魔做斗争的日记在博客上极易引起极大关注和热议。而于娟去世的噩耗令很多关注青年知识分子生存现状的广大读者容易产生极大情感共鸣。我们出版这本日记，也是想让更多的人关注生命，珍爱家人。在于娟去世几天内，当在她的个人博客中向关心她的人发布此书出版的信息时，我们并没有浓重的商业味也没有直接宣传图书内容，只是悲叹一个年轻的生命匆匆离去留给世人的思考，许多读者在她的个人博客中自发地积极参与讨论。一时间，更多的读者知晓于娟这个人以及这件事并产生了情感共鸣，通过博客实现口口相传，并向数以千计、数以百万计的受众快速复制和传递，人们通过博客奔走相告，倾吐彼此的心声。而此时，出版社更多关注的也不仅限于图书的销量，经营好与读者的这份浓浓的情感才是最重要的。

最后，加强平台互动，促进图书销售。博客的群体是有某种共同兴趣点的人，读者买书是为了深入而集中地探讨问题，因此借助博客建立起来的关系网络能给图书提供精准的目标市场，在博客上针对图书发起主题讨论，有助于图书销售。博客之所以能吸引读者，是因为博客的互动性能集聚人气。在于娟《此生未完成》一书的出版发行中，我们在加强图书与博客平台的互动方面有两种做法，一种是借助于娟的博客与粉丝互动达到促进图书销售的目的，如通过制造话题、引导讨论，并及时分享图书销售活动相关信息，挖掘博客读者的内在需求，促进图书销售。另一种是在图书封底附上作者博客地址，宣传博客，进而增加博客点击率，越来越高的博客点击率又提升了作者的人气及后续图书的销售。网络上于娟博客的读者对她是信任的，这是人际索引博客的最大优势，因此，此书的出版得到了大批网友的宣传，本书最终实现当年销售10万册的佳绩。

(资料来源：唐乘花，刘为民. 此生未完成：人际索引博客传播的启示. 出版参考，2013(3)上)

【知识嵌入】

一、博客和博客营销

(一)博客

博客最初的名称是Weblog，由web和blog两个单词组成，按字面意思就是网络日记，后来喜欢新名词的人把这个词的发音故意改了一下，读成we blog。由此，blog这个词被创造出来。牛津英文词典中对此词的定义是"一种经常更新的网站、网页，发布个人对于其他来源的事物的广泛的认识和评论，包括从对其他网站的超链接到个人的单纯心得；近似于网上的杂志和日记"。博客是社会媒体网络的一部分，是继E-mail、BBS、ICQ之后出现的第四种网络交流方式。

1. 博客的特点

博客这种网络日记的内容通常是公开的，可以发表自己的网络日记，也可以阅读别人的网络日记，因此博客可以理解为一种个人思想、观点、知识等在互联网上的共享。博客是一个新型的个人互联网出版工具，是网站应用的一种新方式，它是一个网站，它为每个人提供了一个信息发布、知识交流的传播平台，博客使用者可以很方便地用文字、链接、影音、图片建立起自己个性化的网络世界。一个典型的博客结合了文字、图像、其他博客或网站的链接，以及其他与主题相关的媒体，能够让读者以互动的方式留下意见，是许多博客的重要要素。大部分的博客内容以文字为主，仍有一些博客专注在艺术、摄影、视频、音乐、播客等各种主题。比较著名的有新浪、网易、搜狐等博客。博客内容发布在博客托管网站上，如博客网、Google 旗下的 Blogger 网站等，这些网站往往拥有大量的用户群体，有价值的博客内容会吸引大量潜在用户浏览，从而达到向潜在用户传递营销信息的目的。

2. 博客的功能

博客集交互功能、超链接功能、跨时空传播、信息检索功能于一身，使出版实现了个性化、立体化、即时性和广泛性，这在很大程度上拓宽了出版的范围和边界，使出版文化形态呈现高度自由、开放的局面。

1) 交互功能

博客作者是博客网站的核心，围绕着博客内容，博主与读者、读者与读者间多重对话的渠道自然形成，这种传播渠道突破了传统媒体的单向传播，强化了交互主体性的特征，实现了人际传播、组织传播、大众传播的兼容。传者与受者的角色可以互相转化，网络交互性本身鼓励博主们发挥个人的主动性，并为其有目的地查找、选择信息及发表自己的思想、观点提供了大量技术手段。因此，借助博客的交互功能可以直接与潜在消费者进行有效的沟通，实现"在线调研"的效应。

2) 超链接功能

超链接是指从一个网页指向一个目标的链接关系。博客能提供超链接功能，通过博客的一条链接可以进入一个新的页面。超链接的作用不容忽视，超链接可以引导蜘蛛爬行到推广的网站，也可以带来网站流量，有利于网站推广。

3) 跨时空传播

随着数字技术和网络技术的进步，博客的传播模式通过与手机的绑定，可以随时随地记录心情、发表评论、上传照片、大吐苦水，实现了博客的跨越时间、跨越空间进行信息传播的效应。

4) 信息检索功能

博客传播内容可谓无所不包，有新闻博客、知识博客、科技博客、美食博客、文化博客等，只要你能想到的，几乎都能找到对应的博客。博客文章排列目录本身可以提供方便的检索功能，有影响力的博客还可以通过搜索引擎被检索到相关内容。

3. 博客满足"五零"条件

博客满足零编辑、零技术、零体制、零成本、零形式的条件，会申请免费邮箱的人，基本上都能够快速掌握博客的使用方法。

(二)博客营销

博客营销(Blog Marketing)的概念可以说并没有严格的定义，简单来说，就是利用博客这种网络应用形式开展网络营销。要说明什么是博客营销，首先要从什么是博客说起。博客以个人思想为核心，所有内容都是围绕博主个人思想展开的主题和讨论，博客具有知识性、自主性、共享性等基本特征，正是博客这种性质决定了博客营销是一种基于包括思想、体验等表现形式的个人知识资源的网络信息传递形式。因此，开展博客营销的基础问题是对某个领域知识的掌握、学习和有效利用，并通过对知识的传播达到营销信息传递的目的。博客营销是利用博客这种网络应用形式开展网络营销的营销手段。公司、企业或者个人利用博客这种网络交互性平台，发布并更新企业、公司或个人的相关概况及信息，并且密切关注、及时回复平台上客户对于企业或个人的相关疑问以及咨询，并通过较强的博客平台帮助企业或公司零成本获得搜索引擎的较前排位，以达到宣传的目的。

1. 博客营销的特点

博客营销具有以下特点：

(1) 博客是一个信息发布和传递的工具。在信息发布方面，博客与其他工具有一定相似的地方，即博客所发挥的同样是传递网络营销信息的作用，这是认识博客营销的基础。网络营销信息传递实际上也是整个网络营销活动的基础。

(2) 博客文章的内容题材和发布方式更为灵活。博客文章内容题材和形式多样，因而更容易受到用户的欢迎。此外，专业的博客网站用户数量大，有价值的文章通常更容易迅速获得大量用户的关注，从而在推广效率方面要高过一般的企业网站。

(3) 博客传播具有更大的自主性，并且无须直接费用。博客的信息传递无须直接费用，是最低成本的推广方式。

(4) 博客的信息量更大，表现形式灵活。博客文章的信息发布与供求信息发布是完全不同的表现形式，博客文章的信息量可大可小，完全取决于对某个问题描写的需要。博客文章并不是简单的广告信息，实际上单纯的广告信息发布在博客网站上起不到宣传的效果，所以博客文章写作与一般的商品信息发布是不同的，在一定意义上可以说是一种公关方式，只是这种公关方式完全是由企业自行操作的，而无须借助公关公司和其他媒体。

(5) 博客文章显得更正式，可信度更高。博客文章比一般的论坛信息发布所具有的最大优势在于,每一篇博客文章都是一个独立的网页,而且博客文章很容易被搜索引擎收录和检索,这样使得博客文章具有长期被用户发现和阅读的机会;而一般论坛的文章读者数量通常比较少,而且很难持久,几天后可能已经被人忘记。所以,博客营销与论坛营销相比具有的优势非常明显,主要表现如表3-3所示。

表3-3 博客与论坛的区别

因 素	博 客	论 坛
适用的范围	属于个人的网络日志,以个人思考为中心,用户关注的是某个人,文章质量优秀的博客成为用户主要关注点	很多人聚在一起的聊天,以话题类别为中心,用户关注点是某个话题,用户只能关注某个兴趣版块,需要自行鉴别版块内的优质、劣质文章
网络文化属性	私有性较强的平台,面向的是个人,服务于个人及其友人	开放的、自由的空间,面向的是一个较松散的群组,是服务于公众的,它是为了解决人们缺乏自由发表言论的机会而创设的
交流方式	博客吸引的忠实读者是和自己有类似人生观、价值观的用户,不用注册就可以回复;可以把发言保留在自己的博客中,这些发言可以方便地查找和任意地处置	论坛吸引的是对某个版块、某类话题有兴趣的用户,论坛允许用户回复,但必须注册;用户在某个BBS参加讨论后,过一段时间,就很难再找回曾经发过的帖子(文章)
维护	博客的人气、流量需要自己经营和维护	论坛帖子可以借助论坛版块的流量,只要帖子标题写得足够吸引人
形成过程	遵循2/8原则,意见领袖的内容长期吸引用户的关注;垃圾信息无法获得关注	遵循2/8原则,所有内容掺杂在一起,需要自行鉴别;垃圾信息和精华文章掺杂在一起
文章的组织形式	博客以日历、归档、按主题分类的方式来组织文章(帖子),博客的使用者可以自行对文章(帖子)分类,或者将属于私人的信息隐藏起来不对外公布	论坛采用帖子固顶和根据发帖的时间顺序来组织帖子(文章);用户不能随意更改主题分类,版主以上级别才能更改
内容	博客的内容是经过使用者的思考和精心筛选组织起来的,保证了资源的有效性与可靠性	论坛的开放性和自由性使用户在发表帖子时有时可以不假思索,随意性强

博客传播包括博客平台传播、SNS平台传播、微博平台传播,其共同属性就是人际索引。大部分人都愿意相信从自己的人际关系系统中,比如从身边的朋友、自己的老师、同事和自己仰慕的明星那里所获得的信息。在互联网系统中,博客传递信息节点的博主、SNS平台的首页主人如果足够真实(真实姓名、照片、工作地点等信息),则此类传播效果会更好,容易集聚读者群。因此,人际索引的博客成为一些出版社借势出版的选题策划来源,

如郑渊洁的《勃客郑渊洁》、王小峰的《不许联想》、林海峰的《林海峰养生大讲堂》、于娟的《此生未完成》,等等,均是出版社利用人际索引博客的优势策划出版的畅销书。

2. 博客营销的优势

博客营销相较于其他营销形式具有以下优势。

1) 提高内容的可见性

博客内容能通过 Baidu、Google、Yahoo!或其他搜索引擎找到,如图 3-8 所示。

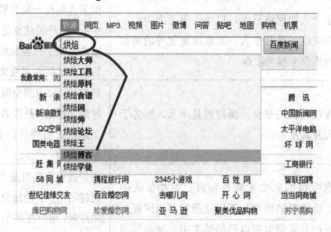

图 3-8 搜索引擎关键词可以检索到博客

2) 直效的市场调查

博客是用户交流的场所,可以进行有效的信息反馈,搜集网民的观点和意见;在博客文章中设置在线调查表链接,直接交流调查中的问题,直至新产品(新书)推出,都可以在博客上完成。例如,天下霸唱及其博客,如图 3-9 所示。天下霸唱原名张牧野,天津人,被称为中国最具想象力的作家。其作品《鬼吹灯》系列小说风靡一时,从而使"盗墓"小说畅销盛行。2007 年,天下霸唱以 280 万元版税排 2007 年第二届中国作家富豪榜第 19 名;2010 年,又以 420 万元版税荣登 2010 年第五届中国作家富豪榜第 10 名。同时,安徽文艺出版社开始博客营销,如图 3-10 所示。

3) 专家式营销

博客的内容具有知识性、自主性和权威性,易被认可;博客博文的知识、思想和智慧是不易轻易被模仿的,有影响的博主其信誉度通过网络迅速得到传播。例如,北京科学技术出版社出版的《跟着君之学烘焙》系列图书的博客营销,如图 3-11 和图 3-12 所示,就是一个很好的例证。

 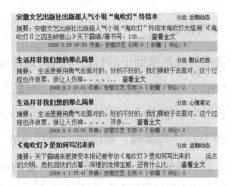

图 3-9　天下霸唱的博客　　　　　图 3-10　安徽文艺出版社博客营销

图 3-11　图书封面上的博客内容要素

图 3-12　图书作者的博客

(三)人际索引博客传播的效应分析

1. 借势传播

所谓借势就是借助于对自己有利的条件或形势来壮大自己,从而使自己获得成功。《孙子兵法》中说:"善战者,求之于势,不责于人,故能择人而任势。任势者,其战人也。"人际索引博客传播实质上是一个能够产生传播源的媒体,每一个博客使用者(无论是草根还是明星)都是一个媒体源,都能够完成自出版。信息时代是"眼球经济"的时代,出版社通过博客传播这种媒体源从有着多层次需要的读者中捕捉共同点,找出共性,策划图书产品。这种借博客之势进行传播是一种提高作品或品牌知名度和关注度并最终促成图书产品销售的手段。它是通过介入具有新闻价值或社会影响力的事件,成为这些事件的传播素材来吸引消费者、大众及媒体的兴趣和关注的。借势的对象——事件或话题本身不一定是正面的,但当它与图书产品信息结合时,一定要让作品在读者心里留下正面的印象。因此,知晓社会热点、找准社会热点和切入点,是成功借博客传播之势获得图书出版和发行业绩的关键要素。

2. 造势传播

所谓造势就是主动地获取或者创造那些可以增强自身能量的因素,从而获得对自身有利的态势。出版社利用博客造势传播就是通过创造有影响力的因素或环境并使这些因素和环境生产出传播事件,从而促进产品或品牌被读者所关注和了解。造势传播中创造有影响力的因素包括新闻、活动、概念、话题等,这些都是人们通常关注的对象,读者在关注这些事件的同时也就注意到了图书产品。出版社通过造势传播可以引起读者对图书产品的好奇心,激起他们的从众心理,从而达到销售目的。造势传播实质上是在传递"内涵",因此,它是一种需要大量资源投入的传播方法。但"内涵"往往是独创的,因此,它具有长尾效应,也能被用户接受之后进行大量的二次、三次甚至多次传播,传播效果非常好。在造势传播中产生的"内涵"不是社会上客观存在的热点,所以无法被列入社会的大传播系统的消费系中。因此,它需要加大媒体曝光度,在其他媒体的配合下才能成功,出版社往往可以通过感同身受、引起共鸣、调用充分的资源、设计好的创意等方式来进行造势传播。

3. 补偿性媒介传播

保罗·莱文森的"补偿性媒介"理论认为,媒介发展到今天,是多种介质整合的结果,每一种新的媒介都是在原来媒介功能延伸和整合的基础上得来的,博客传播也是如此。当然,不可否认,在互联网便捷性不断提高的今天,博客传播具有阅读便捷、内容更新快、阅读免费等特点,但我们不难发现,博客的传播与其他媒介相比,缺乏的就是内容的权威性，在这样的情况下，图书的传统权威性可以有效地弥补博客这一缺点，毕竟更多的读者是"信书"和"唯书"的。因此，博客与图书可以进行一些补偿性合作，创造更佳的传播效应。

二、企业博客营销的策略

(一)企业为什么要使用博客营销

1. 博客可以直接带来潜在用户

博客内容发布在博客托管网站上，如博客网 www.bokee.com 属下的网站(www.blogger.com)等，这些网站往往拥有大量的用户群体，有价值的博客内容会吸引大量潜在用户浏览，从而达到向潜在用户传递营销信息的目的，用这种方式开展网络营销，是博客营销的基本形式，也是博客营销最直接的价值表现。

2. 博客营销的价值体现在降低网站推广费用方面

网站推广是企业网络营销工作的基本内容，大量的企业网站建成之后都缺乏有效的推广措施，因而网站访问量过低，降低了网站的实际价值。通过博客的方式，在博客内容中适当加入企业网站的信息(如某项热门产品的链接、在线优惠券下载网址链接等)达到网站推广的目的，这样的"博客推广"也是极低成本的网站推广方法，降低了一般付费推广的费用，或者在不增加网站推广费用的情况下，提升了网站的访问量。

3. 博客文章内容为用户通过搜索引擎获取信息提供了机会

多渠道信息传递是网络营销取得成效的保证，通过博客文章，可以增加用户通过搜索引擎发现企业信息的机会，其主要原因在于，一般来说，访问量较大的博客网站比一般企业网站的搜索引擎友好性要好，用户可以比较方便地通过搜索引擎发现这些企业的博客内容。这里所说的搜索引擎的可见性，也就是让尽可能多的网页被主要搜索引擎收录，并且当用户利用相关的关键词检索时，这些网页出现的位置和摘要信息更容易引起用户的注意，从而达到利用搜索引擎推广网站的目的。

4. 博客文章可以方便地增加企业网站的链接数量

获得其他相关网站的链接是一种常用的网站推广方式，但是当一个企业网站知名度不高且访问量较低时，往往很难找到有价值的网站给自己做链接，在自己的博客文章里为本公司的网站做链接则是顺理成章的事情。拥有博客文章发布的资格可以增加网站链接主动性和灵活性，这样不仅可能会为网站带来新的访问量，也增加了网站在搜索引擎排名中的优势，因为一些主要搜索引擎把一个网站被其他网站链接的数量和质量也作为计算其排名的因素之一。

5. 可以实现以更低的成本对读者行为进行研究

当博客内容比较受欢迎时，博客网站也成为与用户交流的场所，有什么问题可以在博客文章中提出，用户可以对此发表评论，从而可以了解用户对博客文章内容的看法，作者也可以回复用户的评论。当然，也可以在博客文章中设置在线调查表的链接，便于有兴趣的用户参与调查，这样就扩大了网站上在线调查表的投放范围，同时还可以直接就调查中的问题与用户进行交流，使得在线调查更有交互性，其结果是提高了在线调查的效果，也就意味着降低了调查研究费用。

6. 博客是建立权威网站品牌效应的理想途径之一

作为个人博客，如果想成为某一领域的专家，方法之一就是建立自己的博客。如果你坚持不懈地"博客"下去，你所营造的信息资源将会为你带来可观的访问量，在这些信息资源中，也包括收集的各种有价值的文章、网站链接、实用工具等，这些资源可以为自己持续不断地创作更多的文章提供很好的帮助，这样就形成了良性循环。这种资源的积累实际上并不需要多少投入，其回报却是可观的。对企业博客也是同样的道理，只要坚持对某一领域的深度研究，并加强与用户的多层面交流，就为获得用户的品牌认可和忠诚提供了有效的途径。

7. 博客减小了被竞争者超越的潜在损失

2004 年以来，博客在全球范围内已经成为热门词汇之一，不仅参与博客写作的用户数量快速增长，浏览博客网站内容的互联网用户数量也在急剧增加。在博客方面所花费的时间成本，实际上已经从其他方面节省的费用上获得补偿，比如为博客网站所写作的内容，同样可以用于企业网站内容的更新，或者发布在其他具有营销价值的媒体上。反之，如果因为没有博客而被竞争者超越，损失将是不可估量的。

8. 博客让营销人员从被动地依赖媒体转向自主发布信息

在传统的营销模式下，企业往往需要依赖媒体来发布企业信息，不仅受到较大局限，而且费用相对较高。当营销人员拥有自己的博客之后，就可以随时发布所有希望发布的信息。只要这些信息没有违反国家法律，并且信息对用户是有价值的即可。博客的出现，给市场人员的营销观念和营销方式带来了重大转变，博客赋予每个企业、每个人自由发布信息的权力，如何有效地利用这一权力为企业营销战略服务，则取决于市场营销人员的知识背景和对博客营销的应用能力等因素。

(二)企业博客营销的模式

博客营销的模式主要有以下几种：

(1) 在博客网站上做广告。在博客世界，同样可以刊登广告。标准的、口号式的广告，能直接表达产品的信息。当然，广告的设计要把博客考虑进去，要让博客成为广告对话的一部分。

(2) 发表专业文章。这是博客营销的主流模式，作为专业文章的主角——产品一定要有一个知识点，用来和公众沟通，并树立权威感。

(3) 打造博客团队。通过发布博客日记，来影响主流媒体的报道。

(4) 监测博客网站。通过监测博客网站，及时发觉当前谈论最多的公司或时下民众最关注的话题，为潜在的公关危机做好准备。

(三)企业博客营销的操作方式

博客营销的操作方式与传统营销有所区别，而且其易操作性以及最初的低投入成本使得博客营销具有非常大的可实施性。下面以如何利用第三方博客平台的博客文章发布功能开展网络营销活动为例，介绍博客营销的操作方式。

1. 选择博客托管网站、开设博客账号

即选择适合本企业的博客营销平台，并获得发布博客文章的资格。一般来说，应选择访问量比较大以及知名度较高的博客托管网站，这些资料可以根据 Alexa 全球网站排名系统等信息进行分析判断。对于某一领域的专业博客网站，则应在考虑其访问量的同时还要考虑其在该领域的影响力，影响力较高的网站，其博客内容的可信度也相应较高。如果必要，也可能选择在多个博客托管网站进行注册。

2. 制订一个中长期博客营销计划

这一计划的主要内容包括从事博客写作的人员计划、每个人的写作领域选择、博客文章的发布周期等。由于博客写作内容有较大的灵活性和随意性，因此博客营销计划实际上并不是一个严格的"企业营销文章发布时刻表"，而是从一个较长时期来评价博客营销工作的参考。

3. 创建合适的博客环境，坚持博客写作

无论一个人还是一个博客团队，要保证发挥博客营销的长期价值，就需要坚持不懈地

进行写作，一个企业的一两个博客偶尔发表几篇企业新闻或者博客文章是不足以达到博客营销的目的的。因此如果真正将博客营销纳入到企业营销战略体系中，企业创建合适的博客环境、采用合理的激励机制是很有必要的。

4. 综合利用博客资源与其他营销资源

博客营销并非独立的，而是企业营销活动的一个组成部分，同时博客营销的资源也可以发挥更多的作用，可将博客文章内容与企业网站的内容策略及其他媒体资源相结合，因此对于博客内容资源的合理利用也就成为博客营销不可缺少的工作内容。

5. 对博客营销的效果进行评估

与其他营销策略一样，对博客营销的效果也有必要进行跟踪评价，并根据发现的问题不断完善博客营销计划，让博客营销在企业营销战略体系中发挥应有的作用。至于对博客营销的效果评价方法，目前同样没有完整的评价模式，不过可以参考网络营销其他方法的评价方式来进行。

(四)图书出版如何与博客传播联姻

国民阅读率持续走低，追本溯源，还是因为传统图书的时效性差，互动性弱。博客传播作为一种新兴的传播方式，尤其利用人际索引的优势，抢走了更多的读者。因此，如何借博客为媒开发创新图书内容资源，以及利用人际索引博客传播撬动图书市场营销杠杆，将是博客与图书出版联姻创造盈利的新模式。出版社通过与博客联姻拉动自身盈利增长点，更好地体现了出版行业的社会价值。

1. 借博客内容资源开发图书选题

博客作为自出版的媒体源，其资源十分丰富，内容也非常广泛。同时，博客作者中不乏优质作者，他们或者在传统出版媒介已具有一定的知名度，或者因为自己独到的见解在互联网上积攒了极旺的人气，因此，他们的博客集聚了大量的读者。图书出版单位可以借助有影响的博客网站中那些原创性强、更新快、点击率高、可信度高、互动强的博客寻找作者，并进行选题策划。既可以根据有价值的连续日记将博客内容向传统图书的内容转换，挖掘博客内容的图书出版价值；也可以通过与作者的沟通挖掘作者的才华另起炉灶做一本书，通过博客挖掘作者的价值。图书出版与博客传播的联姻，更重要的还是内容，内容才是王道。一本畅销的"博客书"真正打动读者的不是博客点击率和作者名气，关键还取决于博客的内容。目前，在人际索引的博客作者中不乏某些领域的高手，博客日记也不乏可读、可出版的内容，还靠编辑去发掘。在出版领域，作者的博客是图书出版的核心资源，知名的作者都有一大群粉丝，这些都是作者图书出版后最坚实的读者基础。

2011年湖南科学技术出版社出版的畅销书《此生未完成》就是一本畅销"博客书"。此书作者于娟，海归博士，复旦大学优秀青年教师。2009年12月，她被确诊为乳腺癌晚期。这个饱受病魔折磨的复旦大学青年学者在病中坚持写日记，并通过"活着就是王道"的博客记录自己生命的最后旅程。在博客日记中，于娟以生死经历总结出许多富有哲理的人生观点，将自己的人生观、价值观、对社会的爱，通过博客日记向网友传递，以乐观、豁达的生活态度鼓励更多的人感恩生活、善待生命，引起了广大网友的共鸣和敬佩。其病痛的苦楚、人性的感悟、求生的坚韧，读来催人泪下。每一个博客读者，不仅读到了她优美的文笔，更加读懂了她面对死亡的勇敢和爱，因此博客点击率高、留言真实，博客在网上具有一定的广度，博客访问量高达2000万人次，尤其"病中记事"系列博文被广大网友转载阅读。只是非常遗憾，当责任编辑拿到完整的稿子时，于娟已经病危，在她去世半个月之后此书才出版。但作者真实情感、优美文字的博客内容，打动了每一个爱她、爱生活、爱生命的读者。如此具有震撼力的博客内容是值得开拓成图书的。

2. 运用博客撬动图书市场营销的杠杆

现代图书营销离不开媒介，图书营销效果很大程度上取决于所采用媒介的媒体价值。任何一种新平台的出现，都会衍生出以这个新平台为途径的营销方式，人际索引的博客也不例外。从报刊上的杂志、广告、连载，到电视图书节目、图书网站的开发，再到现在利用博客营销的阶段，可以看出图书营销的媒体化进程在加快。博客用户数量的不断增长、博客内容的生活化、传播方式的多样化，不可否认分离了图书读者群，但出版社应该清楚地看到可以利用博客这一传播途径开拓图书的营销空间，进而实现社会效益和经济效益的双丰收。博客是图书营销的新渠道，博客的分众传播特点有助于图书的定位销售。图书定位销售能最大限度地满足读者的需要，读者即市场，顾客就是上帝，图书营销应主要针对信息层面来满足受众的需求，比如可以根据博客的粉丝群阅读兴趣，按人们常用的分类标准，把图书信息分类传播到博客中，满足不同兴趣爱好的读者需要，以此来完成营销计划。利用作者的博客来宣传图书，一方面，及时公布图书出版的消息，可提供内容简介、封面和目录，有必要时可节选连载图书内容，或者把图书内容转换成声音、图片、视频等数字形式供博客读者阅读，利用博客人际影响力，延伸优秀文化成果的传播面；另一方面，所有的图书销售活动，都可以通过博主提前告知网友，吸引人气，或者可以通过博主的博友撰写书评和读书感想体会分别公布在各自的博客上，由此引发更广泛的宣传推广。

三、博客平台的选择和优化

目前,写博客可以有两种选择:一是把博客放在博客服务商的托管平台上,绝大部分博客平台服务商都是免费提供服务;二是把博客建在自己的域名和服务器上。

(一)免费博客托管服务

使用博客服务商平台的优点是简单易用,无须考虑安装、维护博客程序及购买主机等任何技术问题。选择也相当多元化,无论是中文还是英文,都有很多免费的博客服务平台。英文的博客服务平台主要有:blog.com,blogger.com,livejournal.com,wordpress.com,blogetery.com,blogrox.com,blogsome.com,blogster.com,clearblogs.com,spaces.live.com,360.yahoo.com,bravenet.com/webtools/journal/,blogs4me.com。中文的选择就更多了,几乎所有有一定规模的门户和社会化网站都提供博客服务,还有为数不少的专业博客服务平台。

大部分博客平台会把好的博客帖子推荐到自己网站的首页,门户网站也会把用户博客的精华帖子推到首页。由于这些门户及博客服务网站本身的用户基数和流量很大,由它们帮助推广博客用户的帖子会起到博客作者自己永远无法达到的效果。设想一下,如果你的博客帖子被推到新浪或搜狐的首页,那会是什么效果!

完全免费当然也是最大的优势之一,这对流量大的博客来说影响尤其突出。在这些博客平台上几乎不太可能出现因为博客帖子引起关注、流量巨大而使服务器承受不住的情况,博客平台和门户网站都配有高水平的服务器机群及负载平衡。如果是自己的域名和主机,当流量真的很大时,整台服务器不一定承受得住,更不用说虚拟主机了。

免费博客服务有一个致命的缺点,那就是网址实际上不属于博客作者,这在互联网上是一件极端危险的事。使用自己的域名搭建自己的博客网站,博客作者才对这个博客拥有百分之百的所有权和控制权。只要拥有域名所有权,就可以随时更换主机提供商。而免费博客服务平台很少有支持博客作者自己域名的,通常网址依附于博客平台,可能是子域名形式,也可能是二级目录形式。但无论怎样,网址都是属于博客平台的,而不属于博客作者。一旦有风吹草动,诸如博客平台关闭或与博客作者有什么争议而导致被删除账号,这对博客的打击都是致命的,博客作者辛苦建立的读者群、内容、知名度,很可能随之付诸东流。

虽然有很多免费的博客平台,但认真考虑进行博客营销的企业和个人,最好使用自己的域名,把博客建在自己的主机上。或者可以考虑以自己的域名为主博客,然后在一些主要的门户网站及博客平台注册免费博客,把同样的博客帖子发在自己的域名及这些第三方博客上，这样既可以保证自己拥有一个主要博客的控制权，又能最大限度地把博客推广到第三方平台的用户。但要注意，这种方式也不可滥用。有些人在第三方平台注册大量博客账号，但不是发表有价值、有意义的博客帖子，而是发出大量的垃圾内容，目的只是通过垃圾链接推广自己的主站。这既不被用户所欢迎，也有作弊嫌疑，随时可能被搜索引擎惩罚。

(二)独立域名博客

要使用自己的独立域名建博客就要在自己的主机上安装博客软件。网上有很多免费的博客软件，最常用的包括：

WordPress 其使用 PHP 和 MySQL，最适合 Linux/Apache/MySQL/PHP (所谓 LAMP)主机。英文官方网站是 http://wordpress.org，中文 WordPress 团队博客为http://www.wpcng.com。

Movable Type，可以运行在 Linux 或 Windows 主机。英文官方网站是 http://www.movabletype.org。

Zblog，是基于 ASP 平台的中文博客软件，在中文博客中也很流行。官方网站是 http://www.rainbowsoft.org。

这些软件在官方网站都有详细的安装说明，对网站建设稍有经验的人按照说明一步一步做，很容易就能安装好博客软件。如果在安装中遇到技术问题，相应的官方网站上都有论坛，官方团队和会员都会给予热情帮助。

(三)博客设置和优化

无论是使用第三方博客平台还是自己的域名，选定平台或安装好软件后，要达到博客营销的最佳效果就要对博客进行优化设置。当然，运行在自己主机上的博客设置更全面、更灵活。通常这些设置都是一次性的，在博客开始写作之前就应该做好。

1. 永久链接

使用第三方博客平台，博客帖子的网址通常都是自动生成的，无法改变。大部分平台已经生成了静态的永久链接，使用博客软件时需要自行在博客后台进行设置。在 WordPress 后台单击"选项"，然后选择"永久链接"，会看到几种永久链接格式，如带有日期、数字号码或自定义格式。永久链接中不包含日期及分类，只是一个帖子本身的文件名。这样的好处是网址最短，看起来比较美观，在需要的时候可以更改帖子的发表日期而不会影响到永久链接的 URL。

2. 网页标题

大部分博客软件所生成的网页标题格式都是：博客名称-分类名称-帖子标题。可以对博客模板中的标题部分进行改写，例如使网页标题反过来变成"帖子标题-分类名称-博客名称"格式。也可以使用 SEO Title Tag(http://www.netconcepts.com/seo-title-tag-plugin)等插件实现这个功能。这样优化设置可以使用户无论在哪里看到网页标题首先注意到的都是最前面的几个字，有利于针对性地营销，特别是在搜索引擎结果中能体现营销的重点。

3. 网站地图

博客也是一种特殊的网站，建立网站地图有助于用户集中查看整个博客的内容。不过大部分博客软件并没有提供网站地图功能，需要使用插件实现。可安装并使用插件，动态生成网站地图。

4. Digg、书签和网摘服务

Digg、书签和网摘服务等社会化网站都有大量用户，它们所提交的内容以博客帖子为主。博客帖子被 Digg、在线书签、网摘服务等分享可能会带来大量新用户。博客系统应该提供最方便的方法让用户可以非常简单地把博客帖子提交到主要的 Digg、书签和网摘服务。这也需要通过插件来实现，比如，使用 Social Bookmarks Plugin for WordPress (http://www.dountsis.com/projects/socialbookmarks)插件在博客帖子底部自动生成主要书签和网摘服务的提交链接，用户只要单击书签、网摘的名称或图标就会自动来到相应的提交页面。

5. 鼓励订阅

博客的一大特征是 RSS 输出，用户不仅可以在博客网站上看帖子，还可以将博客的 RSS Feed(种子)订阅到自己喜欢的阅读器上阅读。一旦博客有新帖子发布，用户阅读器就会自动显示。一个博客成功的重要标志之一就是订阅数的多少。通过网站直接读帖子，很难保证用户今后还会再来你的博客，而订阅了博客种子，用户就像订阅电子杂志一样，将成为一个长期读者。所以博客应该把"订阅"按钮放在最明显的位置，可使用最标准、最容易辨认的橘黄色的 RSS 订阅按钮，方便和鼓励用户订阅。博客输出有全文输出和摘要输出两种方式。有些博客为了提高网站本身的流量和页面浏览率采用摘要输出，用户想看完整帖子，必须打开阅读器中的链接到网站上阅读。这在某些情况下是一个好的选择，比如需要提高流量卖广告，但建议最好采取全文输出，使用户不必访问博客网站直接在阅读器上就可以看到帖子全文，这种方式使订阅用户看帖子最方便快捷，不会给用户多设置一道手续，能得到用户欢迎。

6. 相关文章

每一篇帖子下面可以列出与这个帖子相关的其他帖子，既有助于搜索引擎完整收录，也有助于用户找到更多相关信息，深入阅读。

7. 博客分类

博客帖子通常按主题进行分类。博客作者在创建博客时就应该考虑博客应该如何分类，先建立好类别，写帖子时将帖子归在相应的类别下。分类越详细越好，在不影响用户体验的情况下最多可以有 20 个左右的分类。分类再多的话，导航列表将太长，不利于用户浏览。分类要注意逻辑性，每一个小分类都是整个博客主题的一个子系统。

8. 标签的使用

Web 2.0 网站的重要特征之一就是标签(Tag)的广泛使用。标签实质上就是关键词，系统将相关文章按标签(关键词)聚合在一起。写博客帖子时，后台有相应的标签栏，作者填入与博客帖子相关的关键词作为标签，博客系统会按这些标签自动聚合所有带有相同标签的帖子。通常在博客侧栏中用标签云(Tag Cloud)的方式显示出这些标签。使用次数越多的标签在标签云中的字体就越大，用户可以很方便地看到博客的内容焦点。

为博客帖子选择标签时，一是要精确挑选最相关的关键词，不要每个帖子都把宽泛的关键词列出来。比如博客是写 SEO 的，不要每篇博客都把 SEO 作为标签，而应该选择更精确描述帖子的关键词，如"外部链接""内部链接""网站结构"等。二是标签的使用要和分类有所区别。如果标签名称与分类名称重合，标签对用户来说就没有什么意义，而且也容易在搜索引擎中造成复制内容。标签尽量不要使用分类名称，如果说博客分类是大分类，标签则是更细的小分类。比如一篇 SEO 博客，分类可以有"链接策略""关键词策略""内容策略"等，标签就可以使用"外部链接""内部链接""链接诱饵"等，这些标签实际上都可以当作"链接策略"分类下更小的分类。

9. 使用图片

大部分博客作者都把主要精力放在了文字的写作上，而很少使用图片。调查表明，在博客中放上一些图片能很好地吸引用户仔细看帖子。有时为了说明某个问题，不得不用图片辅助解说，有时一些原创的个性化小图片，能让用户心情更愉悦。

10. 垃圾评论过滤

稍有知名度的博客都会面临垃圾评论的烦恼。网络上有很多专门用于在博客上群发垃圾评论的软件,自动扫描、收集博客地址,然后留下垃圾评论和垃圾链接。可以采用垃圾评论过滤插件对这些内容进行鉴别和直接删除,使用 WordPress 软件可以安装 Akismet 插件(http://akismet.com/),这是一个很强大的垃圾过滤系统,会根据留言的特征进行判断,一旦被判断为垃圾评论就会直接将其送到垃圾队列中,不会出现在博客留言中。博客作者也可以把博客留言系统设置为只有注册用户才可以留言,即必须填写姓名及电子邮件地址,而且要设置为浏览者第一次发表评论必须要通过审核才可以出现在博客评论中。这种方法也可以阻挡住一部分垃圾留言。

11. 模板

主流的博客软件都有大量免费模板可供选择,可以到博客软件的官方网站浏览现成的模板,挑选一个与自己博客主题比较符合的风格。博客模板的下载安装非常简单,通常只要把模板的几个文件上传到模板目录,然后在后台激活就可以了。但博客作者最好不要使用博客软件附带的默认模板,默认模板会使博客显得同质化,在视觉上没有特点和吸引力。

12. 博客名称

博客名称不同于企业官方网站的名称。企业网站通常不得不使用公司的正式名称,但无论是企业博客还是个人博客,博客名称都应该选择一个轻松独特的名称。像"我爱水煮鱼""总统博客""谷歌黑板报""不许联想"等都是非常有个性的名字。

博客优化设置还包括复制内容、速度优化、Meta 标签、邮件订阅和 H 标签等更细微的选项,大部分博客的设置其实都不需要考虑这些,但如果想把博客营销做得更好,还是需要进行优化的。

【课堂演练】

分别在新浪、腾讯网上注册博客,并互相关注。

任务5 微 博 营 销

【教学准备】

(1) 具有互联网环境的实训教室。

(2) 指定可链接的网页如下。

- 新浪微博: http://d.weibo.com/
- 腾讯微博: http://t.qq.com/

【案例导入】

刘烨与汪峰：明星走到网友中

克莱·舍基曾在《未来是湿的》一书中阐述了受众规模与交谈模式之间的关系，他认为一个博客博主的受众越多，则他与受众的互动越少。这个结论换到描述微博与其粉丝之间的关系也同样成立。

2013年"火华社社长"刘烨抢沙发事件是明星在无意中营销的成功事件。刘烨因抢了几个普通网友的沙发，鼓舞了更多的网友纷纷跪求刘烨抢沙发。作为明星虽拥有为数众多的粉丝，他们跟粉丝的互动却很少，因此总给普通人一种高冷的感觉。一旦有明星与粉丝互动，粉丝会认为自己与明星的距离并不是那么远，自己可以与明星对话、互动，受到鼓舞的粉丝便会一拥而上，纷纷@明星。微博最重要的属性之一便是互动，刘烨的微博之所以产生如此大的影响力，正是因为与网友的互动，也是明星微博由"广播模式"努力向"密切的交谈"靠近的必然结果。刘烨抢沙发事件的火热还让众多其他明星纷纷效仿，使明星抢沙发事件成为一场全民微博狂欢。

2013年另一位引来全民狂欢的明星是歌手汪峰，他因每次在微博上宣布重大事件后都在同一天内被其他微博事件淹没了，因此网友们同情地调侃"全世界都欠汪峰一个头条"，如图3-13所示。在汪峰发布新歌那一天，网友们积极奔走共同努力将汪峰推上了头条，截至12月初，"帮汪峰上头条"的话题在微博上的讨论量超过了200万。在此次事件中，汪峰虽未亲自参与，却成了最大的获益者。

图 3-13　网友们对汪峰的调侃

【知识嵌入】

一、微博和微博营销

(一)微博

微博,是微博客(Micro Blog)的简称,即一句话博客,是一种基于人际索引用户关系的信息分享、传播以及获取平台,用户可以通过 Web、WAP 以及各种客户端组建个人社区,以 140 个字(包括标点符号)以内的文字更新信息,并实现即时分享。微博是一种通过关注机制分享简短信息的广播式的社交网络平台,微博的关注分为可单向、可双向两种。微博的功能如图 3-14 所示。每一个人都可以在新浪、网易等注册一个微博,截至 2013 年上半年,新浪微博注册用户达到 5.36 亿人,2012 年第三季度腾讯微博注册用户达到 5.07 亿人,收发微博成为中国网民上网的主要活动之一,每天登录数超过了 4000 万次。同时,收发微博用户群又是中国互联网使用的高端人群,这部分用户群虽然只占中国互联网用户群的 10%,但他们是城市中对新鲜事物最敏感的人群,也是中国互联网上购买力最高的人群。

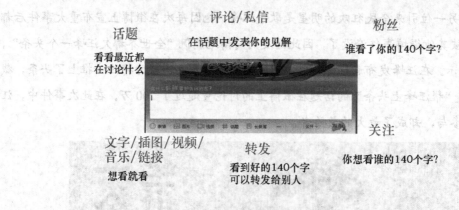

图 3-14 微博的功能

1. 微博的特点

微博作为一种分享和交流平台,更注重时效性和随意性,能表达出每时每刻的思想和最新动态,而博客则更偏重于梳理自己在一段时间内的所见、所闻、所感。微博具有即时通信功能强大、背对脸、原创性和草根性等特点。

1) 信息共享便捷迅速

在微博平台上,既可以浏览信息,也可以发布信息,发布的内容一般较短,可以是文字、图片、视频等。微博内容短小,对用户的技术要求门槛低;微博开通的多种 API 使得大量的用户可以通过手机、网络等方式即时更新自己的个人信息。因此，微博网站即时通信功能非常强大，有网络的地方，只要有手机就可以即时更新自己的内容，实时性、现场感以及快捷性，甚至超过所有媒体。一个拥有 200 万听众(粉丝)的微博，所发布的信息会在瞬间传播给 200 万人。可以通过各种链接网络的平台，在任何时间、任何地点即时发布信息，其信息发布速度超过传统纸媒及网络媒体。

2) 信息获取自主和可选择

用户可以依据对方发布内容的类别与质量，自主选择自己感兴趣的内容，并可以对所有"关注"的用户群进行分类。

3) 内容原创性强

在微博上，140 个字的限制将平民和作家拉到了同一水平线上，微博原创内容真正标志着个人互联网时代的到来。微博的出现，已经将互联网上的社会化媒体推进了一大步，公众人物纷纷开始建立自己的网上形象。

4) 影响力来自人的聚集

微博的影响力与内容质量高度相关。精准意见领袖+长尾"转"发，其影响力基于用户现有的被"关注"的数量。用户发布信息的吸引力、新闻性越强，对该用户感兴趣、关注该用户的人数也越多，影响力越大。只有拥有更多高质量的粉丝，才能让微博被更多人关注。此外，微博平台本身的认证及推荐亦有助于增加被"关注"的数量。微博的影响力来源如图 3-15 所示。

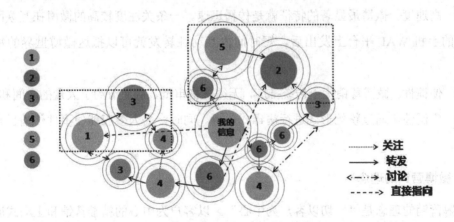

图 3-15 微博的影响力来自人的聚集

2. 知名微博平台

国际上最知名的微博网站是 Twitter，国内的微博平台有新浪微博、腾讯微博、网易微博、搜狐微博等平台。

(二)微博营销

微博营销,就是借助微博这一平台进行的包括品牌推广、活动策划、个人形象包装、产品宣传等一系列的营销活动。微博的活跃人流量大,所以商家们瞄准这个销售平台,让它在信息的传播过程中,给自己带来消费的利益,这也是人们说的微博营销。即以微博作为营销平台,每一个听众(粉丝)都是潜在的营销对象,每个企业利用更新自己的微博向网友传播企业、产品的信息,树立良好的企业形象和产品形象。

相关数据显示:Twitter 每天有 102 322 个问题出现,有 66% 的内容与商业有关。问得最多的有产品建议、意见、技术支持等。与普通粉丝的回答相比,80%受访者更相信企业账号的答案;超六成提问者会因为企业账号的回答而去关注这个企业,甚至进行购买。

这是社交媒体赋予企业的巨大商机,也是无数电商企业在苦苦寻找转化率最高的用户群体,社交媒体上的活跃用户是帮助企业启动口碑传播的关键人群。如何发现他们,并且在第一时间把企业相关的信息传递给他们,在互动中与他们建立情感连接和信任关系,是社交媒体赋予企业的下一座金矿。

1. 微博营销的特点

微博营销具有以下几个特点。

(1) 立体化。微博营销可以借助先进的多媒体技术手段,以文字、图片、视频等展现形式对产品进行描述,为潜在消费者提供更形象直接的信息。

(2) 高速度。微博最显著的特征就是传播迅速。一条关注度较高的微博在互联网及与之关联的手机 WAP 平台上发出后,短时间内互动性转发就可以抵达微博世界的每一个角落。

(3) 便捷性。微博营销优于传统推广,无须严格审批,从而节约了大量的时间和成本。

(4) 广泛性。通过粉丝形式进行病毒式传播。同时,名人效应能使事件传播呈几何级数放大。

2. 微博营销的理念

微博营销的理念是"一切以客户为中心"。以客户为中心的精准营销和主动式服务营销,在正确的时间把正确的信息传递给正确的人,引领着微博精准化营销的发展。企业微博营销一个很关键的原则就是"一切围绕客户"。

企业可以在客户不同的消费阶段与客户进行互动,并逐步建立情感关系。在消费者认知阶段,可以主动发现潜在客户的需求,帮助消费者了解品牌和产品的基本功能;在消费者购买阶段，可以有针对性地回答客户咨询，促进购买决策的达成；在消费者使用阶段，通过贴心的互动让客户有更好的体验；最后很关键的是，要倾听客户的产品评价和使用体验，给予关注和奖励，促使客户更有动力地向身边的朋友推荐。

3. 微博营销的目的和原则

1) 微博营销的目的

在微博平台上，没有时间、地域的差别，人们可以互相不认识，但只要有同样的需求、兴趣和爱好，就能相互交流。正因如此，微博营销变得更加得心应手。通过微博营销可以达到以下目的：

(1) 有效实现品牌建立和传播。树立企业、产品、服务的品牌是进行微博营销的目的，虽然微博对于品牌的树立并不能实现一蹴而就的效果，但通过微博内容的影响可以逐渐实现品牌个性的丰富，潜移默化地在用户心中建立企业、产品、服务品牌。如常见的官方微博，就是为了有效实现品牌建立和传播的目的开设的。

(2) 树立行业影响力和号召力，引导行业良性发展，传播企业价值观。领导人的微博，大多出于此目的。

(3) 产品曝光和市场推广。发现目标客户，精准互动营销，完成客户转化和订单销售，全面分析营销效果。微博承载的营销沟通任务，通过微博营销，精准人群沟通，可以实现用户群培养、发现目标群体，发现其对企业、产品、服务的需求，从而通过微博进行市场推广。常见的市场营销、微博销售基本上出于此目的。

(4) 服务真实客户。微博作为互动性强的活动的前端，是企业和消费者沟通的平台，微博营销也可以成为客户咨询交流的平台。常见的客服微博就是出于此目的。

(5) 实时监测口碑，确保危机公关。微博可以实现企业公关的职能，企业可以通过微博对用户的质疑、疑问、企业形象做维护和处理。

2) 微博营销的原则

开展微博营销，要基于以下几个原则：

(1) 真诚原则。微博营销是一个以年计算的长期行为，微博的声誉就是财富。而积累良好的声誉需要时间，还需要真诚的互动。

(2) 宽容原则。宽容不意味着没有价值观，相反需要鲜明的价值观。比如谷歌在"不作恶"价值观上的坚持为其赢得了巨大的声誉。宽容原则要求微博营销从业人员在微博上广交朋友，无论朋友的政治取向、道德观、性格特征等如何，都不要干预，注意避免敏感话题，不要拒绝任何人使用自己的产品。

(3) 互动原则。"活动+奖品+关注+评论+转发"是微博互动的主要方式，但实质上，更多的人是在关注奖品，对企业的实际宣传内容并不关心。微博经营者要认真回复留言，用心感受粉丝的思想，唤起粉丝的情感认同。

(4) 利益原则。要为微博粉丝创造利益，能满足粉丝内心需求的事物都需要去创造的。比如戴尔经常通过微博发布一些打折信息和秒杀信息。

(5) 趣味原则。无论是在国外的 Twitter 上，还是在国内的新浪微博、腾讯微博上，幽默的段子、恶搞的图片、滑稽的视频总是受到大众的青睐。网民不喜欢太官方的、枯燥无味的话题。没有粉丝关注并转发的微博将失去其真正的意义，没有转发分享的微博内容将不再具有营销价值。

(6) 个性魅力原则。在微博上做推广的企业和个人很多，只有那些具有个性魅力的微博账号(其实是账号后面的微博营销者)才能脱颖而出。如同现实生活中一样，个人"品牌"最有价值的核心部分是个性魅力。

二、企业微博营销的策略

(一)微博定制

1. 官方认证加 V

为了确保信息真实、准确，以及鼓励用户对自己言论的真实性负责，各微博平台推出微博认证服务。此服务正式对所有能够提供有效身份数据的微博网友开放。微博认证分为个人认证和非个人认证(机构认证)。非个人认证(机构认证)分为官方认证、媒体官方认证、企业官方认证、网站官方认证、校园官方认证、应用官方认证和机构/团体官方认证。企业在申请认证时要注意对号入座。新浪、腾讯认证流程可能有些区别，但主要流程如下：

第一，注册一个微博，关注一定人数，且粉丝不低于一定的数目，微博内容不低于一定的篇数。企业在申请微博时，最好是自己企业的全称或者简称。

第二，进入自己微博后单击"申请认证"。

第三，单击"下载《企业认证申请公函》"，填写真实信息，并打印加盖公章后扫描成电子档，然后单击"立即申请"。选择"企业类型""企业性质""账号用途"，填写"企业全称"官方网站地址、认证说明等。

第四，填写相关信息，并上传营业执照、企业公函，然后单击"提交认证"即可。认证需要等待微博平台工作人员审核，审核日期基本是 1～3 日。企业认证可以加 V 也可以不加 V，加 V 更具有权威性。

2. 微博模板设计

微博已经不是最新潮的事了，但是打造专属于自己的个性微博模板可以让我们的微博有自己与众不同的特征，更能吸引人关注。图3-22所示是用"美图秀秀"软件所做的微博模板效果图。其制作步骤如下：

第一步，准备好图片素材。

第二步，在"美图秀秀"软件下打开一张照片，选择"拼图"标签下的"自由拼图"，如图3-16所示。

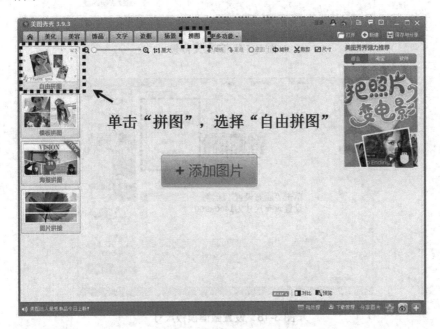

图3-16 美图秀秀软件界面

第三步，单击"自定义背景"按钮，设置一个和原图背景类似的颜色，以使素材颜色更和谐，如图3-17所示。

第四步，设置微博模板尺寸。单击"画布设置"标签，设置画布尺寸为"1440×900"，如图3-18所示。

第五步，单击"添加多张图片"区域，按住Ctrl键，然后用鼠标选取多张图片，单击"打开"按钮，将其他准备好的图片导入后，自由调整图片的位置、大小和透明度、边框样式。照片可以在左右两侧添加，中间为微博界面留出位置，如图3-19所示。

第六步，确定后，单击"文字"标签，挑选一个合适的文字模板，对模板角度、大小等进行设置，单击保存，如图3-20所示。

图 3-17 自定义背景

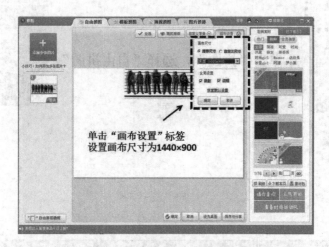

图 3-18 设置微博模板尺寸

图 3-19 添加多张图片,调整图片

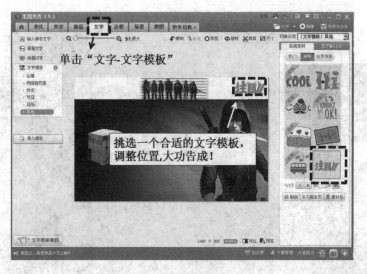

图 3-20　挑选和设置文字模板

微博模板就这样制作完成了，如图 3-21 所示。

图 3-21　微博模板

第七步，登录新浪微博，打开首页页面，单击个人头像右上方的彩色格子，在弹出的页面中选择"自定义"；单击左方"上传"按钮，将做好的模板上传到微博；设置背景图为"平铺"、对齐方式为"居中"；单击右侧"页面背景"，设置和模板相近的颜色；单击"保存"即可，如图 3-22 所示。

图 3-22 用"美图秀秀"软件所做的微博模板效果图

3. 建立微群

微群是微博群的简称,是由微博平台开发的一款基于兴趣分组的社交工具。微群组内可以发起活动,活动可以设置标题、地点、时间、活动内容。微群产品具备了通信与媒体传播的双重功能,被视为网页版的"QQ 群"。微博用户通过微群可以聚合有相同爱好或者相同标签的朋友形成圈子,将所有与之相应的话题全部聚拢在微群里面,让志趣相投的朋友们以微博的形式更加方便地进行参与和交流。

创建微群需要满足以下条件:账号有头像、粉丝达到 100 人、发布微博超过 50 条、已创建微群不超过 3 个。创建微群非常简单,单击导航栏中的"微群首页"或"我的微群"或"发现微群"进入页面,在页面右上角自己的头像下方单击"创建微群"即可创建自己的微群;或者将鼠标悬停在"我的微群"上,在下拉列表最下方单击创建微群按钮。在创建微群页面,依次填入微群名称、微群地址,单击"完成",进入邀请好友页面。开通微博的企业也可以选择相关的微群加入,即通过导航栏进行微群首页,选择感兴趣的微群加入即可。

4. 建立微活动

微活动,是指通过微博发起的活动。通过新浪微博发起的活动传播具有广泛性、迅速性,活动的主要类别有同城活动、有奖活动、线上活动等。

发起非有奖活动,需同时满足以下条件:须上传头像、粉丝达到 10 人、微博超过 5 条、每天只能发起 3 个活动。发起有奖活动,仅认证用户可发起(V 用户或者企业微博用户)。

发起活动分为选择活动类型区、填写活动基本信息、发起成功邀请参与者三个步骤。

(二)微博运营

1. 精心设计微博的内容

1) 微博内容要专业

微博内容应该朝着营销定位想要的方向发展，尽可能专业化，不能流于短信、随笔、唠嗑。企业开设微博既不同于明星大牌，也不同于普通百姓，开设微博不是为了消遣娱乐，是要创造企业的价值。同场竞技，只有更专业才可能超越对手。作为一个"零距离"接触的交流平台，负面的信息与不良的用户体验很容易迅速传播开来，并为企业带来不利的影响。

2) 编撰的内容要让网友感兴趣

企业微博营销内容通常有发布新品、传播企业动态信息、开展促销活动、与顾客及时沟通、解决投诉、收集实时市场情报与反馈，但是，这些内容不能死板呆滞，要将趣味性与企业及品牌相关信息相结合，可以多转发一些有趣的图片及视频，以达到让大众轻松愉快阅读甚至愿意分享转发的效果。

3) 发布的内容要有连续性

微博就像一本随时更新的电子杂志，要有整体规划，单纯靠某一个点子或某一篇内容来运作，很难持续取得成功。要注重定时、定量、定向发布内容，让大家养成观看习惯。

2. 加强微博互动

微博的营销价值在于互动，拥有一群不说话的粉丝是很危险的，因为他们慢慢会变成不看你内容的粉丝，最后很可能离开。因此，互动性是使微博持续发展的关键。

1) 热点微博转发

利用热点激发用户的兴趣，让用户主动关注你。第一，多关注别人，以吸引更多粉丝；第二，积极参与热门话题的讨论，多参加其他微博的评论及转发；第三，可以参与明星、名人互动，分享有价值的内容。

2) 通过活动加强互动

在微博上，"奖品"比内容更吸引粉丝的眼球。因此，"活动内容+奖品+关注(转发/评论)"的活动形式一直是微博互动的主要方式。搞活动，一定要诚信，做到情感与"利益"(奖品)共存，有经济实力的企业可以通过这种方式传播企业宣传内容，提高企业及品牌的曝光率。

3. 提高微博商业转化率

1) 打造微博的影响力

根据企业产品类别及营销目的确定微博目标人群，多加入同类的微群，从中寻找活跃的群友加为好友。根据微博群体的共性，努力打造自己的微博风格，使之成为一个内容精美、丰富，受人喜爱的交流基地。若成为某个圈子内有影响的微博，其营销效果显而易见。

2) 提高微博商业转换率

微博的特性决定了微博本身是具有某种共性的一类人的信息交流聚集地，没有利害关系的束缚。企业微博营销要想达到营销的目的，不能大肆地宣传、发广告，因为这可能会让粉丝们毫无眷恋地离开。因此，发布信息必须要注重共性话题的活动质量，让有限的广告淹没在无限的共性话题之中。这是社交媒体赋予企业的巨大商机，这些用户群体往往能提升企业商业转化率。微博上这些活跃用户是帮助企业启动口碑传播的关键人群。

4. 提高被关注度

从营销角度看，没有粉丝，微博就形同虚设。很显然，被关注度越高，传播效力就越大。那么，要如何提高自己的被关注度呢？

1) 标签的设置

标签设好了可以帮你找来你想找的人，同样别人也可以根据标签找到你。不同时间需要用不同的标签，让搜索结果一直能处在第一页，这样才有机会被你想要的用户关注。

2) 主动关注别人

关注了别人，别人也会关注你。可以选择关注相关行业的人，这样潜在客户率就高。

3) 广播内容要优质，广播频度要适当

发布一些真实、新鲜、好奇、质量高的、大家感兴趣的东西去吸引听众。不能一天才一两条，也不能一分钟发几十条，每天控制在 5～20 条，可以有效避免一些粉丝因反感刷屏者而取消收听。

4) 参与热门话题

每小时热门话题排行、每日热门话题排行都是很有用的，多参与能够提高你的出镜率，可以提高被用户搜索到的概率，从而带来更多的关注；当然你也可以发起一些活动或话题。

5) 实时抓取行业信息，追踪分析行业竞争对手走向

5. 结合微博平台的规律

以新浪微博为例，企业微博整体发布的规律如下：

1) 用户周三、周四活跃

一星期内，用户往往在周一、周二面临比较大的工作压力，心理处于紧张期，对于企业微博的反馈比较冷淡；周三、周四用户进入稳定期，对于微博的反馈积极性有明显的提高；周五、周六、周日用户更活跃，用户处于对周末的期待中，相对于评论而言，更乐意进行简单的转发。但事实上，企业发博率往往青睐周一，周末休息发博明显减少，如图3-23所示。

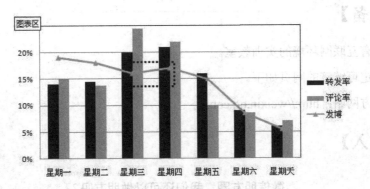

图 3-23　企业发布内容和反馈对比图

(资料来源：新浪微博商务部)

2) 工作日下班后的时间段(18—23点)用户活跃

上班时间用户多忙于工作，参与度并不高；晚间18—23点用户互动的热情高涨。但企业微博发布的内容量在18—23点急剧减少，如图3-24所示。

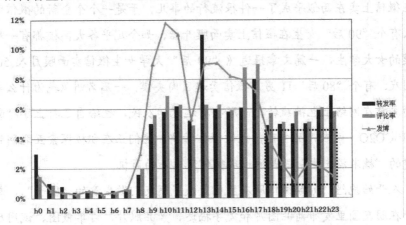

图 3-24　企业微博内容工作日24小时分布和反馈情况

【课堂演练】

(1) 每位同学分别在新浪、腾讯网上注册微博。

(2) 定向筛选：根据你所模拟营销产品的需要，按照定向筛选的方法，寻找关注对象。

(3) 推荐阅读：《企业微博营销：策略、方法与实践》(陈永东著，机械工业出版社，2012年3月出版)。

任务6 微信营销

【教学准备】

(1) 具有互联网环境的实训教室。

(2) 指定可链接的网页如下。

微信官方网站：http://weixin.qq.com

【案例导入】

微信朋友圈：我们还可以做朋友吗？

"某某利用微信营销月赚多少"的新闻报道不绝于媒体，这是真的吗？我想说，一切都是可能的。

似乎有一股"全民皆微商"的暗流在涌动。不知从什么时候起，我们的朋友圈里开始频频出现促销信息，小到化妆品，大到房产、汽车，熟人推销屡见不鲜(如图3-25所示)。现如今，在微信上卖东西似乎成了一件很流行的事儿，于是一个个全新的微信营销案例层出不穷。从有个"90后"女生在微信上卖面膜开始，如今几乎各大高校都有一群在微信平台上卖面膜的女大学生，一篇文章报道《"90后"大学女生微信卖面膜月入50万》更是惊呆了小朋友；有个"80后"IT男用微信卖起了肉夹馍，一篇名叫《我为什么要辞职去卖肉夹馍》的文章在网络上也被疯转。而那些有远见的农民，也给自己打上了"新农人"的标签，他们做O2O，做农产品电商，也做微信营销，他们正在积极探索互联网带来的新商机，如福建的"糯米酒先生"就是通过玩微信玩出来的商机。

也许有人开始抱怨：如今微信朋友圈已变成了朋友们做生意的"圈子"，越来越多的市民热衷于在朋友圈里发布商品图片和文字描述、产品照片、订单截图、试用后自拍照、朋友好评、招代理商……各种促销广告不胜枚举。很多人都在骂微商无节操，天天刷朋友圈，但是正是这样的一群人让我们的生活变得更加方便快捷。不是吗？

凭借突破6亿的用户数量，微信营销的价值已经不容小觑。的确，与其他成熟的电商平台相比，朋友圈冠以"朋友"二字，做的是熟人的生意，更容易让人信任。微信营销已让朋友圈多了些商业气息，也有不少人通过朋友圈营销实现了自己的创业梦想。

图 3-25　客户在微信

【知识嵌入】

一、微信及微信的功能

(一)微信简介

微信是腾讯公司于 2011 年初推出的一款快速发送语音、视频、图片和文字的为智能手机提供即时通信服务的免费应用程序。微信支持跨通信运营商、跨操作系统平台快速发送语音、视频、图片和文字，支持多人群聊，如图 3-26 所示。微信软件本身完全免费，使用任何功能都不会收取费用，微信时产生的上网流量费由网络运营商收取。微信支持 iOS、Android 和塞班平台。

图 3-26　微信的应用

微信也可以使用通过共享流媒体内容的资料和基于位置的社交插件。微信提供公众平台、朋友圈、消息推送等功能，用户可以通过"摇一摇""搜索号码""附近的人"、扫二维码等方式添加好友和关注公众平台，同时微信将内容分享给好友以及将用户看到的精彩内容分享到微信朋友圈。截至 2013 年 11 月，微信注册用户量已经突破 6 亿，是亚洲地区最大用户群体的移动即时通信软件。

微信主要具有以下几个特点：

(1) 特色聊天功能。支持发送语音、视频、图片和文字，支持多人群聊(最多支持 10 人)。

(2) 多平台。支持 iPhone、Android、S60 平台的手机之间相互收发消息。

(3) 省流量。语音优化，更省流量，30M 流量可以发上千条语音、消息。

(二)功能与服务

1. 基本功能

1) 聊天

支持发送语音、视频、图片(包括表情)和文字，是一种聊天软件，支持多人群聊。

2) 添加好友

微信支持查找微信号、查看 QQ 好友添加好友、查看手机通讯录、分享微信号添加好友、摇一摇添加好友、二维码查找添加好友和漂流瓶接受好友等 7 种方式。

3) 实时对讲机功能

可以通过语音聊天室和一群人语音对讲，但与在群里发语音不同的是，这个聊天室的消息几乎是实时的，并且不会留下任何记录，在手机屏幕关闭的情况下也可以进行实时聊天。

2. 微信支付

微信支付为用户提供安全、快捷、高效的支付服务，以绑定银行卡的快捷支付为基础。微信支付是集成在微信客户端的支付功能，用户可以通过手机完成快速的支付流程。

支持支付场景：微信公众平台支付、App(第三方应用商城)支付、二维码扫描支付。

微信支付规则如下：

(1) 绑定银行卡时，需要验证持卡人本人的姓名、身份证号等信息。

(2) 一个微信号只能绑定一个实名信息，绑定后实名信息不能更改；一个微信号最多可以绑定 10 张银行卡(含信用卡)；一个微信账号中的支付密码只能设置一个。

(3) 同一身份证件号码最多只能注册 10 个(包含 10 个)微信支付。

(4) 一张银行卡(含信用卡)最多可以绑定 3 个微信号；银行卡无须开通网银(中国银行、工商银行除外)，只要在银行中有预留手机号码即可绑定微信支付。

3. 其他功能

通过软件内的各种插件，微信可以实现以下功能：

(1) 朋友圈。用户可以通过朋友圈发表文字和图片，同时可通过其他软件将文章或者音乐分享到朋友圈。用户可以对好友新发的照片进行"评论"或"赞"，用户只能看共同好友的"评论"或"赞"。

(2) 语音提醒。用户可以通过语音提醒对方打电话或是查看邮件。

(3) 通讯录安全助手。开启后可上传手机通讯录至服务器，也可将之前上传的通讯录下载至手机。

(4) QQ 邮箱提醒。开启后可接收来自 QQ 邮箱的邮件，收到邮件后可直接回复或转发。

(5) 私信助手。开启后可接收来自 QQ 微博的私信，收到私信后可直接回复。

(6) 漂流瓶。通过扔瓶子和捞瓶子来匿名交友。

(7) 查看附近的人。微信会根据用户的地理位置找到附近同样开启本功能的人。

(8) 语音记事本。可以进行语音速记，还支持视频、图片、文字记事。

(9) 微信摇一摇。通过摇手机或触击按钮模拟摇一摇，可以匹配到同一时段触发该功能的微信用户，用户间可随机交友。

(10) 群发助手。把消息发给多个人。

(11) 微博阅读。可以通过微信来浏览腾讯微博的内容。

(12) 流量查询。可以在设置里随时查看微信的流量动态。

(13) 游戏中心。可以进入微信玩游戏(还可以和好友比分值)。

(三)微信操作指南

1. 微信账号注册

目前，市面上大多数智能手机都支持微信，如苹果、HTC、摩托罗拉、诺基亚、索爱、三星、Google、LG、宏碁、华为、联想、中兴、飞利浦等。微信支持智能手机中的 iOS、Windows Phone、BlackBerry、Android 和 Symbian 平台，只要智能手机是这些平台，都可以使用微信。

第一步，下载微信软件。下载微信软件的渠道很多，可以通过计算机下载，也可以通过手机下载。如果通过计算机下载，可以登录微信官方网站 http://weixin.qq.com 下载不同手机的版本。打开微信官方网站后，在主页中可以看到一个"免费下载"按钮，如图 3-27 所示；单击此按钮将出现一个选择操作系统的页面，如图 3-28 所示，根据移动设备的操作系统类型选择，即可进行下载。使用手机下载微信的方法也很多，可以通过扫描二维码下载、发送短信获取下载地址进行下载等，如图 3-29 所示。

图 3-27　微信官方网站"免费下载"

图 3-28　选择移动设备的操作系统类型

图 3-29　手机二维码下载、发送短信获取下载地址

第二步，在手机中安装微信软件。要在手机、移动终端等设备中使用微信，首先要将微信安装到这些设备中。微信软件下载完成后可以进行安装，安装过程很简单，按提示进行即可。安装完成后触击"打开"按钮将启动微信，图 3-30 所示是微信启动时的界面。

第三步，注册微信。可以选择使用手机号码注册，也可以直接用 QQ 号码绑定，如图 3-31 所示；填入相关信息，即可注册成功。

项目三 社会化媒体营销

图 3-30 微信启动界面

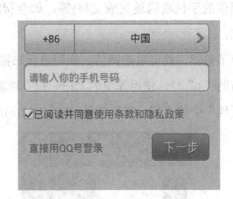

图 3-31 微信 QQ 登录、手机号码登录

2. 密码找回

遗忘密码时，可通过以下方式找回：

1) 通过手机号找回

用手机注册的或已绑定手机号的微信账号，可用手机找回密码。在微信软件登录页面触击"忘记密码"—"通过手机号找回密码"—"输入注册的手机号"，系统会发送一条短信验证码至手机，打开手机短信中的地址链接(也可在计算机端打开)，输入验证码可以重新设置密码。

2) 通过邮箱找回

通过邮箱注册或绑定邮箱并已验证邮箱的微信账号，可用邮箱找回密码。在微信软件登录页面触击"忘记密码"—"通过 E-mail 找回密码"—"填写绑定的邮箱地址"，系统会发送重设密码邮件至注册邮箱，打开邮件的网页链接地址，根据提示可以重设密码。

3) 通过注册 QQ 号找回

用 QQ 号注册的微信，微信密码同QQ密码是相同的，在微信软件登录页面触击"忘记密码"—"通过 QQ 号找回密码"—"根据提示找回密码"即可，也可以触击此处进入 QQ 安全中心找回 QQ 密码。

3. 二维码

二维码在现代商业活动中应用十分广泛，如信息获取(名片、地图、Wi-Fi 密码、资料)、网站跳转(跳转到微博、手机网站、网站)、广告推送(用户扫码，直接浏览商家推送的视频、音频广告)、手机电商(用户扫码、手机直接购物下单)、防伪溯源(用户扫码即可查看生产地，同时后台可以获取最终消费地)、优惠促销(用户扫码，下载电子优惠券，抽奖)、会员管理(用户手机上获取电子会员信息、VIP 服务)、手机支付(扫描商品二维码，通过银行或第三方支付提供的手机端通道完成支付)等。如今智能手机"扫一扫"功能使得二维码的应用更加普遍。

有了微信，就可以对微信二维码进行扫描以获取相关信息，操作非常简单。触击微信右上角的"+"号，使用弹出的"扫一扫"功能(如图 3-32(a)所示)可以进行操作，也可以使用"发现"中的"扫一扫"功能(如图 3-32(b)所示)，将二维码图案置于取景框内即可。

图 3-32　微信二维码添加好友

4. 企业邮箱绑定

微信可以与企业邮箱进行绑定,绑定方法为:企业成员登录邮箱后,选择"设置"—"提醒服务"—"微信提醒",单击"绑定微信",页面会显示一个二维码,然后打开微信,使用"扫一扫"功能扫描此二维码;扫描成功后,微信会提示"确认绑定企业邮箱?",触击"确认"即可完成绑定。

二、微信公众平台及功能

(一)微信公众平台简介

微信公众平台是腾讯公司在微信的基础上新增的功能模块。通过这一平台,个人和企业都可以打造一个微信的公众号,可以实现和特定群体的文字、图片、语音的全方位沟通、互动。

微信公众平台于2012年8月正式上线,是主要面向名人、政府、媒体、企业等机构推出的合作推广业务。微信公众平台的主要价值在于提升企业的服务意识,在微信公众平台上,企业可以更好地提供服务,可以实现群发推送(公号主动向用户推送重要通知或趣味内容)、自动回复(用户根据指定关键字,主动向公号提取常规消息)、一对一交流(公号针对用户的特殊疑问,为用户提供一对一的对话解答服务)等功能。

微信公众账号的用途非常广泛,是一种利用公众账号平台进行自媒体的活动,即一对多的媒体性行为活动,政府、媒体、企业、明星等都可以建立独立的微信公众账号平台。在平台上可以进行个人、企业等文化活动的宣传营销,如商家通过基于微信公众平台对接的微信会员云营销系统展示商家微官网、微会员、微推送、微支付、微活动,已经形成了一种主流的线上线下微信互动营销方式。

(二)微信公众账号的类型

在微信公众平台上,个人和企业都可以打造一个微信的公众号,可以群发文字、图片、语音内容。目前有200万个公众账号,例如,我们什么都知道一点儿(douzhidaoyidian)、生活百科(money-ink)。

微信公众平台服务号,旨在为企业和组织提供更强大的业务服务与用户管理能力:1个月(自然月)内仅可以发送4条群发消息;发给订阅用户(粉丝)的消息,会显示在对方的聊天列表中;服务号会在订阅用户(粉丝)的通讯录中;通讯录中有一个服务号的文件夹,点开可以查看所有服务号;服务号可申请自定义菜单。

微信公众平台订阅号旨在为媒体和个人提供一种新的信息传播方式,构建与读者之间更好的沟通与管理模式：每天(24 小时内)可以发送 1 条群发消息；发给订阅用户(粉丝)的消息，将会显示在对方的"订阅号"文件夹中，需触击 2 次才能打开阅读；在订阅用户(粉丝)的通讯录中，订阅号将被放入订阅号文件夹中。

微信公众平台企业号是为企业或组织提供的移动应用入口，可以帮助企业建立与员工、上下游供应链及企业应用间的连接。

(三)微信公众平台账号申请

登录微信公众平台，注册公众微信账号，可以成为公众账号用户。微信公众平台账号的中文名称可以重复，但是微信号是唯一的，且不可以修改。确认公众账号后，就会进入微信公众平台的后台。后台主要有实时交流、消息发送和素材管理。用户对自己的粉丝分组管理、实时交流都可以在这个界面完成。具体操作步骤如下：

第一步，登录官网。打开微信公共平台的官网 https://mp.weixin.qq.com/，如图 3-33 所示。

图 3-33　微信公共平台的官网首页

第二步，申请注册。单击官网右上角的"立即注册"链接，在跳转的页面中按操作要求进行注册，如图 3-34 所示。

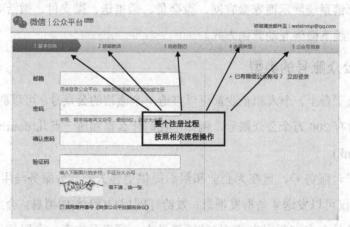

图 3-34　微信公众账号注册流程

注册步骤包括填写基本信息、激活公众平台账号、登记信息、选择类型、设置公众号信息等。公众号信息中的账号名称设置了就不能更改。

图 3-35 和图 3-36 所示为注册成功的"湘当游味"微信公众平台以及向粉丝推送的内容。

图 3-35　注册成功的"湘当游味"微信公众平台

图 3-36　"湘当游味"的二维码和向粉丝推送的内容

三、微信营销

(一)微信营销的优势

近年来，微信的发展越发引人注目，目前约有一半以上的中国网民通过微信沟通交流、分享信息，微信已成为覆盖用户最广、传播影响最大、商业价值最高的 Web 2.0 业务。

微信营销具有以下几个方面的优势：

(1) 庞大的潜在客户数量。从2011年1月21日腾讯公司推出手机聊天软件微信，到距其推出仅仅400余天的2012年3月29日就突破了1亿的用户量。2012年9月17日，腾讯CEO马化腾在微信上宣布腾讯旗下移动互联网产品微信用户数突破2亿，从0到突破2亿用户，只用了14个月的时间。截至2015年8月，微信用户数已突破8亿。当前微信在中国智能手机软件市场上拥有霸主地位，就类似于如今计算机聊天工具中QQ的地位一样无法撼动。有人的地方就绝对有市场，面对如此巨大且在不断攀升的数字，哪个企业或营销推广人员不为之心动呢？

(2) 营销成本低。微信软件本身的使用是免费的，使用各种功能都不会收取费用，每个人都可以打造自己的微信公众号，并在微信平台上实现和特定群体的文字、图片、语音的全方位沟通互动。微信营销活动成本自然也是非常低的。

(3) 营销定位精准。微信和微信公众账号可以实现一对一或一对多的消息推送，也可以针对某一个地域和某一个点进行消息的推送。微信让粉丝的分类更加多样化，可以通过后台的用户分组和地域控制，实现精准的消息推送，同时LBS(基于位置的服务)营销可以明确地知道目标客户群体所在的大概位置。微信能够获取更加真实的客户群，因为微信的用户是真实的、私密的、有价值的。

(4) 营销方式多元化。微信的营销方式更加多元化，摇一摇、漂流瓶、附近的人、二维码、朋友圈等多种功能都能成为营销的方式，可以拉近和用户的距离，使营销活动变得更加生动、有趣，有利于营销活动的开展。

(5) 营销方式人性化。在微信中用户可以自由选择是否接受信息，给用户带来了更大的选择空间。

(6) 营销信息到达率高，信息交流的互动性突出。在微信上，每一条信息都是以推送通知的形式发送，信息在10～20分钟内就可以送达到客户手机，到达率可以达到100%。微信具有很强的互动性，无论在哪里，只要带着手机，就能够很轻松地同未来客户进行良好互动，而不需要天天守在计算机前。

(二)企业如何做好微信营销

微博营销方兴未艾，微信公众平台上线，首次允许媒体、品牌商及名人进行账户认证，并给认证用户更多的手段向粉丝们推送信息。一时间，微信成了品牌商除官方微博外的另一大互联网营销热地。

从微信的特点看，它重新定义了品牌商与用户之间的交流方式，对用户的维系能力远远超过了微博。通过LBS、语音功能、实时对话等一系列多媒体功能，品牌商可以为用户提供更加丰富的服务。基于这种功能，微信的商业价值十分突出。然而微信营销"许可式"的特点更像一把双刃剑，只有在得到用户许可后品牌商方可展开对话，而用户可以随时关闭与品牌商之间的互动。如何维系与用户之间的关系将成为品牌商微信营销的关键。

1. 微信的哪些功能可以用于营销

微信提供了诸多功能，企业可从中选择适用功能作为营销的手段。

1） 查看附近的人——草根广告

打开微信的"查看附近的人"插件后可以根据自己的地理位置查找到周围的微信用户，在这些附近的微信用户中，会显示用户签名栏的内容。因此，结合签名栏的广告宣传特点和地理位置定位的"查看附近的人"，使签名栏的广告不仅可以让用户的联系人或者好友看到，还可以让更多的陌生人看到。许多用户利用这个免费的广告位为自己的产品打广告。随着微信用户数量的上升，这个简单的签名栏就是一个移动的"广告位"。

2） 漂流瓶——品牌活动

微信的用户逐月增加，因此不少大品牌也在尝试利用微信进行推广。其中，漂流瓶便是商家看重的一个微信活动应用。漂流瓶主要有两个简单的功能：一是"扔一个"，即用户可以选择发布语音或者文字然后投入大海中，如果有其他用户"捞"到则可以展开对话；二是"捡一个"，即用户"捞"到大海中无数个用户投放的漂流瓶后可以和对方展开对话，但是每个用户每天只有 20 次捡漂流瓶的机会。这是一种与陌生人之间的最简单的互动方式。例如，招商银行曾借助"爱心漂流瓶"成功地与用户进行互动。活动期间，微信用户用"漂流瓶"功能捡到招商银行的漂流瓶，回复之后招商银行便会通过"小积分，微慈善"平台为自闭症儿童提供帮助。根据观察，在招商银行展开活动期间，每捡 10 次漂流瓶便基本上有一次会捡到招商银行的爱心漂流瓶。

3） 二维码扫描——O2O 折扣

"扫描二维码"这个功能原本是用来扫描识别另一位用户的二维码身份从而添加朋友的，发展至今二维码的商业用途越来越多，所以微信也就顺应潮流结合 O2O 展开商业活动。将二维码图案置于取景框内，可以找到企业的二维码，获得成员折扣和商家优惠。

4） 开放平台和朋友圈——社交营销

微信开放平台是微信 4.0 版本推出的新功能，应用开发者可以通过微信开放接口接入第三方应用，还可以将应用的 LOGO 放入微信附件栏中，让微信用户方便地在会话中调用第三方应用进行内容选择与分享，发挥社交营销的魅力。

2. 微信营销的步骤

运用微信进行营销，中心点就是积累粉丝，其操作步骤可以理解为包括定位、积累、推广、互动和策划管理。

1) 定位

定位就是从微信内容入手，制定切合实际的营销目标，确定产品或品牌的目标人群。例如，做英语培训学校的内容可以定位在"翻译"，做美容院的内容可定位在"星座运势和皮肤保养指数查询"，做化妆品电商的内容就可以定位在美妆、护肤等范围。微信营销注重的是小范围、强关系、个性化这三个方面。它不同于微博平台，可以动辄拥有成千上万个粉丝。微信营销就是从标准化的产品、大众化的营销转向个性化需求、定制服务。因此，定位就是更好的服务。营销目标是指微信营销是销售还是宣传品牌，做电商的一般以销售为主。如何确定目标人群呢？可以根据官方统计的微信用户数据情况、结合身边的用户情况、向老客户做市场调研，以便知道自己的目标客户群在不在微信这个平台上、数量是多少、有没有接受微信营销这种方式的可能性。

2) 积累粉丝

首先把已有客户加进来。然后通过老带新的方式，或者其他活动方式不断积累粉丝。

3) 全面推广

推广是积累粉丝的重要举措，通常做法是线上和线下同步进行推广。线上推广是离不开常见的网络营销手段的，借助微博、论坛、QQ 群等多种工具的综合使用，引来高质量的粉丝。不要使用短期的推广技巧，短期的技巧既不符合平台方利益又被普通网民所厌恶，比如群发垃圾邮件、使用诱惑性图文引流量，这些追求短暂利益的做法均不可取。在做微信营销时，一定要使用正规的、长期效应的技巧，不要粗暴地去推广，要借助微信社交媒体的口碑宣传、情感传递传播好的内容，让粉丝主动推广。找准目标用户所在地、在最恰当的时间进行表达，以触动用户去行动，这才是线上推广的正确玩法。线下推广更要注重细节，比如二维码设计要合理、张贴位置要恰当，举办的活动要与微信推广相结合。

4) 互动

微信营销只有通过互动才能稳定粉丝，并激发粉丝的热情。要推送符合粉丝口味的内容，与粉丝交流、聊天，成为微信用户的"朋友"。

5) 加强策划与管理

微信内容的创作需要策划，与粉丝的互动需要管理。轻松幽默、生动有趣、新鲜潮流的有创意的内容，才能吸引粉丝。一个品牌的微信营销，其内容创造必定需要经过认真、细致的策划，才能符合定位的粉丝口味。比如，确定每天在什么时间推送内容、推送多少条图文内容、通过什么方式与粉丝互动等。微信上的每一个粉丝就是一个自媒体，影响的朋友圈子有大有小，朋友圈子之间既是封闭的又是相互关联的。因此，微信公关危机管理更难，一旦出现信任危机，无法找到信息源也没办法去处理掉的。企业可以培养一批私人微信号，在粉丝的朋友圈、微群里面充当"间谍"角色，在解决企业公关危机时发挥作用。

3. 微信营销的方式

1) 漂流瓶的匿名微信营销

漂流瓶是一种匿名方式，在推广品牌、产品和网站时，能增加微信账号的关注度、提高品牌的知名度。在使用漂流瓶营销时，可以单独设置吸引用户关注的头像。由于漂流瓶大部分是以感情、倾诉信息为主，因此，在发送漂流瓶时应以真诚的态度来设计文字或语音，对于回复漂流瓶的用户应认真回复。例如，招商银行的"爱心漂流瓶"活动，微信用户用"漂流瓶"功能捡到招商银行的漂流瓶，回复之后招商银行便会通过"小积分，微慈善"平台为自闭症儿童提供帮助。

2) 互动式推送微信营销

通过一对一的推送，品牌商可以与"粉丝"开展个性化的互动活动，提供更加直接的互动体验。如星巴克的《自然醒》，当用户添加"星巴克"为好友后，用微信表情表达心情，星巴克就会根据用户发送的心情，用《自然醒》专辑中的音乐回应用户。

3) 陪聊式对话微信营销

微信平台提供了基本的会话功能，使品牌商与用户之间进行交互沟通更加方便。但由于陪聊式的对话更有针对性，所以需要大量的人力成本投入。

4) 扫描二维码的 O2O 营销

用户扫描商家二维码，可以添加为微信好友。由于用户是主动扫描的，得到的有可能是忠实的用户，因此可以有针对性地诱导用户产生消费行为。比如，用户通过扫描商家的二维码，就能获得一张存储于微信中的电子会员卡，可享受商家提供的会员折扣和服务。企业可以设定自己品牌的二维码，用折扣和优惠来吸引用户关注，开拓 O2O 营销模式。一些大型的图书城就可以采取这样的微信营销模式，培养忠实的读者群。

5) 开放平台的社交分享式营销

微信开放平台是微信 4.0 版本推出的新功能，应用开发者可通过微信开放接口接入第三方应用，还可以将应用的 LOGO 放入微信附件栏中，让微信用户方便地在会话中调用第三方应用进行内容选择与分享，把网站内容分享到微信，或者把微信内容分享到网站。由于微信用户彼此间具有某种更加亲密的关系，用户愿意与朋友分享自己看到的有价值的东西。当产品中的商品被某个用户分享给其他好友后，便完成了一个有效到达的口碑营销。

6) 基于地理位置的精准推送营销

在签名栏上放广告或者促销的消息，用户查找附近的人或者摇一摇的时候会看见，能够有效地拉拢附近用户，方式得当的话转化率比较高。比如，一些坐落在写字楼、学校旁边的特色精品小书店，可以通过这种方式根据自己的地理位置查找到周围的微信用户，然后根据地理位置将相应的促销信息推送给附近用户，进行精准投放。

7) 朋友圈的个性化分享营销

朋友圈属于私密社交，交流比较封闭，口碑营销效果更佳。可以将手机应用、PC 客户端、网站中的精彩内容快速分享到朋友圈，并支持网页链接方式打开。比如，作者本人、责任编辑本人、营销人员等，可以将一些新品和特色出版物，在出版前先通过朋友圈进行分享。

4. 微信营销的策略组合

微信营销可利用的不仅仅局限在刷朋友圈，还可以利用如图 3-37 所示的微信营销框架结构进行营销组合。

微信营销组合有朋友圈、微信群、公众账号、微店，它们组成了一个微信营销体系。微信群建立在朋友圈的基础之上，当朋友圈的人数达到一定的数量，便可以进行分类并发展更多的微信群；而微信群的数量足够多时，可以使用微信公众号，最后通过微信公众号与微店达成一个闭环，形成一个完整的微信营销体系。

1) 朋友圈营销

(1) 编辑好个人信息，例如个性签名、微信名称，这些能让朋友圈看到的头像、名称、签名，能完善而清晰地反映出营销的诉求，使人非常清楚营销什么。比如，"Alice 安安亲子"作为微信名字，一看就清楚是做亲子相关业务的。

(2) 对微信朋友圈要有清晰的定位，坚持"内容为王"，内容一定要让目标好友感兴趣，内容最好做到图文并茂，如果只发文字，要避免文字折叠(80 个字符或 6 行以内文字不会折叠)。可以精心编辑文字内容，尽可能让信息在朋友圈完全展示，而更多的内容则"评论"中发表。

(3) 增加个人微信好友，比如主动将自己的 QQ 好友加为微信好友、主动将手机通讯录的人加为好友，也可以把个人微信二维码、微信号与传统媒体渠道(如 QQ 群、网站、微博、QQ 空间等)相结合进行宣传，让更多的人添加你为好友。

(4) 个人微信朋友圈需要互动。经常给微信好友点赞或评论，让你的好友产生好感并记住你。

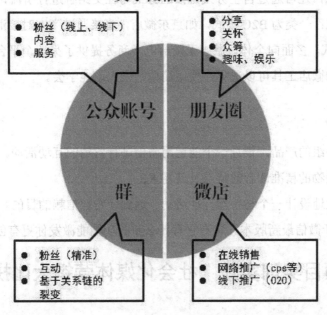

图 3-37 微信营销框架结构

2) 微信群

微信群可以"被加入、可选择、随时退、随时进",在微信群中往往可能就某个问题达成共鸣从而产生有效的营销价值。触击微信界面右上角的"+"图标,可以"发起聊天";勾选要添加到群里的好友,然后触击"确定",一个"微信群"就建立了。在微信群里同样可以发送语音、文字或图片。微信群可以增删好友,也可以修改微信群名称。

3) 微信公众平台

微信公众平台无法主动添加好友,只能被他人添加为好友,通过认证的用户可以在微信公众平台被搜索到。粉丝关注企业公众号的动机之一就是获得优惠。如果企业运用微信公众平台及时推送优惠、打折信息,或者以抢优惠券、抢红包、抽奖、派发优惠券或会员卡、玩刮刮卡这种游戏的方式让利给粉丝,吸引粉丝到店消费,一定会收到显著的营销效果。例如,北京苏宁在微信上的刮刮乐抽奖活动就曾让人眼前一亮,粉丝通过手机划屏就可以体验真实的刮奖感受,刮到大奖的粉丝欢欣鼓舞,没刮到奖的也乐在其中,这种娱乐化的微信营销推广方式,巧妙结合了微信的平台优势和功能优势,让粉丝在娱乐的过程中对其进行了产品营销。

4) 微店

微店类似于移动端的淘宝店,主要就是利用社交分享、熟人经济进行营销。它不同于移动电商的 App,主要利用 HTML5 技术生成店铺页面,更加简便,商家可以直接装修店铺，上传商品信息，还可通过自主分发链接的方式与社交结合进行引流，完成交易。微店主要分为两类模式：一类为 B2C 模式，如京东微店，直接通过商家对接消费者；另一类微店类似于 C2C 模式，多面向个体。微店无疑给电子商务提供了另一个平台和销售渠道。有大量与微信接口的微店工具可以选择，使用简单，人人都能学会。

【课堂演练】

(1) 针对本小组的产品，策划一个能运用微信进行营销的互动活动。要求：
- 分析出版物的精准读者的特点及其需求；
- 有针对性地设计一个与粉丝互动活动，达到使粉丝信赖的目的。

2. 搜索并更新微信最新版本，看看它有什么新的功能能激发你更有创意的营销设想。

项目实训实践　社会化媒体营销大比拼

1. 实训名称

社会化媒体营销大比拼。

2. 实训目的

(1) 能在网络社区与论坛对模拟营销的产品进行营销。
(2) 能运用社交网站对模拟营销的产品进行营销。
(3) 能运用博客对模拟营销的产品进行营销。
(4) 能运用微博对模拟营销的产品进行营销。
(5) 能运用微信对模拟营销的产品进行营销。

3. 实训内容

(1) 制订模拟产品在网络社区与论坛、社区网站、博客、微博、微信的营销计划。
(2) 撰写模拟产品博客文章并在博客上发表，小组成员之间互相评论、转发。
(3) 撰写模拟产品微博文章并在微博上发表，小组成员之间互相评论、转发。
(4) 借助草根达人、意见领袖、文化名人、人气明星等转发微博。
(5) 运用定向筛选法进行微博营销。
(6) 制订微博群组矩阵营销计划，并实施矩阵营销。
(7) 策划一个微博活动，并进行微博推广。
(8) 策划一个事件炒作活动方案，并撰写一篇微信文章，在"湘当游味"微信公众平台上发布。

4. 实训步骤

第一步，角色扮演。任课老师扮演营销总监，各组长扮演营销主管，全体同学扮演数字化营销专员；由营销总监制订营销考核细则(评分方案)，做到人人有事做，个个有责任。

第二步，以小组为单位，制订模拟营销产品社会化媒体营销计划，并撰写出计划方案。营销计划方案的主要内容有：营销定位、不同类别社交媒体营销措施、营销文案(包括在社区和论坛上要发布的帖子、博客文章、微博文章、微信内容的图片和文字等；如果举办活动，还要有活动执行方案)、营销时间计划表(内容投放的平台、投放时间等)、人员分工等。

第三步，营销实战大比拼。根据所制订的营销计划表，有计划、有节奏地进行社会化媒体营销活动。

(1) 定向筛选与营销产品相关的网络社区与论坛，制订网络社区与论坛营销计划；每人根据本小组营销的产品，撰写论坛帖子 1 篇，帖子的标题要吸引人但不允许直接使用"广告"；每人撰写的帖子文章需经组长初审后方能发表；小组成员注意跟帖评论。

(2) 运用 SNS 社交网上已注册的账号进行营销，制订 SNS 社交网站营销计划；每人根据本小组营销的产品，发表文章 1 篇；小组成员注意跟帖评论。

(3) 在注册的博客账号上发布相关文章进行营销。每个小组制订博客营销计划，讨论如何互相推荐博客；每人根据本小组营销的产品，撰写博客文章 1 篇。博客的标题要吸引人，注意选择标签关键词，博客正文不少于 800 字；配有出版物的封面图片、定价、销售网址等信息；每人撰写的博客文章经组长初审后方能发表；组长收集本小组同学的博客地址，共享给全班；全班同学互相加关注，并进行互评。

(4) 微矩阵(微博群组)营销。微博群组营销的力量相当强大，如图 3-38 所示。当某一个时段某人发布一条微博，微博群组其他人同时转发，即形成矩阵。具体操作方法是：每人在新浪、腾讯上注册并管理 5~10 个微博，然后汇聚成群，吸纳不同方面资源，实现精准营销的目的；根据你所营销的产品的需要，按照定向筛选的方法，寻找关注对象。每个小组制订一个 4 小时的矩阵式微博营销计划表，如表 3-4 所示；每人根据本小组营销的产品，撰写微博 4 条(组长审核，内容不得重复)；按照矩阵计划按时发布；其他同学对每条微博必须从营销的角度进行正面的推广式评论和转发。

(5) 微信营销。每人搜索关注业内有影响的微信公众平台账号至少 2 个，分析其优劣，交小组汇总；小组在分析讨论业内微信公众平台的基础上，申请一个微信公众账号订阅号，尝试发送内容，将此条微信内容发布到微信好友圈。

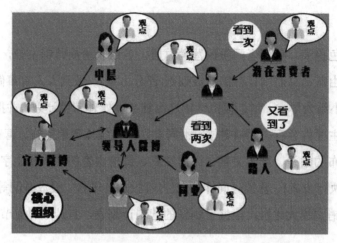

图 3-38 微博矩阵

表 3-4 微矩阵营销计划表(以每小组 4 个成员为例)

	9:00	10:00	11:00	12:00
成员 1	主发	评论、转发	评论、转发	评论、转发
成员 2	评论、转发	主发	评论、转发	评论、转发
成员 3	评论、转发	评论、转发	主发	评论、转发
成员 4	评论、转发	评论、转发	评论、转发	主发
成员 N	主发、评论、转发依次类推			

5. 实训要求

(1) 以小组为单位上交社区论坛、SNS 社交网站、博客、微博、微信营销计划方案。

(2) 以小组为单位上交本小组成员博客网址,并做成超链接。

(3) 以小组为单位,上交 1 份业内有影响的微信公众平台分析报告。

(4) 每人上交 1 篇不少于 800 字的博客文章,4 篇微博文章,1 条微信内容。

(5) 设计方案文本质量要高,文字差错率不高于万分之二。

6. 考核标准

考核标准 (100 分制)	优秀(90~100 分)	良好(80~90 分)	合格(60~80 分)
	营销策略有创意,营销方案逻辑性强、主题明确、编校质量高;帖子、博客、微博、微信内容有创意,与模拟营销的产品相吻合	营销策略有一定的创意,营销方案符合逻辑、主题明确、编校质量较高;帖子、博客、微博、微信内容有一定的创意,与模拟营销的产品比较吻合	能及时完成调查,及时上交调查分析报告,无重大编校质量差错;帖子、博客、微博、微信内容与模拟营销的产品比较吻合
自评分			
教师评分			

说明:未参与实训项目,在本次实训成绩中计 0 分。

课 后 练 习

1. 收集国内微博图书营销第一例《我们台湾这些年》的相关资料,看看有哪些做法值得你借鉴。

2. 收集业内社会化媒体营销成功案例,并探讨其成功的原因。

项目四　数字视频营销

【项目情境描述】

　　数字视频与模拟视频是一组相对的关于视频的概念，数字视频即以数字形式记录的视频。数字视频有不同的产生方式、存储方式和播出方式。数字视频的发展实际上是与计算机所能处理的信息类型密切相关的，自20世纪40年代计算机诞生以来，随着计算机技术的发展、多媒体的运用，信息载体扩展到文、图、声、像等多种类型，能更直观鲜明、生动形象地传达有关对象的信息。

　　由于音视频处理硬件与软件技术高度发达，数字视频越来越流行起来，也在新媒体营销领域得到广泛应用。视频与网络、社会化媒体的结合，使得数字视频营销具有制作和传播成本较低、投放目标精准、观众观看主动与互动、广告效果可测等优势，越来越受到企业和受众的欢迎，也涌现出一大批颇受网民欢迎的视频网站。企业千方百计地运用数字视频进行营销并绞尽脑汁地希望被大量转载和分享，以达到产品和品牌的宣传营销效果。

　　本项目将带领大家认识什么是数字视频营销，并了解数字视频营销的特点、数字视频营销的播放平台，着重掌握如何从营销角度策划和传播数字视频，掌握如何从视频营销角度下载视频资料、对视频进行分类、视频标题的设计、视频内容简介的撰写、视频水印图片、上传视频、视频站的优化设置、转换高清视频提升排名、引流数字视频转化率和分享量等数字视频营销的策略与技巧，并且通过实训实践，制作营销视频在网站上播放，为将来从事数字新媒体营销相关岗位的工作打下基础。

【学习目标】

(1) 认识什么是数字视频和数字视频营销。
(2) 了解数字视频营销的特点、数字视频营销的播放平台。
(3) 掌握数字视频营销的策划、设计、制作与上传等技巧。
(4) 掌握数字视频营销优化、排名提升等技巧。

【学习任务】

任务1　聚焦数字视频营销(建议：2课时)
任务2　视频营销的策划、制作与传播(建议：4课时)
任务3　微电影营销(建议：2课时)

项目实训实践 原创视频营销(建议：4课时)

任务 1 聚焦数字视频营销

【教学准备】

(1) 具有互联网环境的实训教室。

(2) 指定可链接的网页如下。

- 爱奇艺：http://www.iqiyi.com
- 优酷：http://www.youku.com
- 土豆：http://www.tudou.com/
- 迅雷看看：http://www.kankan.com/
- 百度视频：http://v.baidu.com
- 腾讯视频：http://v.qq.com
- 酷 6 视频：http://v.ku6.com/
- 56 网：http://www.56.com
- 乐视网：http://www.letv.com
- 爆米花网：http://www.baomihua.com

【案例导入】

网络视频以情感和互动点燃网民激情

2010 年 2 月 25 日，雪佛兰科鲁兹首推以《老男孩》为代表的《11 度青春》系列网络电影，这是雪佛兰科鲁兹联手中影集团、优酷网推出的新媒体电影，成功打造雪佛兰又一经典的营销案例。2010 年 6 月 3 日正式启动以来，《11 度青春》共推出 10 部网络短片，仅在优酷网上便拥有超过 7000 万次点击量，产生了巨大的社会影响力。精准的投放、情感的共鸣使其成为以视频为互动平台的经典营销案例。

2011 年，谷歌台湾推出一部原生交互式偶像剧《搜索语爱情》，网友通过交互式剧情选择以及行动查找，可以为主角做选择，从而决定剧情的走向。影片透过 YouTube 小工具和特效等先进网页技术，让网友自行选择剧情发展，并决定男女主角爱情结局。《搜索语爱情》3 支预告片在 YouTube 仅仅上线一周，浏览次数就超过 30 万，影片将 Google 语音搜索的桥段巧妙融入其中，让受众在互动的过程中体验 Google 行动应用服务的优点，强调了行动查找、语音查找、Google 地图、Google 翻译以及语音短信等 Google 行动服务为日常生活带来的便利性。另外，影片可选择英文、日文和韩文字幕，让更多地区的网友一同欣赏。

不少人对《花露水的前世今生》这段视频产生强烈的情感共鸣，将其推为视频营销的成功案例。《花露水的前世今生》是 2012 年 7 月风靡网络的一段关于"六神"花露水的视频。视频中不仅谈到花露水的名字来源、身份地位，也谈到如今最为著名的国产花露水——"六神"花露水。视频中不乏诙谐搞笑的语句，比如："如果说一个人家里有很多奢侈品，你一定认为他有个了不起的爹。""在花露水刚刚诞生的年代，绝对是身份和品位的象征，出入十里洋场的旗袍妹子们人手一支。如果谁出门不喷点花露水在手帕上，都不好意思跟人家打招呼。"相信在很多人心中，没有六神花露水的夏天是不完整的，那文艺而又小清新的味道，正是美好夏天的一部分，这种味道不仅意味着立竿见影的奇效，更洋溢着淡然别致的中国式浪漫。当你从浮躁中沉浸下来，透过花露水文艺而又小清新的味道，你就能体会到剔透绿瓶中深沉的情怀，你就会发现每一个被花露水庇护的夏天都值得你用心去爱。

【知识嵌入】

一、了解数字视频

(一)视频与数字视频

1. 视频

视频(Video)泛指将一系列静态影像以电信号的方式加以捕捉、记录、处理、存储、传送与重现的各种技术。连续的图像变化在每秒 24 帧(frame)画面以上时，根据视觉暂留原理，人眼无法辨别单幅的静态画面，看上去是平滑连续的视觉效果，这样连续的画面就叫作视频。视频技术最早是为了电视系统而开发的，但现在已经发展为各种不同的格式以方便消费者将视频记录下来。网络技术的发达也促使视频的记录片段以串流媒体的形式存在于互联网上并可被计算机接收与播放。

2. 模拟视频与数字视频

视频信号可分为模拟视频信号和数字视频信号两大类。

模拟视频是指每一帧图像是实时获取的自然景物的真实图像信号。我们在日常生活中看到的电视、电影都属于模拟视频的范畴。模拟视频信号具有成本低和还原性好等优点，视频画面往往会给人一种身临其境之感。但它的最大缺点是不论被记录的图像信号有多好，经过长时间的存放之后，信号和画面的质量将大大地降低；或者经过多次复制之后，画面的失真就会很明显。

"数字视频"是与"模拟视频"相对的概念，它是以数字形式记录的视频。数字视频有不同的产生方式、存储方式和播出方式。数字视频与模拟视频相比有以下特点：

(1) 数字视频可以不失真地进行无数次复制，模拟视频信号每转录一次就会有一次误差积累而产生信号失真。

(2) 数字视频便于长时间存放，模拟视频长时间存放后视频质量会降低。

(3) 数字视频可以进行非线性编辑，并可增加特技效果等。

(4) 数字视频数据量大，在存储与传输的过程中必须进行压缩编码。

(二)数字视频行业的发展

视频行业的发展，现在已从单纯的用户观看视频向用户可以自己上传、录制、进行互动方向发展，不乏一些个人或企业借助视频营销的成功案例。随着数字视频应用范围不断发展，它的功效也越来越明显。

三网融合，给视频行业的发展带来了巨大的机遇和挑战，DVB+OTT、智能家庭网关、智慧城市等这些话题都将带来视频行业的发展和竞争格局的变化。

第一，从视频传媒节目制作与播出来看，商业视频网站已经成为节目生产的重要主体。从过去单方面由电视台把节目卖给商业视频网站或商业视频网站也以节目输入的形式与传统的广播电视合作，发展到商业视频网站的节目进入了电视台，成为卫视频道的热门节目。随着三网融合的深化，内容显然成为传统电视和数字视频的竞争资源，优秀的内容、市场反响好的内容就有竞争力。从这个角度来说，视频行业的竞争格局将会发生重大变化，比如目前一些电视台已将自身制作的节目进行了网络视频独播就是很好的例证。从整体来看，目前商业视频网站节目更多的是以微电影、脱口秀、真人秀等制作成本相对低、高质量的原创新体系为特点。

第二，从视频传媒产业产品竞争格局来看，数字视频用户包括 PC 端网络视频用户、移动客户端手机视频、IPTV 用户。据 CNNIC 发布的《第 36 次全国互联网发展统计报告》显示，中国网民规模达到 6.68 亿，手机网民达到了 5.94 亿，使用手机上网人群占比为 88.9%，网络电视使用率为 16.1%。网络视频市场规模是 128 亿元，同比增长 42%，其中广告收入占了 75%。PC 端的网络视频用户趋于稳定，未来的视频发展市场在移动端，手机视频跃升为移动互联网的第五大应用。IPTV 增长远低于预期，且其发展具有明显的地区差异，发达地区快于中西地区，目前 IPTV 的用户集中在东部地区，其中以江苏、广东、浙江最多。

第三，从视频传媒的产业结构来看，三网融合造就了视频三大典型业态：IPTV、OTT、移动端视频。按照不完全的分析，数字视频可以分成广告产业、版权产业、渠道与平台产业三大板块。像有线电视产业、互联网电视、PC端产业、移动端产业都属于渠道与平台产业。

视频传媒已经进入了全产业链的发展时代，封闭式的电视媒体的发展模式已经完全不适合互联网的发展环境，全产业链发展的合作成为当前视频行业的基本格局。多元化的主体、多元化的内容、多元化的平台、多元化的渠道、多元化的服务、多元化的用户、多元化的终端，使得视频媒体融合成为整个新媒体行业发展的时代主题。

(三)数字视频用户消费趋势

早在2006年，优酷网就曾针对视频拍客提出了新"拍客"的概念，鼓励网友拍摄，提供了上传的平台，而这正是互动视频的第一步。2010年初，一部青春励志片《一只狗的大学时光》进一步强化了"谁都能做拍客"这一观念，也就在同年，视频互动营销也实现了爆炸性的增长。比如，2010年2月25日，雪佛兰科鲁兹推出《11度青春》10部网络短片，仅在优酷网上便拥有超过7000万次点击量，产生了巨大的社会影响力。精准的投放、情感的共鸣使其成为以视频为互动平台的经典营销案例。

数字视频用户消费的趋势表现在如下几个方面：

第一，消费者日常信息的接触模式呈现"冲浪式"的趋势。互联网的一些应用已经初具规模化，如视频、电子商务、搜索等，对于这些大规模的应用，媒体的碎片化进程进一步加快。

第二，消费者的信息消费行为双向互动趋势越来越明显。网络的应用越来越体现出互联网的特性，即互动性和体验性。电视数字化进程不断深入，"互动"已经逐渐融入电视观众的收视行为，视频点播、回看录制、互动游戏最受欢迎。进入2012年，优酷土豆的合并震惊整个行业，视频发展进入快车道。网络视频是增速最快的网络应用，千万级以上战略性视频广告投放频频出现，众多品牌转向视频营销，将长视频网站广告投放纳入自己的营销战略规划。据艾瑞数据预测，未来网络视频市场规模将保持高速增长态势。

第三，消费者的信息消费接触习惯正在转向网络视频。随着网络的进一步普及，互联网已经成为每个人工作、学习、生活不可或缺的一部分，人们与媒体接触的习惯发生了很大的变化。据调查数据显示，当前，在一天不同的时间段，网民登录在线视频的比例整体上已经超过看电视的比例，尤其是晚上8点到10点的传统黄金收视高峰已经被在线视频媒体占领。

二、数字视频营销

数字视频营销,也称为视频推广,就是以视频为载体、以网络为传播途径、以视频观众为受众的网络营销推广方式。随着互联网的不断发展,数字新媒体营销手段也在原本的基础上不断突破,以面对更加多元化的用户群体和市场,不仅一些新的应用及平台被迅速发掘,原本已经较为成熟的营销手段也被不断改良,以适应新的传播需求,视频首当其冲。企业将各种宣传目的视频短片以各种营销手段形式放到互联网上,与其他互联网营销形式不同,视频广告感染力更强,因此,引起网友的主动传播性也更强。"视频"与"互联网"的结合,让这种创新营销形式具备了两者的优点。网络视频广告的形式类似于电视视频短片,平台却在互联网上。

网络已成为很多人生活中不可或缺的一部分,电视观众被网络媒体分流,数字营销视频化又上升到一个新的高度。广告的投放已经进入网台联动时代,许多著名国际大品牌加大了互联网的广告投放,就连比尔·盖茨都在世界经济论坛上预言,5年内互联网视频将"颠覆"电视的地位。这话在一定程度上表明了互联网视频的未来发展势头良好。

随着一系列成功案例的涌现,视频网站也开始整合更加多元化的视频营销资源,在"前贴""后贴"这一传统广告模式的基础上,开拓出超常TVC、产品植入、活动报道、线下推广等诸多创新模式,也使得营销者能够对不同的媒体资源和营销手段进行整合,以期达到品牌传播的最大效果。

目前,视频营销大致表现出品牌视频化、视频网络化、广告内容化三大趋势,越来越多的企业将自己的品牌广告通过视频展现出来。部分视频网站已经专门开辟出视频互动营销端口,如乐视网的乐视互动,以对应模式传播来实现精准投放。如果说雪佛兰的老男孩是将品牌视频化,那么,《花露水的前世今生》《搜索语爱情》便是在前者的基础上,做到了视频网络化、广告内容化,并将视频互动营销的三大趋势进行了整合。配合病毒式营销,互动视频营销已成为目前较成熟的数字整合营销手段之一,不断加强其互动性,实现更精准的广告投放,用以达成品牌传播的最大效果。

(一)数字视频营销的优势

视频营销是一种将电视广告和互联网完美结合的营销方式,它既有着电视短片的趣味性,又可以突破电视受众只能是单向接受电视信息、很难按照自己的偏好来创造内容等局限,还具有互联网的快速传递性,而且制作成本低廉,传播速度快,无疑是一种绝佳的营销方式,因此越来越被品牌企业所重视,成为网络营销中最有价值的利器。下面,我们具体来看看视频营销的四大优势。

1. 互动性和主动性

一方面，数字视频营销继承了互联网营销的互动性。与传统的电视视频营销不同，观看互联网上的数字视频，网友不仅仅是看官，而是可以全程参与其中。用户可以利用文字或视频对发布者的内容进行回复，也可对其他用户的回复进行再回复。这些回复可以帮助视频制造声势，大多数人都具有慕名心理和好奇心理，认为回复多的视频肯定是好视频，从而提高视频的点击率。企业可以引导用户参与视频剧集的编剧，并且完全把产品特性融入视频中，使得数字视频内容不断带给人惊喜，加深受众对品牌的好感，以互动将品牌优势宣传到极致。另一方面，在Web 2.0时代，用户可以任意主动地进行评论、分享、转发，让视频广告进行主动性的"病毒式传播"，让宣传片大范围传播出去，而不费企业任何推广费用和精力。这一优势是电视广告所不具备的。与其他互联网营销形式不同，视频感染力更强，引起网友的主动传播性也更强，只要是受网民喜欢的视频，网民就会主动进行传播，产生病毒式营销效果。例如，2006年11月一支叫作《如何在YouTube上现眼》的松下活动广告视频在2天内吸引了40万的观看次数，网民们把这段视频"点"上了排行榜的第一名，并且传播到各大网站中。最终，这个活动吸引了十几万人参与其中，取得了非常好的效果。

2. 目标更加精准

作为网络营销新兴的方式，数字视频营销更好地发挥了网络营销能够比较精确地找到企业想找的那群潜在消费者这一特性。因为网站的数量更加庞大，内容更加垂直细分，可支持针对特定用户群体投放广告，而电视广告的对象更加模糊。例如，YouTube上有"群(Group)"的设置，这是在网络上有着相同视频兴趣倾向的网民的集合。YouTube通过目标锁定识别特定受众群，并通过有效的可行途径影响他们，发掘、培养他们的兴趣点。令人感兴趣的内容能吸引受众，而受众的不断支持、回复、上传又能产生良好的内容，促进群组织的形成。广告可以选定在特定的群投放产品，或者在这个群征集作品，都具有针对性以取得不错的效果。

3. 成本更加低廉

许多公司开始尝试网络数字视频广告的一个重要原因就是网络视频营销投入的成本与传统的广告价格差距太大了。一支电视广告投入不菲，而一支网络视频短片只要创意好，甚至可以免费放到视频网站上进行传播。网络数字视频广告是在视频内容的基础上植入一个与之相似的广告，网民往往容易被"草根创意"的闪光点所吸引，所以好的视频不仅特别受到视频分享网站的欢迎，还能得到网民的转发。Burst Media公司的研究结果表明，

56.3%的在线视频观众可以记起视频里的广告内容。无论从制作成本还是传播成本来看，数字视频短片的成本都要比传统的电视低廉，一支流传甚广的视频可以让公司以极小的成本获得极大的曝光率，投入产出效率高。有一个典型的案例，英国饮料制造商碧域(Britvic)公司削减了百维可(Tango)牌果味饮料的电视广告预算，转而投奔了互联网。他们设计了一个恶搞索尼公司最新液晶电视广告的视频，其中巧妙地放入了自己的产品。在投放互联网后，这个恶搞视频被大肆转载，取得了出人意料的宣传效果，Tango 饮料也成了青年们的潮流饮品。

4. 效果可测

企业选择投放网络视频平台的数字视频营销价值可以通过点击广告、购买产品、访问其他的相关网页等手段对效果进行测算。比如，常常看到的某视频网站访问量，用户在视频网站平台的停留时间，视频短片的点击量、转载量、评论量等都是对企业数字视频广告投入效果的反馈，方便企业选择更有效的投放内容和投放平台。还可以收集网友的评论，总结视频广告的得失，大大提高效果监测率。

(二)视频推广平台(网站)

视频广告推广平台主要有：土豆、优酷、新浪视频、酷 6、第一视频、搜狐视频、56 网、QQ 博客、6 间房、琥珀网、央视星博客、激动网、中国网络电视台、爆米花、CCTV 博客视频等。我们可以将常用的视频平台(网站)分为几个等级，如表 4-1 所示。

表 4-1　常见视频网站的选择

等级	名　　称
一级	优酷、土豆、56、酷六、新浪、搜狐、腾讯
二级	6 间房、爆米花、激动网、我秀网(5show)、MOFILE、第九频道(tvix.cn)、偶偶娱乐(ouou.com)、爱播网(aeeboo.com)、青娱乐(qyule.com)、央视网、新华社
三级	UUME、中国播客网、100TV、爱播网、微视网、网友天下、华聚播客、去秀网、BOBO、波普播客、播行天下

为了数字视频覆盖面更广、传播更广，企业可以选择更多的平台进行推广。

【课堂演练】

(1) 根据表 4-1，分别了解常见的视频网站平台，分析它们的特点，总结出当年这些视频网站上最受欢迎的视频。

(2) 根据自己本学期的模拟营销产品，选择最适合的视频网站，并说明理由。

任务 2 视频营销的策划、制作与传播

【教学准备】

(1) 具有互联网环境的实训教室。

(2) 指定可链接的网页如下。

- 爱奇艺：http://www.iqiyi.com
- 优酷：http://www.youku.com
- 土豆：http://www.tudou.com/
- 迅雷看看：http://www.kankan.com/
- 百度视频：http://v.baidu.com
- 腾讯视频：http://v.qq.com
- 酷6视频：http://v.ku6.com/
- 56网：http://www.56.com
- 乐视网：http://www.letv.com
- 爆米花网：http://www.baomihua.com

【案例导入】

SKYCC 爆红网络营销界的秘籍

网络事件营销有很多经典案例，或是花费较大的成本，或是需要经历较长的时间。像 SKYCC 组合营销软件这样借一则小制作的视频在短短一周之内就爆红业内的案例还比较少见。这则视频就是曾经疯传于网络的《一个 IT 屌丝的自白》。

视频的内容大致讲的是一个 IT 屌丝站长夜以继日地奋斗、经历多种职业、努力想改变生活的现状，但是他坚持不懈的努力始终改变不了贫穷的状态。视频讲述了站长一路走来的艰辛，也表达出他对前路的迷茫。视频一经发布就在网站引起强烈反响，短短一个星期优酷平台就超过了 31 万的点击量。同时，视频也被转发到各大 SNS 社区、站长论坛，并引起广大 IT 创业者和站长朋友的关注和热切讨论，成为各大论坛热帖。而视频主角口中一带而过的 SKYCC 组合营销软件也被广大站长朋友和 IT 创业者记住，瞬间爆红网络营销界。据百度指数显示，视频发布的一个星期内，SKYCC 的关注度上涨了 2 118%。

一段长达 5 分钟的视频，只有 5 秒的时间提到了这款产品，甚至连产品的图片都没有

展示，何以会取得如此好的营销效果呢？

第一，视频内容容易产生共鸣。虽然视频的画质并不是特别清晰，视频制作得也不精致，但是这则视频是以内容取胜的。视频内容是一个IT屌丝站长的奋斗史，自然很容易引起IT创业者和站长朋友的兴趣。尤其是创业的艰辛和对前路的迷茫，相信每个IT创业者和站长朋友都或多或少会有，看到视频自然能够引起他们的情感共鸣，自然会去关注这个视频，而他们在关注视频的同时也被动地记住了视频主角口中提到的这款产品——SKYCC组合营销软件。

第二，广告插入得不着痕迹。这则视频是一个IT屌丝的内心自白，视频主角在口述的过程中很自然地提到SKYCC组合营销软件，而且仅仅提到了一次，一带而过，连图片都没有插入，不仔细看还看不出来，做到了不着痕迹地插入广告。

SKYCC这次视频营销还是非常成功的，虽然有一些小瑕疵，像视频的画质问题等，但正因为这些瑕疵，倒让受众感到更真切。

(视频地址：http://v.youku.com/v_show/id_XNDMwOTMyNTAw.html)

【知识嵌入】

在网络生活中，视频广告和视频营销也屡见不鲜。那么，企业如何借助数字视频进行营销呢？

一、营销视频策划

营销视频策划是网络视频营销的前提，一个好的策划必定引发视频的广泛传播。如《江南Style》这段视频，曾经火得到了导致世界末日的地步，短短几个月在YouTube上的点击量就超过4.6亿次，成为YouTube历史上最受欢迎的视频，并迅速风靡全球。这个视频之所如此成功，是因为在内容、产品包装、传播渠道等方面进行了策划。从内容来看，它包含了美女、搞笑、夸张、讽刺等多种大众普世性的情绪，能让不同文化背景、不同年龄的人获得满足；从产品包装来看，MV的画面语言简洁，以简单易上口的歌曲和简单易学且搞笑的骑马舞对产品内容进行了很好的包装，形成了一款简单而有趣的产品；从传播渠道上来看，《江南Style》选择在YouTube这个全球性平台上首发，迅速形成了第一波热潮，然后各种社交媒体迅速放大了这一热潮。《江南Style》的成功很好地说明了一款产品是如何快速地通过新媒体传播到全球各地的，试想如果这部视频中本来就插入了一些广告的话其效果将会非常明显。

(一)制订视频营销计划

1. 整体规划

对于产品的视频营销,首先应该做好整体规划。企业要根据自身实际情况,确定是自己制作和编辑,还是寻找专业视频制作公司合作。企业要根据人力、物力、财力,以及产品的特色和消费者的消费习惯等,进行整体规划,制订并分解营销目标。比如,图书的视频营销可以在选题策划阶段就纳入营销规划,这样可以多方面节省,并且能做到一个素材多种运用。

要规划好视频的内容,充分利用周围的资源,创建一个有效视频内容。视频素材收集整理重在平时的积累,看到好的图片、画面,都要随时保存下来。

在策划视频进行出版物营销时,要注重文字表达与组织,最起码要对产品有个清楚的说明,最好是能让人看了文字宣传就有购买产品的欲望。这个文字的水平当然是越高越好,这在写软文的时候显得特别重要。

还要规划使用什么样的视频制作软件工具,以便有更好的传播效果。视频制作技术的高低,会直接影响营销效果。

2. 有明确的目标

开展视频营销,必须要有明确的目标。比如,访问者停留时间更长、降低网站的跳出率、建立品牌意识、转化访问量为有效的销售等等。任何视频营销都需要投资一定的时间和金钱,明确的目标有助于提高投资回报率。

3. 市场分析

不仅要对产品进行市场分析,还要对视频传播平台各类视频进行分析。必要时还可进行市场调查,得到第一手资料和数据。

采用定时的视频收集工具,如:YouTube Analytics(分析)可以收集视频被观看的时间量、多少用户喜欢、用户不喜欢视频中的哪些情节,这是一个很好的了解视频效果的方式;Google Analytics(分析)可以收集用户如何与网站互动的信息。

4. 制订营销操作计划

1) 收集并熟悉视频传播平台

收集、了解、分析网络上各视频传播平台的特点,熟悉视频传播平台上的所有功能,方便日后操作利用。

2) 团队配合计划

营销团队人员每人注册数个视频网站账号,也可以以用户身份和其他用户聊天并引导用户对产品品牌的认同。

3) 时间计划

安排好时间,计划好每个时间点有固定的人主动评论,其他成员配合活跃氛围。

4) 善用社交媒体,制订视频转发计划

充分利用分享网站、社交网络和搜索引擎,有节奏地分享视频及视频播放网址链接等,尽可能多地覆盖视频播放平台。

(二)视频营销的创意与策略

在信息爆炸的时代,要想吸引用户的注意力,就需要创意,要有和别人不一样的点子。那么,怎样才能让视频既有创意,又能够被大家喜欢呢?把企业的产品最重要的特性和时下最热点的事件结合起来,创造出自然、真实、可信的视频是很重要的。

1. 视频营销的创意

视频营销的创意更多的是思维创新,而不仅仅是技术。创意是营销高手和普通营销人员的区别,要想很好地进行营销推广,就需要别出心裁,做别人没有做过的点子。往往一个成功的营销,靠的就是一个创意。所以说创意是网络营销的核心竞争力。创意是一种创造性的思维,没有固定的格式,但笼统而言,可以从如下两个方面进行创意思维:第一,发散思维,反其道而行之。我们通常第一次想出来的东西都是套路的,有一定的惯性。不妨换个思维,不按这些惯性思维行事,尝试反其道行之。第二,不要给自己设限,不要轻易否定自己。思考时放松心情,不要有压力,不要局限于一定的思考范围,应该是天马行空、随心所欲。就算想到的都是一些不靠谱、很离奇的点子,也要记录下来,不要立刻否定。比如很多网上的恶搞视频就是这样的,我们都知道这些视频的"流行"程度和点击量都是很惊人的。

比如,2011年华纳兄弟加拿大分公司、Curb传媒以及广告代理商Lowe Roche共同对新片《世纪战疫》(Contagion)进行宣传推广,该片由索德伯格(Steven Soderbergh)执导,讲述了一种神秘的通过空气传染的致命病毒席卷全球的故事。广告创意时他们聘请了一组微生物学家以及免疫学家给一块广告牌注射了青霉素、霉菌以及色素细菌,如图4-1所示。这些细菌在光照和温度的控制下慢慢生长,最终拼成了电影的名称。他们把这块由细菌构成的广告牌放置在多伦多一家废弃商店的窗户上。一部分行人对这个广告牌感到不适,但是这个创意吸引了大量媒体的关注，获得了媒体大奖，并成为启发同行的源泉。拉腊米(John Laramie)是纽约户外广告创业公司 ADstruc 的 CEO，他表示："这个创意很酷。它很可能是某个人想到的疯狂创意，但是从策划到执行都非常成功。"

图 4-1　电影创意营销——病毒广告牌画面

2. 视频营销策略

近年来，视频观众不断增加，视频传播平台不断得到网民的关注。这对企业而言是一个良好的机会。那么，企业应如何找到视频市场的利益？视频营销的策略又有哪些呢？

1) 网民自创策略

在视频网站，网民可以将自制的视频短片上传和别人分享。因此，企业可以把广告片、品牌及新产品视频等放到视频平台上即时播报来吸引网民参与互动。网民的创造性是无穷的，企业可以在视频网站向网友征集视频广告短片，借助网民的智慧，创造视频达到营销的目的。例如，搜狐视频网站上播出的网民自编自导自创自拍《包子铺》的 MV 十分感人，每年的 5 月 20 日年轻的情侣自创网络情人节视频风靡一时。

2) 事件营销策略

很多营销策划都依靠事件营销取得了成功。编造一个有意思的故事，将这个事件拍摄成视频，有事件内容的视频更容易被网民传播，将事件营销思路放到视频营销上将会开辟出新的营销价值。例如，《一个 IT 屌丝的自白》视频中插入的广告对 SKYCC 营销软件收到了非常好的营销效果。

3) 整合传播策略

由于每一个用户的媒介和与互联网接触的行为习惯不同，这使得单一的视频传播很难有好的效果。例如：在公司的网站上可开辟视频营销专区，以吸引目标客户的关注；在主流的门户、视频网站上播放，提升视频的影响力；通过互联网上的视频营销，整合线下的活动、线下的媒体，会更加有效。比如，荣获"2014最佳视频整合营销案例奖"的《健康修行》，是修正药业集团携手国内专业影视点播平台风行网共同打造的自媒体独播剧。

4) 病毒营销策略

视频营销具有精准传播的特点，用户对视频产生兴趣、关注视频，并由关注者变为传播分享者。被传播的对象往往是有着和传播者一样兴趣的人，这一系列的过程就是在目标消费者中精准筛选传播。网民看到一些经典的、有趣的、轻松的视频总是愿意主动去传播，通过受众主动自发地传播视频信息，视频就会带着产品信息像病毒一样在互联网上扩散。病毒营销的关键在于这个产品具有好的、有价值的视频内容，然后寻找到一些易感人群或者意见领袖帮助传播。例如：加拿大互动公司JohnSt制作的营销视频《抢孩子篇》(视频地址：http://www.56.com/u62/v_MTAwMzM5NzYz.html)就是恶搞妮维雅的一次活动——德国妮维雅机场惊喜营销《通缉犯》；另一则《深夜绑架篇》(视频地址：http://www.56.com/u67/v_MTAwMzM5NzY4.html)恶搞的是嘉士伯之前做过的一次活动——嘉士伯恶搞活动《午夜救援》。这两则视频都成功地获得了病毒传播，让消费者永久地记住品牌。

3. 视频营销方式

互联网营销的核心目标是与用户建立有效的价值"连接"，传统视频营销的核心目标是通过视觉内容普遍地"触达"消费者，而数字视频营销融合了"互联网"和"视频"的特点，其目标就是让企业、品牌及产品"在互联中实现视觉触达，在视觉触达中巩固连接"，进而实现营销主客体之间的利益绑定。在数字视频营销的发展过程中，逐渐形成了以下几种运作思路和营销方式。

1) 贴片广告

贴片广告是位于视频片头、插片或片尾以及视频背景中的广告，是最原始的视频营销形式，被戏称为视频中的"硬广"，它所依据的理念是传媒的"二次销售"理论，以乐视、56、爱奇艺、优酷、土豆等为代表。贴片具有强制性显示和广泛性存在的特点，是一种成本较低、覆盖面广、到达率高、成效较高的数字视频营销方式。但由于贴片一般会在视频播放前或播放过程中自动播放，给用户观赏视频内容造成干扰，用户体验较差，不受用户喜欢，接受程度也较低。为了改善用户体验，像优酷的视频广告已经增加"跳过"选项、搜狐的视频广告已增加了"角标"选项，将广告的点播权下放给用户，这样做当然会降低广告效率。

2) 原生广告

视频营销中的原生广告，不再借助于贴片、横幅等广告"框"来呈现，曾经风行全球互联网的《江南Style》，就被认为是一种典型的原生广告。相对于传统的广告，原生内容以融合植入广告的方式，力图让视频的趣味性和个性化达到极致，与用户之间的接触更为精准、传播效果更具冲击力、与受众之间的关系更为融洽，以雅虎、Sharethrough、凤凰、腾讯、搜狐、优酷等为代表。在客户来看，它比贴片更具价值，形式创新、用户体验好、接受程度高，但营销创意难度较大。比如YouTube的"推荐视频流"、凤凰网的话题植入、腾讯的品牌原创节目、搜狐的自制剧、优酷的主题微电影等都是原生广告的数字视频营销形式。

3) 交互广告

在数字营销形态越来越多元化的今天，如何增强产品与受众之间的互动性，成为营销服务商及媒体平台创新的热点。以互动推广的形式进行广告，用户体验好、互动性强、拓展性强，但对相关技术要求高。交互广告的代表有互动广告局、谷歌、微软、三星等。美国的互动广告局曾将网络视频互动广告分为交互广告、覆盖广告、邀请广告及伴随广告等。比如，谷歌的互动视频广告，以移动端为突破口，在手机上提供互动视频和互动插入式广告单元。谷歌不仅提供投放服务，还提供相应开发工具，帮助第三方广告商动态识别屏幕分辨率和大小以及网速，支持其生产最佳的广告体验。此外，苹果在游戏中提供的互动广告已经很完善。

4) UGC

UGC，即User Generated Content，是指网友或客户将即时的自制内容上传至互联网平台进行展示和传播，以YouTube、腾讯、优酷、爱奇艺、PPS等为代表。由于广告形式为自制内容，能充分发挥用户主体智慧、鼓励即时创作。为了实践UGC数字视频营销，各大视频平台服务商相继推出了一些工具及平台服务，如腾讯的"V+"、优酷的"拍客"、爱奇艺的"啪啪奇"、PPS的"爱频道"、酷6的"白金播客"等。这些工具和服务，既让用户和企业的UGC内容分享变得更容易，也使得移动UGC成为视频营销新的增长点。

5) 大数据

在大数据时代，视频网站优质的内容资源为品牌广告营销提供了丰富的可能性及传播机会，品牌元素与视频内容的精准结合更催生出了更具价值的营销方式。目前，各大视频网站，包括百度旗下的爱奇艺、PPS、腾讯视频等，都在极力建构自己的大数据分析平台，力图通过大数据分析，对用户进行精准"画像"，以便实时掌握多维度、动态的受众行为取向，支持视频端广告的投放策略，为广告主提供更丰富的视频营销服务，获得精准对接用户、跨平台运营、多终端覆盖的效果。

6) 社交

社交视频营销，是指生产和创造流行的视频内容，在社交媒体上进行传播、推广的营销活动，以新浪、腾讯、盛大等为代表。通常，在视频营销广告主中存在两种主流诉求。大品牌希望通过社交视频营销巩固其在消费者心中的地位，普通电商企业则希望利用社交视频营销起到"内外配合"的作用，实现一站式触达销售。社交视频营销属于分享扩散形式的营销，视频营销的价值得到极大释放，但对平台的依赖程度高。例如腾讯，就以客户需求为核心，通过"立体触达""享受型体验""二次传播"构建视频营销闭环，形成以视频为源头，以微博、QQ空间和微信为主要载体的关系链营销，让视频成倍曝光，将营销价值最大化。

7) O2O

O2O，也可称为"视频O2O"营销。这种营销一般都是通过"潜移默化"地植入产品形象来影响受众，进而达到销售的目的，代表有乐视、土豆等。其广告重复植入、活动配合的形式，使得线上线下联动、明星效应明显。但这种O2O的营销效果不可持续。

8) RTB

RealTime Bidding，即实时竞价，是代表未来的一种营销方式。视频营销作为数字营销的一部分，纳入RTB体系也是必然趋势，代表有乐视、土豆、阿里妈妈等。RTB作为一种竞价平台，具有数据准确、定位精准、实时投放等效果。例如，阿里妈妈因为坐拥海量的电商数据，就推出了以DMP(数据管理平台)为核心的RTB营销体系，试图通过与视频网站合作，打通流量及数据接口，为电商广告主提供多定向、低成本、精准化的竞价视频营销服务。

4. 出版物视频营销策略

网络视频广告正以飞速的态势迅猛增长，越来越多的企业开始加大网络视频营销的投入，并将此作为企业网络营销的重要手段。但如何从众多的网络视频广告中脱颖而出，让网络视频营销效果更加出色呢？企业可以从以下方面入手：

1) 利用名人明星效应

要想博取越来越挑剔的网民们的眼球，就需要网络视频广告有亮点，有噱头。对于那些资金充裕的企业而言，可以利用名人明星进行合理宣传，名人明星效应是不可忽视的重要力量，能够提前为视频广告进行预热，能够让用户产生欲望，不少粉丝会投奔而来，从而加大了宣传力度；同时，也能够得到更好的口碑宣传。当然，利用名人明星效应的同时，也要根据广告的投入量以及明星效应的大小进行评估，不可轻易作出决策。

  2) 主题有诱惑力

  要想达到品牌宣传或是产品宣传的效果，除了要有亮点和噱头外，还需要做到主题贴切，与企业宣传有机结合起来。广告宣传的产品是否能够合理地融入其中是非常关键的，需要考虑到用户的抵触心理。主题是否具有吸引力，是否能够诱惑受众群体，这不得不深思熟虑，考虑周全。在视频广告中主题的把握，除了核心思维以及内容之外，标题的重要性也是不能够忽略的。标题是映入用户眼球的第一视觉，好的标题往往能够吸引不少用户，促使他们继续观看。

  3) 视频广告连续性

  如果视频广告前后不搭，用户又怎么会继续观看下去呢？看似不起眼的文案策划，只要把握以及做好广告的连续性策略，后期获得的效果也是不可估量的，史玉柱的成功案例已经说明了一切。视频广告以系列模式和不断重复性模式能够让观众在思维逻辑上产生一定的认知。若前期广告模式效果较好，主题够吸引，那么下一期则会得到更多用户的关注，在宣传上会降低了不少成本，产生的效果也可想而知。

  4) 寻找合作伙伴

  要想网络视频广告拥有更多的观众，少不了网络媒体的推波助澜。拥有一个强大的合作平台固然特别重要，但是选择平台时一定要把握平台的用户数量以及群体归类。针对产品的受众群体是最有效的营销思路，能够在短时间内获得效益。选择强大的合作伙伴时，还需要针对广告的成本以及产生的效益进行评估，一定要做到效益大于成本，因此在与平台合作时这方面必须深入考虑。

  5) 节日促销配合

  节日的气氛往往很浓烈，对于视频广告而言也可以利用这一点，当然节日里最好配合相对应的促销活动，这对宣传有很大的帮助。利用节日期间的人气，与主题相互配合，更是吸引用户点击观看的因素。不少视频广告更是利用节日气氛制定连续性广告策略，为企业成功宣传奠定了基础。

(三)视频营销技巧

1. 在已通过审核的视频里添加广告

  1) 在视频中添加水印

  水印内容可以是文字、网址。水印形式可以是固定的，也可以是移动的；水印可以在视频中全程出现，也可以在视频的部分时间段添加。这种水印广告不能太多、太大，要注意用户视频整体观看体验，不要引起浏览者的反感，水印太夸张也不容易通过审核。

2) 在视频中添加版权声明

以版权声明的形式出现广告，相对比较隐蔽，容易通过审核，一般出现在最后，比如"×××版权所有，侵权必究"，"×××原创视频，严禁任何形式的复制、修改、翻录"，但是这种广告容易被浏览者忽视。

3) 在视频中插入广告片段

比较常见的是插在片头，比如一些演讲、销售、成功学等视频前面有一段是介绍演讲者的片头广告，这种形式已被多数人接受认可。

4) 在视频中插入图片形式广告

在视频中把广告部分的内容以一个图片的形式展示，产品类多采用这种形式。比如减肥类的视频，其间大多有一个产品图片，上面有网址、QQ、电话等信息。

5) 在视频中插入音频形式的广告

这种广告相对隐蔽，只用声音的形式展示，一般是插入某个固定的画面图片，并加上背景音乐。这种广告形式不容易被发现，审核容易通过。但对于浏览者来说会有文不对题的感受。

2. 提升搜索引擎收录速度

为了保证视频被各搜索引擎收录，首先，应该遵循各搜索引擎质量，这样才能确保视频网站被爬行。其次，必须了解搜索引擎的收录习惯，不同的搜索引擎其收录习惯会有差异。比如：Google 对新站或较高新鲜度的东西比较敏感，外部链接收录率的高低影响着 Google 收录的速度；而百度搜索引擎则比较重视第一次收录印象，将第一次印象作为收录的重要与非重要性的衡量指标。最后，搜索友好，符合搜索引擎规则，更有机会被收录。

3. 视频排名 SEO 优化

视频搜索已经逐渐成为搜索的主流，视频网站越来越火爆。要想让视频得到更多的关注，必须对视频网站进行优化，即视频搜索排名优化。通过搜索出现的视频内容大部分来自视频分享网站如百度视频、优酷、酷 6、土豆、六间房子等，以及一些门户级网站，比如搜狐、网易视频等，很少有企业网站或个人站点上的视频，由此可见这些视频分享网站的权重有多高了。因此，视频的主要投放网站应当首选高权重的网站，通过视频把流量引到自己的网站上。但仅仅这些还不够，视频页面也需要 SEO 优化，这样才会有好的排名。

1) 影响视频网站优化的因素

第一，标题。标题中包含关键词是有绝对优势的。此外，还要有视频的文字说明，要尽量在说明中设计好关键词的布局。第二，播放次数。播放次数直接反映了该视频受欢迎的程度，搜索引擎自然也会给予比较高的权重。第三，视频质量。这里的质量主要就是清晰度和相关性的问题了，主要体现在用户评分上。获得的分数越高那么视频内容质量就可能被认为越高。第四，视频评论和顶踩越多越好。用户评论及留言同样也是非常重要的，因此留言数目也在一定程度上表明了视频的受欢迎程度。第五，视频标签。标签通常是为了说明视频内容的，所以要尽量多写几个内容相关标签，这样做不仅仅是为了视频搜索排名，相关标签可以让该视频出现在其他视频的相关视频推荐中，如此一来点击率也会同样增大很多。第六，外部链接。只要是 SEO 优化就必然少不了外部链接，外链直接反映了这个页面的权重。不过，相对于文字页面而言，视频的外链要求就低很多。

2) 视频排名关键词的选择与优化方法

比如，一则牙齿整形美容医院宣传视频，对应的口腔美容关键词如表 4-2 所示。

表 4-2 产品项目与关键词选择

项 目	科 室	关键词	拓展关键词
美牙冠	牙科	美牙冠	美牙冠，美容冠，口腔医院
牙齿美白	牙科	牙齿美白	牙齿美白，洗牙，口腔保健
种植牙	牙科	牙齿种植	牙齿种植，种植牙齿

搜索"牙齿美白视频""牙齿美白 视频"，找到竞争对手的信息，对比竞争对手视频所显示的标题跟自己需要查找的内容是否完全匹配，以便对本地视频关键词进行优化处理，处理的目的是让所选择的关键词能更精准地搜索到自己的视频。同时，对比分析同类视频在优酷、搜狐、新浪、百度视频等平台上哪家收录较多，则优先选择在哪家平台进行账号注册。

3) 视频网站优化方式

以优酷为例，优酷的视频展示以网站自身决定为主，网友决定为辅。像广告主的广告、社会热门事件等视频，网站都会将其安排在较好的位置，这种情形属于网站决定的；网站视频编辑有权挑选符合栏目特色的热门视频进行推荐，而热门与否又取决于网友的关注热度，这种情形属于是由网站与网友共同决定的；栏目标签中的"全部"一栏，按照视频的热度进行自然排序，这种情形属于网友决定的。任何视频网站都不是网民的自留地，其视频优化都有各种已知和未知的规则。

如图 4-2 所示，影响"全部"一栏排序的因素包括最新发布、最多播放、最多评论、最具争议、最多收藏和最广传播等 6 个。

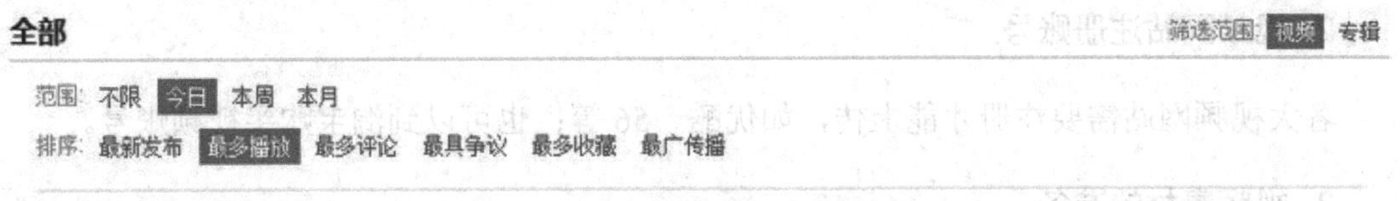

全部　　　　　　　　　　　　　　　　　　　　　筛选范围 视频 专辑

范围：不限　今日　本周　本月

排序：最新发布　最多播放　最多评论　最具争议　最多收藏　最广传播

图 4-2　视频优化 6 要素

　　从这 6 个因素来考虑，我们该怎么做才能得到最好的优化排序呢？"最新发布"，挑选优酷在线人数高峰时刻发布视频，获得网友关注的机会较大，当然要注意发布视频有审核和转码时间；"最多播放"，按所选时间内视频播放次数的多少排列先后顺序；"最多评论"是按所选时间内视频评论的多少排列先后顺序；"最具争议"是按所选时间内视频被顶和踩的多少排列大致顺序；"最多收藏"是按所选时间内视频被收藏次数的多少排列先后顺序；"最广传播"是按所选时间内视频被站外引用次数的多少排列先后顺序。

　　4) 视频优化注意细节

　　第一，视频标题中公司名称需要靠前。"百度视频"对视频的收录是最快的，所以视频优化的细节一定要准备充分，否则等被百度视频收录后再修改就得不偿失了。第二，优酷视频快照排名上得快下得也快，搜狐、腾讯等视频站点快照排名比较稳定。第三，百度快照更新速度比百度视频慢。视频上传后，有的收录快有的收录慢，这就造成百度快照的排名更新比百度视频要慢，要想办法加快被收录。第四，视频上传之后直接分享到微博中。在每个视频上传之后都有一个选项"上传成功后是否同步到微博"，分享到微博等其他社交媒体对视频本身的推广很重要。第五，视频标题多重组合，重复宣传，提高出镜率。

二、营销视频的设计与制作

(一)制作视频之前的准备工作

1. 必备软件

制作视频的必备软件如下：

(1) 录制软件。Camtasia Studio 或者屏幕录像专家，用于虚拟产品。

(2) 编辑软件。威力导演、会声会影和 EDIUS。

(3) 分割软件。极速视频分割器，把一个视频分割成多个视频。

(4) 加水印软件。Camtasia Studio、狸窝转换器或视频转换秀。

(5) 关键词查询工具。金花关键词工具或百度关键词助手。

2. 视频网站注册账号

各大视频网站需要注册才能上传，如优酷、56 等；也可以到淘宝购买视频账号。

3. 视频素材的准备

营销视频素材的准备，有多种方式，比如购买、下载、捕捉、原创等。

1) 购买

视频素材可以到一些专业网站上购买，价格便宜，购买之后可以进行分割、转化，变成更多的视频素材。比如买素材网(http://www.maisucai.com/)、淘视 8(http://www.taoshi8.cn/)、傲视网(http://www.aoao365.com/)等都提供大量的视频素材。有的网站需要充值购买，有的网站需要积分购买，即通过上传素材获得积分，利用积分交换视频素材。

2) 下载

要拥有足够多的视频，可到视频网站下载或到其他下载站下载，如论坛。下载视频有免费的，也有积分兑换下载的，如图 4-3 所示。如果使用计算机下载，有些视频网站还需要首先安装相应的插件，比如优酷和土豆网，安装好插件后才可下载该网站的视频；将视频下载到计算机后需要转码，一般视频网站的视频都是 flv 格式，可以使用暴风影音转码。比如，打开 flv 视频文件，暴风影音就会播放；右击，在"视频转码/截取"中可以进行格式转换。

图 4-3　视频素材下载

3) 捕捉

当看到不错的视频、电影、电视剧时，可以截取其中有趣的、大家喜欢的部分，根据产品宣传营销的需要，可以利用这些画面制作成视频短片，可以在短片中加上营销要素(广告)或直接在短片标题中加上网址。

4) 原创

原创即根据营销计划的需要，自编自导、拍摄和制作的完全拥有自主知识产权的数字视频。

(二)营销视频的创作

营销视频是以营销为目的，可以根据品牌或产品的需要进行原创，也可以是利用下载的视频通过制作、编辑，达到营销的目的。

1. 营销视频创作的模式

营销视频创作原创有以下几种模式：

(1) 纯图片视频，即由图片做成的视频。

(2) 纯文字视频，即通过组织文字构成画面的视频类。

(3) 图片和声音视频，即视频里有图片和声音的视频。

(4) 文字和声音视频，即视频里有文字和声音的视频。

(5) 文字和图片类的视频，即视频里有文字和图片的视频。

(6) 拍摄的视频，即由DV、摄像机、手机或其他专业设备拍摄的视频。

(7) 综合性的视频，即视频里有图片、声音、文字。一般是将拍摄的视频添加到编辑软件中，然后根据营销的需要添加声音、背景音乐等。

2. 营销视频创作的方式

营销视频创作主要有两种方式：拍摄数字视频和运用软件编辑制作视频。

(1) 拍摄数字视频。使用DV或者专业摄像机等拍摄器材，根据营销策划的文本进行拍摄获得视频素材，并对视频素材进行后期加工制作，完成一个营销视频。

(2) 运用软件编辑制作视频。运用视频软件编辑器，根据自己的创意和设想，对事先准备好的视频素材进行编辑加工，合成制作成营销视频。

3. 视频水印的制作

给视频添加具有广告意义的水印，可以借助相应的视频编辑软件来完成。很多视频编辑软件和视频水印制作软件都有为视频添加图片、文字等水印功能，制作过程中，可以设置水印的位置、大小和透明效果。下面以狸窝全能视频转换器为例，介绍视频水印添加的操作步骤：

第一步，打开狸窝转换器，选中界面上的"添加视频"按钮，将需要加水印的视频文件导入软件，添加的视频格式不限。界面右边是视频预览窗口，界面下方可以设置输出目录,如图 4-4 所示。

图 4-4　添加、设置和预览视频

第二步,单击"视频编辑"按钮,如图 4-5 所示,进入视频编辑窗口,单击"水印"选项。

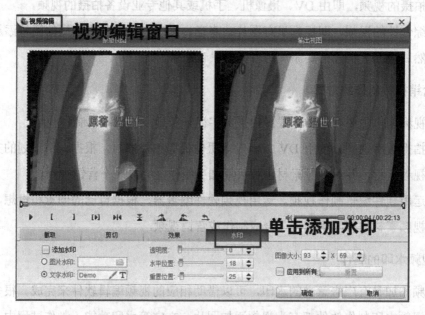

图 4-5　在视频编辑窗口单击"水印"选项

第三步,选中"添加水印"复选框,选中"文字水印"单击按钮,在它的右边手动输入需要的文字。可以设置文字的颜色、字体、大小等。输入的水印会显示在右上方的"输出视图"窗格中,用鼠标拖动水印的虚线框可以调整水印的大小、位置,如图 4-6 所示。

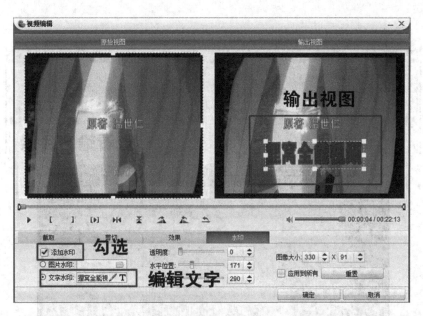

图 4-6 输入和编辑文字

第四步,设置输出格式。单击"预置方案"下拉列表框,展开下拉列表,选择需要的格式,如图 4-7 所示为常用的 H.264/MPEG-4 AVC Video Format (*.avi)视频格式。

图 4-7 设置输出格式

第五步,单击主界面右下角的圆形"转换"按键,软件开始自动运行转换程序。单击视频文件所在行右边的"小文件夹"按键,打开指定的"输出目录"文件夹,就可以看到转换好的 avi 视频文件了。播放视频文件,可以看到水印已经出现在视频中,如图 4-8

所示。

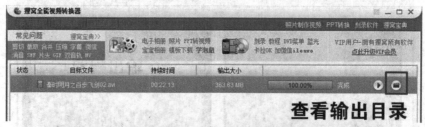

图 4-8　添加好水印的视频

三、营销视频的传播

(一)视频上传的技巧

1. 视频网站平台的选择

人们可能会在百度、百度视频、搜库等众多网站平台中搜索视频，因此，可以将制作好的视频上传到多个平台。如何选择更合适的视频网站，使得营销视频有针对性进行传播呢？首先，要根据营销主题寻找视频网站。上传营销视频时，应先明确视频的主题是什么，按照主题寻找相关的网站，选择具有针对性的网站进行传播，可以让视频被更多精准的观众所看到，从而有利于提高转化率和视频的有效传播率。其次，选择大型视频网站。如果无法确定视频定位，那么就将视频上传到大型的视频网站，比如优酷、土豆、酷6等，大型视频网站的视频容易被搜索引擎收录。

2. 视频上传操作步骤

在视频网站都可以找到上传视频的功能，如图 4-9 所示。可以注册账号，上传制作好的视频。

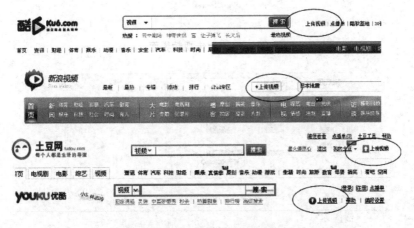

图 4-9　视频网站"上传视频"栏

(百度经验，jingyan.baidu.com)

下面以优酷为例，介绍视频上传的操作步骤：

第一步，注册账户。优酷、腾讯等视频网站只有注册用户才能上传视频，没有注册的用户先注册，注册过的则直接登录。打开优酷首页，右上角有"登录"和"注册"两个选项。单击"注册"选项，在弹出的页面进行注册，如图 4-10 所示。

图 4-10　注册优酷用户

第二步，登录后，在页面的右上角会有一个"上传"按钮，单击此按钮，选择"上传视频"，进入上传视频界面，如图 4-11 所示。

第三步，在上传界面，单击"上传视频"按钮，选择要上传的视频文件，如图 4-12 所示。

图 4-11　上传视频界面

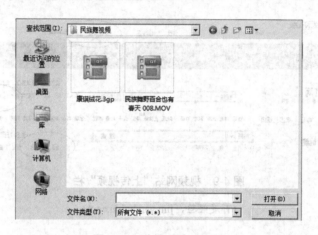

图 4-12　选择上传的视频

上传视频时，需要在下方编辑视频的相关信息，包括标题、简介、分类、标签等。填写完毕，单击"保存"按钮，如图 4-13 所示。

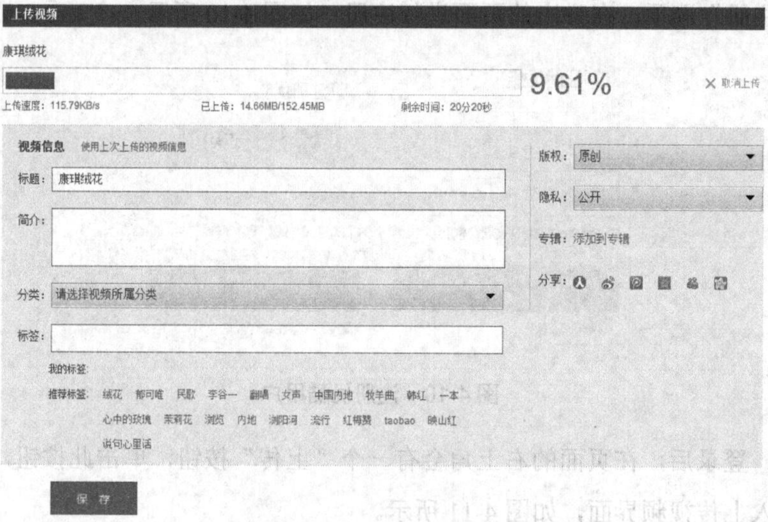

图 4-13　上传视频编辑界面

(二)视频上传注意事项

1. 视频上传内容填写

上传视频文件时要填写相应的内容。

1) 标题

作为视频上传时出现在网页 Title 中的标题,将出现在搜索结果中。标题的设置很重要,关系到别人是否能搜索到视频。为了更好地起到营销作用,可以将公司名字、品牌或产品名称写进标题;标题要和视频内容相符,否则有可能被视频站屏蔽,也可能让浏览者产生被欺骗的感觉;标题要具有吸引力。

2) 标签

视频上传时填写的标签,将和标题组合出现在关键词优化结果中,因此,可以设定视频的主题为标签,以提升视频的优化排名效果。标签是对视频描述的补充,标签的填写要合理,目的是让更多的网络用户搜索到视频。标签应该是与标题关键词类似、相关的词语,可以设置更多的长尾词。

3) 简介

简介是为了让浏览者清楚视频提供的是什么,是否是浏览者所需要的。虽然在视频站里简介并不是最重要的,但是视频被搜索引擎收录后,在标题下方会出现简介的内容,因此,在简介里可以留下网址或 QQ 号码等联系方式。

4) 分类

分类是搜索视频的重要依据。每一个视频网站平台都提供了若干分类,比如优酷就提供了 20 个分类,包括电视剧、电影、综艺、资讯、体育、汽车、科技、娱乐、原创、音乐、游戏、动漫、生活、时尚、旅游、母婴、教育、搞笑、广告和其他,任何上传的视频都会出现在平台对应的分类中。根据视频营销的目的性和受众精准性选择好视频的分类非常重要,比如原创和广告,是视频营销常见的分类,一般来说视频网站比较喜欢原创类的视频,广告类的视频则更容易审核通过。

5) 专辑

专辑是相关主题的视频组合。专辑的权重比单个视频权重要高,专辑可以根据内容建立多个,根据自己的产品搜索关键词,尽量多建几个有搜索量的词语专辑,每个专辑里的视频不要完全相同,否则专辑有可能被屏蔽。

2. 上传视频快速通过审核的技巧

视频网站审核视频的方式有：使用事先审查机制对视频做审核；对一些视频抽帧来做审核；通过同一ID的上传记录过滤，对于某些高危视频做重点审核；通过文件名、文件大小进行合并或过滤。

有时视频上传到视频网站却被告知视频审核不通过，视频网站为什么会屏蔽某些视频呢？视频上传失败有如下几个方面的原因：不符合视频网站的视频上传要求，比如视频文件过大、视频格式不支持等；上传的视频涉嫌恶意推广，被视频网站认定为垃圾视频。优酷网比较注重提升用户的体验，对很多网友上传的有水印的视频都无情屏蔽，对许多明显是给产品做广告的视频也是加大了审核力度。

要想避免营销视频被屏蔽，需要提升视频内容的价值。高价值内容的视频很容易被视频网站快速审核通过，也能够在网络上迅速传播，帮助企业快速建立品牌。视频内容的价值越高，视频网站越容易收录，而网友也更愿意观看和主动传播。提升视频内容的价值具体有如下方法：

(1) 上传同类视频不要太频繁。对于因营销工作需要制作的类似视频，尤其是说明文字差不多的视频，每天不要上传得过于频繁，三四个即可，否则容易被当作广告屏蔽。

(2) 视频尽量选择低清晰度上传。不要上传高清甚至超清的视频文件，高清视频需要高清/超清转码，审核较慢。

(3) 视频里避免添加不知名的网址、广告类片段。否则，难以审核通过。

(4) 视频时间不要过长。以不超过5分钟为宜。

(5) 视频内容必须健康。不能有反国家、反人类的反动内容，也不能有色情、低俗等不健康内容。

(6) 不能侵犯他人的版权。具有侵权行为的视频一般不会审核通过。比如，电视台的视频直接下载下来就不能在视频网站上传。

3. 如何保证视频传播效果的最大化

视频传播是否能够达到预期的推广目的，比如提升产品知名度与美誉度、促进销售等，这就是视频的营销效果。营销效果考量起来比较困难，需要专业的调查公司进行受众问卷调查，再对比视频营销前后的产品销售情况，才能勉强得到一个可供参考的数据。

而视频的传播效果相对比较容易考量，视频的播放次数、视频下方网友的互动次数及内容质量、视频被收藏的次数、视频被站外引用的次数、视频中出现的热词在百度指数中的变化趋势等，都可以作为视频传播效果的考量依据。当然，传播效果好的视频其营销效果不一定好，但是传播效果不好的视频其营销效果一定不好。因此，视频营销不仅要有良好的创意和视觉效果，还要注重视频的传播效果，才有可能收到比较好的营销效果。

互联网区别于传统媒体的特征之一就是互动性的增强。网友可以在视频的留言板发表看法进行互动，视频网站也会根据视频互动次数的多少决定视频的排序。视频互动越多，视频在网站内获得的推荐位置就越好，就越容易被更多的网友所看到，传播效果更佳。因此，视频发布初期的优化是否到位，一定程度上决定了该视频所能覆盖的第一批网友数量。视频的二次传播效果好坏，和这批种子网友的数量有很大关系。

【课堂演练】

(1) 根据本小组本学期模拟营销的产品，对开展视频营销做一个策划(准备营销的产品、视频制作的格式、小组成员分工)。

(2) 按照策划方案，制作完成一段视频。视频的格式为 flv，使用狸窝软件完成视频编辑与制作；使用会声会影软件完成片头的制作。

(3) 要求：片头要突出营销主题、字幕无差错、时长 3 分钟。

(课堂课时如果不够，则利用课余时间继续完成)

任务 3　微电影营销

【教学准备】

(1) 具有互联网环境的实训教室。

(2) 指定可链接的网页如下。

- 在 V 电影：http://www.vmovier.com
- 金象微电影：http://www.jxvdy.com
- 大学生微电影网：http://www.dxsvdy.com

【案例导入】

之一："橘子水晶星座电影系列"。橘子酒店是最早发现微电影传播威力的企业。这家 2006 年诞生的连锁酒店，最初名不见经传，2010 年年底依照正在热播的《让子弹飞》推出了一部诠释酒店品牌的视频《让火车叫》。整部片子只有 4 分 51 秒，但在微博上首发之后效果极好，一个星期内播放量达 40 万次，转发量超过 1 万次。2011 年开始筹拍"橘子水晶星座电影系列"12部讲述不同星座男特征的微电影,体现出惊人的微电影推广价值,致使酒店当年客房入住率突然直逼100%,旺季时甚至出现一房难求的局面。《让火车叫》的成本只有3万多元,时间只花了不到一星期;此后推出的12星座男系列,总共花费也不过100多万元,传播效果却很惊人。"橘子水晶星座电影系列"让所有人都发现了微电影重要的商业价值。

之二:凯迪拉克的《一触即发》。该片源自同名微小说制作,电影模式是"微"的,效果却大气十足,豪华汽车品牌凯迪拉克与好莱坞著名创作班底联手制作,剧情运用好莱坞大片的叙事风格,通过90秒"微时间"集电影艺术与商业广告于一身,让观众大饱眼福的同时企业的品牌形象不知不觉地在受众心中扎根。《一触即发》是微电影中少有的大投入(斥1.3亿元巨资),不过,其影响力是巨大的,在2010年12月27日正式全国首映日,凯迪拉克的官方网站浏览次数过亿。

之三:伊利牛奶片的《不说话的女孩》。《不说话的女孩》有它精妙的剧本,电影围绕着"恋爱"这一每个人都有过的生活经历展开叙事,以小清新的表现风格将青年男女之间的爱恋表现得引人入胜,故事主题简单、精练,符合微电影的叙事结构与节奏,整部影片时长3分钟左右,用2分半的时间表现了男女主角的相识、嬉戏到互相倾慕,就在观众将要以为这是一个俊男爱上哑女的俗套的故事时,影片用不到半分钟的篇幅揭开了女孩不说话的秘密,令观众大感意外的同时也达到了企业营销的目的。微电影中虽没有直白地告诉消费者"伊利奶片真好吃",却通过含着伊利奶片而不愿意说话的女主角巧妙地将伊利牛奶片"真爱滋味,不需言语"的品牌理念通过一个浪漫的故事委婉地表现出来,品牌的自然融入使得该微电影获得了大量的自主传播。

【知识嵌入】

高科技和互联网的发展、影视技术的突飞猛进、"碎片化"信息接收方式的形成,造就了微电影。微电影因具有完全不同于电视广告、电影和网络视频的独特属性和传播方式,不仅带来了一种新的电影艺术传播模式,更重要的是它迎合了企业在"限娱令""限广令"压缩电视植入式广告空间背景下求变的现实需要,更契合了受众即时消费的诉求。因此,它将是企业的一种新的营销方式,并将在企业营销中发挥更大的作用。

一、什么是微电影

1. 微电影的定义

新浪对微电影的定义是:微电影是特指由专业团队制作、用电影的叙事手法表达内容,然后利用微博进行收视和分享传播的短片。而大多数人认为,微电影是指在各种新媒体平台上播放的、适合在移动状态和短时休闲状态下观看的、具有相对完整故事情节的微型电影,它是成功进行商业营销的网络电影。高科技和互联网的发展、新媒体平台的激增、"碎片化"信息接收方式的形成,奠定了微电影的基础。根据中国互联网络信息中心(CNNIC)2015年8月发布的《第36次中国互联网络发展状况统计报告》显示:截至2015年6月底,中国网民达6.68亿,中国手机网民规模达到5.94亿;我国手机国民中通过3G/4G上网的比例为85.7%,83.2%的网民在最近半年通过Wi-Fi接入互联网。我国通信基础设施的建议和改善,满足了网民上网观看微电影的移动端高流量应用需求。而2011年广电总局颁布的"限娱令""限广令",明显压缩了电视植入式广告的空间,成就了微电影。微电影具有完全不同于电视广告、电影和网络视频的独特属性,融合了信息传播、情感交流、营销宣传、艺术欣赏等多种功能,因此成为传播的有效媒体。自2010年12月凯迪拉克和中影集团携手吴彦祖合拍了全球首部微电影《一触即发》之后,企业借助微电影开展产品和品牌传播所具有的巨大优势以及微电影营销对市场可能造成的颠覆性力量,使得许多公司都开始将微电影作为一种营销传播的手段加以应用,并已凸显成效。如凯迪拉克的《66号公路》(见图4-14)、益达的《酸甜苦辣》系列、三星盖世的《纵身一跃》等优秀的微电影都散发着独特的魅力,微电影终究会成为这个"碎片化传播"时代中最基本的信息载体。

图4-14 《66号公路》微电影

2. 微电影传播效应的特点

微电影是互联网上产生的一种新型的传播模式,它不仅吸纳了传统电影艺术表现形式的魅力,也开创了企业营销的新路径。微电影的传播效应特点主要体现在以下几个方面。

1) 传播内容突出"三微"

微时长、微周期、微投资是微电影的三个本质性特征。微时长是指片长时间超短，一般在 30~300 秒之间，影片通常在很短时间内完成叙事，内容具有创意性、高度凝练，并有利于快速传播；微周期是指拍摄制作周期比较短；微投资是指微电影的投资成本不高，进入门槛比较低。

2) 表现形式为电影创作和企业广告的"联姻"

微电影毕竟属于电影艺术，专业的导演、摄像、编剧等电影技术人员成为其主要创作团队；微电影的主要制作方多为视频网站或者广告主，如优酷网和中国电影集团联合出品的《11 度青春》系列、橘子水晶酒店出品的《星座微电影》系列。创作和广告的"联姻"成为微电影的显著特点，电影内容中植入广告，广告商品成为推动故事情节的关键因素，如潘婷的《你能型》、大众银行的《坚韧·勇敢·爱》、三菱汽车的《回家》、英特尔公司的《改变世界》等都是企业营销精心制作的商业大片，是电影创作和企业广告"联姻"的产物。

3) 传播方式突破"时空"

微电影播放平台主要是 Pad、3G/4G 手机等新媒体，因其体积较小，携带方便，在很大程度上突破了空间和时间的限制。移动通信技术的普及让每个人都有可能随时接触到网络媒体，这就使微电影有可能随时随地地播放，受众观影更加便捷。

4) 传播模式呈现"双向"和"互动"

微电影的传播模式由传统的点对面的单向传播模式向双向性和交互性转变，使得受众可随意观看、自由点评、自主操控自己喜欢的电影，甚至可以利用软件进行改编，传播模式的"双向"性得到了最大体现。在电影制作中受众也不再是一个旁观者的角色，他们可以参加微电影的剧本修改和创作的整个过程，与微电影的制作实践互动。如 2011 年 8 月由新浪视频和别克汽车举办的"向前的理由@别克"微剧本大赛，受众可通过新浪微博发送剧本参与微电影拍摄，并且在新浪及其他视频媒体中进行二次传播。

二、微电影营销方式的优势

微电影以其特有的艺术美感和传播手段，开创了新的营销模式，为企业营销提供了新的方式和空间。微电影有别于广告和电影，但它又具有电影和广告拍摄的专业水准，使受众得到审美上的愉悦和精神上的认同；微电影的微时长、传播方式的便携性、传播模式的双向性，是一种良好的视听体验，能够快速建立起受众与品牌之间的信任；它的制作周期不长，投资相对较低，企业成本负担不高，乐于接受。

(一)广告电影化

企业广告的演变离不开媒介形式的演变,在 Web 3.0 时代传统的硬广告的生存空间越来越小,在"限娱令""限广令"压缩电视植入式广告空间的同时,活化的软性植入方式必然是未来企业广告的走向。微电影作为一种全新的电影文化从制作之初就是完全为企业定制的,其目的与广告完全相同,但是它摒弃了广告生硬的宣传方式,而是采用了更加柔和的宣传,通过故事情节打动观众,以叙事的方式诠释品牌理念,让观众在非常愉悦的心境下更深刻地理解和接受企业的相关信息。根据 2011 年微电影行业数据分析显示,89.6%的受众是愿意接受微电影广告的。微电影也是广告宣传转型的另一发展方向,成为广告宣传新的重要载体。

(二)成本低廉化

微电影的制作成本并不高,一部微电影的投资从几千元到上万元不等。影视技术的普及使得微电影的技术投入成本也不高,有想法和创意的人都可以尝试微电影的制作、发布,例如《纵身一跃》就是蔡康永用三星盖世手机(Sumsung Galaxy)拍摄出来的;微电影的投放成本更少甚至不需要花费企业一分钱,制作完成的微电影简单地上传到视频网站、自己的官网或者交友网站即可,也可以在微博、微信等自媒体传播;微电影发行的宣传费用几乎为零,微电影只有受到网友的广泛关注后,才会取得一定的宣传作用,点击率越高,宣传力度越大,优秀的微电影容易受到网民的自主免费转发和分享。微电影制作、宣传、发行的成本低廉化,大大缩减了品牌的促销费用,为企业节约了营销成本。

(三)定位精准化

数字化营销的常用方式如 E-mail 广告、网络广告、浮动广告多为漫天撒网型,针对性不强,广告效果也较差,还可能招致消费者的不满,影响企业形象。而由企业官方新媒体平台传播的微电影,其目标受众群体通常为关注企业生存和发展的内部公众(如员工和股东、企业产品的显在用户和潜在用户)、对企业产品有兴趣的目标消费群体或忠实的群体、相关的群体(如外媒体、竞争对手等)。以微电影这个小圈子作为核心的分众传播,其受众往往是主动加入、兴趣相投、热衷于关注和讨论同一话题的群体,容易实现"意见领袖"的价值,所以精准的分众化是企业微电影的价值所在,有益于培养消费者的忠诚度,比较轻松地留住客户,提升企业品牌形象。

(四)操控简单化

网站技术门槛较高,需要懂得 HTML 语言、图形处理、网页制作、网页发布等相关技术；网站制作的时间周期长，从技术的熟练到网页的设计需要较长的时间。与企业网站相比，微电影拍摄周期短，拍摄技术条件普及，更容易快速实现营销目的。一旦微电影拍摄完毕，只需在一个平台上进行播放，优秀的微电影极易与受众产生共鸣，网民将自主转发和分享。

(五)传播便捷化

微电影的魅力在于短小而叙事，充满故事情节，极易吸引受众主动且反复观看，而受众自发撰写的微电影影评将使微电影收到持续传播和品牌冲击强化的效果。在网络上兴起的微电影最重要的是娱乐功能，是老百姓自娱乐的展现。有趣的创意会被网民自主地转发和分享，近似于网络病毒营销。人们对于微电影的评论和转发，使得微电影毫无疑问地成为企业公司营销方式中的新宠。网络的传播给微电影提供了最便捷的传播平台，这样便形成了"微制作—快速上传—广泛转发"的传播模式。这一模式是依靠点击率来决定微电影的传播广度，这对于企业而言，可以收到和电视收视率异曲同工之效。

三、企业应用微电影营销的建议

(一)制定整体规划

虽然微电影营销投资并不大，像凯迪拉克《一触即发》斥 1.3 亿元巨资的情况并不多见，但无论是大投入还是小投资，企业应该制定整体规划。通过微电影深入表现企业价值观和产品诉求点，将品牌、产品诉求有机地融合在一个构思巧妙的故事中，有效地影响受众的情绪情感，触动消费者的心灵，帮助品牌建立与观众的情感纽带，提升品牌美誉度与忠诚度。微电影故事的主题凝练为企业品牌的核心价值观，通过微电影营销使品牌最大限度地在市场上被关注到，让受众感受到品牌的价值和内涵，增强品牌的亲和力。如果不能很好地为微电影营销制定规划，就会给自己带来不必要的损失。所以，企业在投资微电影营销时，必须作出详尽的整体规划，并严格按照规划执行，掌握营销节奏，收到营销效果。

(二)选择播放平台

目前，可以播放微电影的平台主要是各大视频网站和微博客空间。企业在播放微电影时，应该从以下几个主要指标来优先判断并作出播放平台的选择：系统稳定，功能完善；访问量大，知名度高，可以根据全球网站排名系统等信息进行分析判断；某一领域的专业视频网站，不仅要考虑其访问量而且还要考虑其在该领域的影响力。

(三)把握创意定位

微电影因为时长短，有着不同于长片的叙事节奏。娱乐和广告深度整合，是目前微电影的主要制作方式。但太实则易成为小品，太虚则容易成为 MV。无论是通过广告代理商创作脚本由制作公司搭建团队完成制作，还是广告主直接找到视频网站由视频网站搭建团队完成制作，用于企业营销宣传的微电影，其创意定位都要特别讲究分寸、门道、风格特点。合作良好的团队是微电影营销的基础，只要把握好创意定位，微电影终究会成为这个"碎片化传播"时代中最基本的信息载体。

(四)升华品牌价值

微电影通常是将广告与娱乐整合在一起，以达到企业产品和品牌营销的目的。所以，淡化产品、释放品牌成为微电影营销的关键。微电影将品牌倡导的价值和信念泛化为某一阶层的生活方式和消费文化，让品牌的内在精神感动他人，让观众动情，从而萌生品牌梦想，衍生对品牌灵魂的认同。事实上，将品牌体验从产品体验升华到情绪体验，甚至上升到精神高度，正是企业微电影营销模式的精髓所在。

(五)避免流于形式

没有创意和实效内容的微电影不仅不会吸引访问者，还会影响企业品牌和形象。所以，企业进行微电影营销应该将企业产品、企业文化、优秀的内容、行业资讯、受众诉求点等能吸引受众和打动受众的内容进行精心的编创，使企业微电影达到传播和营销的效果。切忌跟风和流于形式。

(六)注意整合资源

微电影虽然可以作为独立的营销手段来运用，但如果企业能合理地将微电影与其他营销手段整合使用将会发挥更明显的功效。如企业可将微电与企业网站内容相结合，或配合事件营销，营造气氛，在消费者心目中造成更大影响。

(七)评估营销效果

与其他营销策略一样，企业应当对微电影营销效果进行跟踪评价，发现问题、不断完善，使企业的微电影营销计划在企业营销战略体系中发挥更大的作用。营销效果的评价，可借鉴和参考网络营销其他方法的评价方式来进行。

【课堂演练】

在V 电影(http://www.vmovier.com/)、金象微电影(http://www.jxvdy.com/)、大学生微电

影网(http://www.dxsvdy.com/)观看几部微电影,并从剧情分析、广告融入等方面谈谈你的感想。

项目实训实践　原创视频营销

1. 实训名称

"大学生活我来秀"原创视频营销。

2. 实训目的

(1) 能策划和创作视频文本,能撰写视频创作实施方案。

(2) 能组织团队拍摄、制作与传播营销视频。

(3) 能综合运用数字编辑软件。

(4) 能推广数字视频。

3. 实训内容

(1) 撰写策划方案,包括视频主题、文本、拍摄计划。

(2) 撰写视频推广计划。

(3) 完成以"大学生活我来秀"为主题、时长8~10分钟的原创视频。

4. 实训步骤

第一步,确定产品。本次实训原创视频以本专业招生宣传为目的,拍摄一段视频,主要秀出充满活力与追求的当代大学生活、学习情境。要求围绕本专业学习的特点,突出本专业学姐学长的精神风貌,充满正能量。视频要求在校园内拍摄,融合校园风光和标志性建筑群。

第二步,制订一个运用微视频或微电影进行营销的计划与实施方案,包括文字素材、音频素材、视频素材的选用设想、剧情分析、广告融入、资金预算以及团队中的人员分工。

第三步,撰写视频拍摄的文本。要求主题鲜明,内容健康。待老师审过之后,开始拍摄。

第四步,实施视频(微电影)拍摄、编辑、制作。

第五步,将制作完成的视频(微电影),经老师审核、修改后,在各大视频网站上传播。

第六步,开展一次数字视频(微电影)营销新闻发布会及作品展示会。

5. 实训要求

(1) 主题健康,弘扬正能量。视频要反映当代大学生的主流文化和价值观,反映当代大学生积极乐观向上的健康生活。杜绝负面、消极的主题。

(2) 拍摄器材不限,鼓励制作团队尝试用多样化的手段与形式进行创作与探索。

(3) 每小组须完成1份作品市场调查报告、1份作品策划书、1份视频推广计划书。

(4) 视频作品对白须附有中文字幕，作品中合适位置嵌入本专业官方 logo。

(5) 每小组完成 1 份以"大学生活我来秀"为主题的原创视频短片，时长 8～10 分钟。按照作品要求和技术标准刻盘，在盘面上或封套上写明作品名称、时长、小组名称、组长姓名和联络方式，勿在盘面粘贴纸标签，防止影响读盘。

(6) 每小组准备新闻发布会及作品展示会的 PPT 1 份。

6. 考核标准

	优秀(90～100 分)	良好(80～90 分)	合格(60～80 分)
考核标准 (100 分制)	作品主题健康，作品富媒体手段的表现效果好，作品制作精美，字幕无差错；作品市场调查报告、作品策划书、视频推广计划书完善有创意	作品主题健康，作品富媒体手段的表现效果好，作品完整地反映主题，字幕无差错；作品市场调查报告、作品策划书、视频推广计划书完善并上交及时	作品主题健康，作品完整，要素齐全；作品市场调查报告、作品策划书、视频推广计划书上交及时
自评分			
教师评分			

说明：未参与实训项目，在本次实训成绩中计 0 分

课 后 练 习

1. 下载并安装 Camtasia Studio。
2. 自学 Camtasia Studio 软件的应用。

项目五　移动和户外新媒体营销

【项目情境描述】

移动电子设备包括手机、各类平板电脑，随着互联网技术的发展，移动电子设备已成为人们日渐习惯使用的媒体。户外新媒体有别于传统的户外媒体，是指安放在人们一般能直接看到的地方的数字电视等新媒体，包括出现在电梯间、地铁、超市、医院、商场、机场的灯箱、海报、LCD、LED等各种形式的媒体。

随着智能移动终端的蓬勃发展，我们应该密切留意智能移动终端能够做什么，并以此开展各种规模的广告和营销活动。移动营销(Mobile Marketing)，指面向移动终端(手机或平板电脑)用户，在移动终端上直接向分众目标受众定向和精确地传递个性化即时信息，通过与消费者的信息互动达到市场营销目标的行为。手机不再仅仅用来打电话，我们可以用它来进行互联网搜索、使用App、自媒体原创与传播等等。智能手机正在改变我们开展业务、通信、购物和打发时间的方式。随着智能手机的蓬勃发展，手机已经成为所有营销人都不应该忽视的媒体。随着手机和平板电脑移动终端设备的普及，人们逐渐习惯了使用App客户端上网的方式。App客户端的商业使用已经开始出现明显成效，越来越多的企业、电商平台将App作为销售的主战场之一。App应用宣示着中国的移动营销时代已经"燎原"，其营销具有成本低、持续效果佳、信息全面、服务随时、精准营销、互动性强、用户黏性等特点，许多企业开展了广告营销、App植入、内容营销、移植营销和购物网站等营销模式。

户外新媒体的内容主要是广告。户外新媒体超细分使得广告传达更精准，通过锁定特定受众群的生活路径，长时间、潜意识地反复影响受众，从而成为受众生活习惯中的一部分。户外新媒体追求的是瞬间的广告到达率，针对户外新媒体的声音、视频等新的户外媒体特性，在广告创意、广告内容、传播方式上满足消费者"短暂的关键瞬间"，是户外新媒体提升价值的突破口。

本项目将带领大家认识移动和户外新媒体营销形式，并了解其营销的特点、营销方式；了解手机App营销开发与应用、二维码在营销中的应用等，并且通过实训实践和调查，主要了解手机App营销和区域内户外新媒体营销的现状，为将来从事数字新媒体营销相关岗位工作打下基础。

【学习目标】

(1) 认识户外新媒体类型。

(2) 了解手机营销的特点、户外新媒体营销的播放平台。

(2) 掌握手机、户外新媒体营销的技巧。

【学习任务】

任务1　移动新媒体(手机)营销(建议：2课时)

任务2　户外新媒体营销(建议：2课时)

项目实训实践　寻找区域内户外新媒体营销机会(建议：4课时)

任务1　移动新媒体(手机)营销

【教学准备】

(1) 具有互联网环境的实训教室。

(2) 指定可链接的网页如下。
- 搜狐快站：http://zhan.sohu.com
- 百度手机助手：http://shouji.baidu.com

【案例导入】

当当网手机 App 客户端营销

当当网手机 App 客户端是一款为客户量身定制的免费购物软件，不仅具有搜索、下单、查询、物流跟踪等功能，还实现了手机端的条码扫描、语音搜索等功能，让手机用户随时随地享受购物乐趣，打造更加方便快捷的移动生活。据 2011 年年底的有关数据显示，当当网手机客户端每天的下单量已经超过 7000 单。为什么当当网能有这么多的订单呢？

这与当当网不断努力推出新版本的手机客户端来改善用户购物体验有密不可分的联系。当当网善于抓住移动互联网带来的商机，为手机用户打造方便快捷的移动生活。当当网手机客户端同网页一样，包含网购所必需的商品搜索、浏览、购买等功能，数万种商品，与网站相比一个不少，而且移动网购的便利性使得用户不再必须找台计算机下单付款，用手机一样能随时随地搜索浏览商品、收藏或购买。新版本的当当网手机 App 客户端增加了很多辅助功能。例如条码扫描功能，扫描货品本身的条码就可以确认货物信息，保证正品行货性，增加了用户网购的信任度；搜索方面也加以优化，商品列表页新增了多种排序功能，也就是我们所熟知的按照商品价格、销量、关注度等等来进行排序，选择商品时更加有根有据；其他诸如商品页大图浏览等等也进行了重构和优化。

为手机用户提供了优质购物体验，当当网手机客户端受到了广大消费者的青睐，下载次数达数万次以上。通过规模的增长来实现长远的盈利正是当当网长期的运营战略。当当网手机App客户端抓住了移动互联网带来的商机，迎合了广大手机用户的习惯与需求，为手机用户提供了丰富精彩的商品内容和贴心便利的服务。

(资料来源：本文改写自单仁合强编辑的"当当网手机App营销案例")

【知识嵌入】

随着手机和移动终端网民数量节节攀升，移动互联网技术能给用户提供即时、快速、便利、无地域限制的服务，很多企业越来越重视移动营销，以寻求移动营销新模式。

手机营销，是以手机工具为视听终端、移动网为平台、个性化信息传播为媒介、分众为传播目标、定向为传播效果、互动为传播应用的大众传播媒介——手机为基础的营销模式。据2014年8月中国互联网络信息中心(CNNIC)发布的第34次《中国互联网络发展状况统计报告》显示，截至2014年6月，我国手机网民规模达5.27亿人，网民中使用手机上网的人群占比由2013年的81.0%提升至83.4%，手机网民规模首次超越传统PC网民规模，使用手机在即时通信、搜索、网络新闻、网络音乐、网络视频、网络游戏、网络文学、网上支付、网络购物、微博、网上银行、团购、论坛等方面的应用都有明显的增加，如表5-1所示。

表5-1 2013年12月—2014年6月中国网民各类手机网络应用的使用率

应用	2014年6月		2013年12月		半年增长率/%
	用户规模/万人	网民使用率/%	用户规模/万人	网民使用率/%	
即时通信	45 921	87.1	43 079	86.1	6.6
搜索	40 583	77.0	36 503	73.0	11.2
网络新闻	39 087	74.2	36 651	73.3	6.6
网络音乐	35 462	67.3	29 104	58.2	21.8
网络视频	29 378	55.7	24 669	49.3	19.1
网络游戏	25 182	47.8	21 535	43.1	16.9
网络文学	22 211	42.1	20 228	40.5	9.8
网上支付	20 509	38.9	12 548	25.1	63.4

续表

应用	2014年6月		2013年12月		半年增长率/%
	用户规模/万人	网民使用率/%	用户规模/万人	网民使用率/%	
网络购物	20 499	38.9	14 440	28.9	42.0
微博	18 851	35.8	19 645	39.3	-4.0
网上银行	18 316	34.8	11 713	23.4	56.4
邮件	14 827	28.1	12 714	25.4	16.6
社交网站	13 387	25.4	15 430	30.9	-13.2
团购	10 220	19.4	8 146	16.3	25.5
旅行预订	7 537	14.3	4 557	9.19	65.4
论坛	6 890	13.1	5 535	11.1	24.5

(资料来源：CNNIC发布的34次《中国互联网络发展状况统计报告》)

手机媒体凭借其传播及时性、反馈便捷性，当之无愧地成为"第五媒体"，这种一点对多点、定向传播的便携移动媒体正被越来越多的企业和广告商看中，成为投放广告和进行营销的一种新载体。

一、手机广告

根据手机营销协会2012年9月的说法，"美国在手机广告支出方面是仅次于日本的全球第二大市场，将在明年以预测的12.4亿美元缩小这一差距，并将在2015年增长到50亿美元"。

(一)手机游戏广告

在手机游戏中插入广告，利用消费者对游戏的爱好把游戏作为广告载体。这种植入式广告互动性不错，但是鉴于游戏中间穿插广告有可能会造成用户的反感，因此传播效果有待评估。

(二)WAP类广告

无线网络使得用户不需要通过传统的计算机互联网终端来获取上网信息，人们可以随时随地通过手机上网浏览网页，获取信息。早在1999年2月日本的NTT DoCoMo公司就推出了一种叫作"I-mode"的移动互联网模式，这是世界上最成功的无线网络之一，"I-mode"中的"I"是"interactive"，意思为"internet"和"I"，代表互动、网络、个性。这充分说明移动媒体第一时间获取信息、及时互动的特性，这也是手机媒体广告最大的优势。

这种WAP广告主要包括两种形式：一种是广告主将WAP链接的广告信息通过短信发送，消费者点击链接就可以看到相关的广告信息；另外一种就是和传统互联网相似，浏览互联网门户网站时会有广告链接或者弹出广告等，访问 WAP 门户网站时同样也会获得此类广告信息。

(三)手机视频广告

3G 的到来使得此类广告突破了技术瓶颈，用户可以通过手机视频观看广告。众所周知，视频广告相比文字广告和图片广告更加直观形象、感染力更强、传播效果更好。但是手机的视频广告时间要明显短于电视和互联网，因此要在较短的时间和较小的屏幕上成功展现出产品的诉求点，这对于广告的创意和制作提出了新的要求。手机只需要安装播放器，便可随时观看视频，如图5-1所示。

图 5-1　各类视频播放器下载

(四)手机搜索广告

移动通信技术和互联网搜索技术的共同支持使得手机搜索成为可能，目前我国 WAP 门户网站已超过 5 万家，海量信息在逐渐造成手机上的"信息爆炸"，限于手机屏幕的大小以及手机上网的链接速度限制，手机搜索可以帮助用户形成专属于自己的个性化搜索，便捷及时地提供符合用户需求的信息。

二、手机短信营销

(一)手机短信营销含义

短信广告(俗称短信群发)就是通过发送短信息的形式将企业的产品、服务等信息传递给手机用户，从而达到广告的目的。手机短信息广告就是为了企业发展、节约开支、提高效益而产生的，逢年过节，打个电话向客户问好，首先电话费用高不提，有时可能会给繁忙的客户带来反感,而一个短信,在不影响客户工作的前提下,所带给客户的是企业温馨的祝福。通过短信可以将"打折信息""促销活动""新产品发布"等相关信息发布到客户的手机上,为企业树立品牌形象或占有市场创造无限商机,也为企业大大降低广告开支。

(二)手机短信服务营销的优越性

手机短信作为"第五媒体"的地位,已经得到广泛的认同,与传统大众媒体具有相通、相似、相近的共同之处,拥有庞大的受众群体。对于广告主而言,手机短信息广告媒体具有以下不可替代的信息传播优势:

(1) 速度快。短信广告的传播不受时间和地域的限制,全国任意一个省市都一样;发送数百万手机用户,均可在发送完毕后马上接收到广告信息。发布广告内容可以随时更改,保证最新信息在最短的时间内传播给消费者。

(2) 分众性、回报高。短信广告可以直接影响到最有消费力的一族,且同一产品可根据不同的接收对象轻松传递不同的广告信息,以求最大限度地刺激客户的购买欲。

(3) 投资省。短信广告打破了传统广告媒体定价的行规,广告主可以定好自己的支出预算,定向定条发送给目标客户。传播形式时尚、新颖。

(4) 精确性。短信广告最大的特性就是直达接收者手机,"一对一"传递信息,强制性阅读,时效性强,100%阅读率。在媒介与人接触的有限时间中,能提高人与广告的接触频率。

(5) 蔓延性。短信广告具有很强的散播性,速度快,一分钟即时发送,一瞬间万人传播。接收者可将信息随身保存,随时咨询广告主,需要时可反复阅读,并可随时发送给感兴趣的朋友。

(6) 灵活性。短信广告发布时间极具灵活性,广告主可以根据产品特点弹性选择广告投放时间,甚至具体到某个具体的时间段内发布。

(7) 互动性。短信广告可以让机主与销售终端互动,与大众媒体互动,通过这些使短信用户参与到商业互动中,短信广告使人们参与互动的机会大增。

(8) 低成本。短信广告的发布费用非常低廉,与传统媒体动辄几十万元甚至上百万元的广告费用相比,短信广告的成本几乎可以忽略不计。而通过短信平台提交短信广告,比直接用手机发短信息更便宜,大大降低了广告主的广告发布成本。

(9) 瞬时轰动效应强。它具有其他任何一个广告媒体都无法比拟的瞬时轰动效果。

(三)手机短信发送形式

手机短信广告相对于互联网广告要简单得多,短信息的发送不需第三方传递,不受时空的限制,收费又低廉,因此,在我国它的使用量已越来越高。据中国移动通信公司市场经营部部长张跃介绍,从2000年第四季度开始,全国手机短信息业务量每月平均增加几千万条。

广告信息大体有两种:一种是由移动通信公司发布的公共信息,多以宣传移动电话、IP卡等通信业务为内容,这种信息来自移动通信业界内部,有着得天独厚的优势,发布面广;另一种则是一些企业、商家直接向用户发布的商业信息。

手机短信息的发送一般有以下几种方式。

1) 对点发送

用户先要在自己的手机上进行短信息发送的相应设置,以后就可在手机中编辑短信息内容,输入对方的电话号码后,即可以很方便地将短信息内容发送给对方。这类短信息对发送方要收费,而接收方则是免费的。

2) 人工发送

这种短信息发送方式限于少量的与已知联系方式的客户进行信息交流,大量地向陌生号段推广营销内容,极少有人使用这种方式。

3) 网站发送

移动通信事业的发展丰富了互联网的内容,互联网的发展又推动了移动通信服务的增值。到目前为止,全国大部分省(市)的移动通信公司都在互联网上建立了自己的网站,其中不少移动通信网站都开通了网上免费短信息发送服务功能,例如上海移动、吉林移动、河北移动、甘肃移动、重庆移动、海南移动等。只要成为它的注册用户,就可在它的网站向任何有短信息功能的手机免费发送短信息。网络与无线移动通信的联袂,使得网上短信息的发送变得更为方便、简单,也更为实惠。

一些有识之士早已与移动通信联姻,建立了专门提供手机增值服务的网站,手机个人网站也日渐增多。免费发送手机短信也往往成为这些个人网站的一个服务项目,毕竟这也是增加访问量的一个手段。

4) 软件发送

所谓网上软件发送指的是在连接上互联网后,用某种软件的附带功能或专门功能向手机用户发送短信息。

三、手机App营销

App是基于手机和智能平板电脑的第三方应用程序(Application Program)。

(一) App营销简介

App营销是通过手机、平板电话、社区、SNS等平台上运行的应用程度来开展营销活动的。App 营销名类繁多，不同的应用类别需要不同的模式，主要的营销模式有植入广告模式、用户参与模式和购物网站移植模式。

(二)手机 App 营销特点

1) 成本低

App 营销的模式，费用相对于电视、报纸甚至是网络都要低得多，只要开发一个适合于本品牌的应用就可以了，可能还会有一点推广费用，但这种营销模式的营销效果是电视、报纸和网络所不能替代的。

2) 持续性

一旦用户下载到手机成为客户端或在 SNS 网站上查看，那么持续性使用将成为必然。如图 5-2 所示是一款瘦身运动 App，只要用户下载到手机中，便可根据该款软件设置的每日运动量持续使用，而且，该 App 还针对用户的不同需求以及自身状况，设置有连续进阶运动选择。

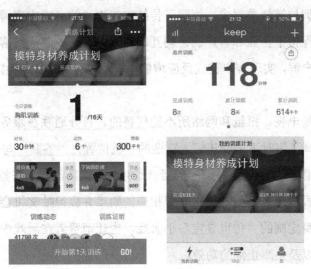

图 5-2　具有持续性特点的 keep 运动瘦身 App

3) 促销售

有了 App 的竞争优势，无疑增加了产品和业务的营销能力。

4) 信息全面

全面展示信息能够刺激用户的购买欲望，移动应用能够全面地展现产品的信息，让用户在购买产品之前就可以感受到产品的魅力，从而降低对产品的抵抗情绪，通过对产品信息的了解，刺激用户的购买欲望。

5) 随时服务

通过移动应用对产品信息的了解，可以及时地在移动应用上下单或者是链接移动网站进行下单。利用手机和网络，可以及时获得用户反馈，易于开展和用户之间的交流。客人的喜爱与厌恶的样式、格调和品位，也容易被品牌一一掌握。这对产品大小、样式设计、定价、推广方式、服务安排等，均有重要意义。

6) 跨时空

营销的最终目的是占有市场份额。互联网具有的超越时间约束和空间限制进行信息交换的特点，使得脱离时空限制达成交易成为可能，企业能有更多的时间和更多的空间进行营销，可每周7天每天24小时随时随地提供全球的营销服务。

7) 精准营销

通过可量化的精确的市场定位技术突破传统营销定位只能定性的局限，借助先进的数据库技术、网络通信技术及现代高度分散物流等手段保障和客户的长期个性化沟通，使营销达到可度量、可调控等精准要求。摆脱了传统广告沟通的高成本束缚，使企业低成本快速增长成为可能，保持了企业和客户的密切互动沟通，从而不断满足客户个性需求，建立稳定的企业忠实客户群，实现客户链式反应增值，从而达到企业长期稳定高速发展的需求。

8) 互动性强

这种营销效果是电视、报纸和网络所不能代替的。百分通联在服务于康师傅"传世新饮"的过程中，选择了将时下最受年轻人欢迎的手机位置化"签到"与App互动小游戏相结合，融入暑期营销活动。消费者接受"签到玩游戏 创饮新流行"任务后，通过手机在活动现场和户外广告投放地点签到，就可获得相应的勋章并赢得抽奖机会。除此之外，一款为"传世新饮"量身定制的"传世寻宝"小游戏，也让消费者在游戏中自然而然地了解了酸梅汤制作的工艺以及生津止渴的功效。

9) 用户黏性

App营销的黏性在于一旦用户将应用下载到手机，应用中的各类任务和趣味性的竞猜会吸引用户，形成用户黏性。

(三)手机App营销与手机其他形式营销的区别

1) 信息传播方式不同

传统手机媒体主要是以短信的形式作为主要的传播方式，这种传播方式是让消费者被动地接收产品信息，而App营销是企业将产品信息植于应用制作，供用户下载，通过应用达到信息传播的目的。

2) 传播内容不同

传统手机媒体传播的产品信息只是一些字面上的反映,用户不能全面地理解一个产品。应用程序中包含了一些图片、视频,可以全方位地感受产品,如一个汽车的应用,你不仅能够看到汽车的图片和视频,还能通过游戏感受该款汽车的性能。

3) 用户行为差异

传统手机媒体是用户被动地接受信息,容易让受众产生逆反心理,往往得到的是反方面的效果,而 App 营销是由用户自己下载,他们容易接受产品信息,更加容易达到传播效果。

(四)手机 App 营销策略

手机 App 营销策略主要有以下几项:

(1) 开发一个符合企业定位的品牌化 App 应用。

(2) 将应用程序传递到用户手机上。充分利用自己现有的渠道做推广,如名片、征订单、发货单、图书封底等,吸引读者下载安装;也可以通过第三方平台来推广,比如通过微博、群组等互联网应用形式来推广。

(3) 良好的后续服务支持。

(4) 与用户建立良好的关系。

(5) 营销效果的评估。

四、手机二维码营销

(一)二维码技术概述

二维码是一种新型的条码技术。条形码是由美国的 N. T. Woodland 在 1949 年首先提出的。近年随着计算机应用的不断普及,条形码应用得到了很大发展。第一代条形码是一维码,由宽度不同、反射率不同的条和空,按照一定的编码规则(码制)编制成的,用以表达一组数字或字母符号信息的图形标识符。平时生活里我们经常用到条码,像超市里的商品、图书馆里的图书都贴有这种竖条纹的条形码(一维码),用识别器一扫描,物品的品名、种类、价格等信息在计算机上一目了然。如图 5-3 所示。

图 5-3 条形码

一维条形码最大的问题就是信息只能在一个方向表达，承载的容量太少，需要用条码扫描仪扫描，对条码附载的介质也有比较高的要求，应用范围受到了一定的限制。美国Symbol 公司于 1991 年正式推出名为 PDF417 的二维条形码，简称为 PDF417 条码，即"便携式数据文件"——二维条形码。二维码以矩阵形式来表达，可以在纵横两个方向存储信息，可存储的信息量是一维码的几十倍，并能整合图像、声音、文字等多媒体信息，可靠性高、保密防伪性强，而且易于制作，成本低。

(二)手机二维码

最新发展的手机二维码识别技术，可以通过手机摄像头代替条码扫描仪进行识别，条码也能印刷在普通印刷物上，如图 5-4 所示。这样一来，以往移动鼠标，使用 IE 浏览器，通过有线网络接入互联网的人们，现在根本不需要计算机，只要用手机对准印刷在报纸上的二维码，读取条码内容，便可直接链接网站，观看影视、声音、网络媒体的内容。

手机二维码的出现，具有巨大的市场前景。随着 3G/4G 技术的发展，手机用户随时随地轻松一扫就可以链接到需要的内容，目前已普遍应用于各类商家及产品的宣传营销。

每一个二维码图案，都包含企业丰富的生产、销售信息。如图 5-5 所示，读者只要用手机扫描该二维码，便可以获得关于中央电视台 2014 春节联欢晚会的文本、链接、视频等丰富的信息。

图 5-4　印在普通印刷物上的某品牌二维码　　图 5-5　中央电视台 2014 年春节联欢晚会二维码

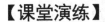

【课堂演练】

(1) 为你的营销产品编写 20 条具有营销价值、连续的短信内容,并向同班同学发送;每位同学从所收到的短信中,评选出自己认为最有营销价值的短信并陈述理由,作为互评成绩的评分依据。

(2) 在 App Store 中搜索排名前 25 的畅销 App,分析其品种类别和营销特点。

任务 2　户外新媒体营销

【教学准备】

(1) 具有互联网环境的实训教室。

(2) 指定可链接的网页如下。

- 鹰目户外广告:http://www.yingmoo.com
- 分众传媒:http://www.focusmedia.cn

【案例导入】

户外广告赢在创意

大多数人对户外广告的印象是城市繁华地段一些毫无艺术性和技术性的大面积 LOGO 展示或者 POP 媒体形式。随着经济文化和数字新媒体技术的稳步发展,原有的户外广告形式已经不足以保证广告公司的生存,传统户外媒体通过大量引进新技术、新材料、新设备使得传统户外媒体得以用声光电一体化的形象示人,楼宇电视、车载电视等一批户外新媒体也大量涌现,凭借着声光电的多媒体和新奇性特点,更容易吸引受众。

户外广告效果需要创意才能更加有效。以平面展示为主的传统户外广告,并非是海报的简单放大,户外广告的设计与创意既要避免受众重复接触的视觉疲劳,更要让受众驻足欣赏。例如,一则剃须刀的户外广告,如图 5-6 所示。这块广告牌采用了不同的策略,用一把巨大的剃须刀在一块草地上刮出了一条干净的小道,让人们不难想象出一个男人用剃须刀把脸刮得干净光滑的效果。借助草地环境,运用简单的道具打造出了一幅立体生动的户外广告,而这种形式也是其他任何媒体都达不到的。多数情况下的户外广告独创性都少不了对所处环境的充分利用。

户外广告的目标是尽可能更好地为客户塑造品牌和提升销售,因此一切广告创意的落脚点都要集中体现在品牌建立和商品销售上,这也正是广告创意与胡思乱想的区别。

图5-6 剃须刀户外广告

户外媒体以其现场感和主体性制造沉浸在其中的现场体验并给人以意外。例如，2012年 LG 的户外广告创意，是把橄榄球比赛的休息室门改装成了一个巨大的滚筒洗衣机，借助球员在中场休息时都会更换衣服这个契机，穿着脏兮兮的衣服走进休息室，出来的时候衣服已经是干干净净的了，给现场观众一种错觉就是这台滚动洗衣机起了作用，如图 5-7 所示。这种出色的创意和高超的场景融入，为 LG 赢得了滚筒洗衣机产品推广和创造话题的良好效果。

图5-7 LG 滚筒洗衣机户外创意广告

又如，法国电信运营商 Orange 为了宣传普及 4G 网络，利用 4G 网络"网速快"这一核心价值，调快戴高乐机场的一条平行扶梯速度，借助"4G 扶梯"的快速与"普通扶梯"的慢速鲜明对照，比拟 4G 的高速。扶梯上方悬垂的 LED 屏显示"欢迎体验 Orange 4G 高速网络"的字样，带给各位路人最惊讶的表情和快乐、疯狂的体验。

【知识嵌入】

户外新媒体是指安放在户外人们能直接看到的地方的数字电视等新媒体,是有别于传统的户外媒体形式(广告牌、灯箱、车体等)的新型户外媒体,主要包括户外 LED、楼宇数字电视、移动车载新媒体等。户外新媒体的内容主要是广告。

户外新媒体的传播优势:

1. 到达率高

通过策略性的媒介安排和分布,户外新媒体的广告能创造出理想的到达率。据实力传播的调查显示,户外新媒体的到达率目前仅次于电视媒体,位居第二。

由于受众对户外新媒体的关注度逐渐增加,很多客户越来越偏好使用户外新媒体,而户外新媒体的关注度和媒介的使用习惯呈逐年提高趋势。特别是在房地产、邮电通信、金融、服务和家电行业的投放额的比例逐年大增。

户外新媒体触达能力的无限性,一方面来自它自身的无孔不入,几乎任何户外的地方都可以发布大小、形式不一的广告;另一方面则来自人们户外活动的规律性。人们每天的生活总是有规律可循的,简单地说,一个人的普通生活就是若干"点与线"的组合。"必经之路"便成了户外广告"守株待兔"的最佳位置。这就给户外广告被接触频率提供了一个优越的先天条件。例如,人们每天总要接触若干次回家途中的户外广告。当广告人找到消费者相关活动的规律后,便能大大提升户外广告的效能了。

2. 视觉冲击力强

在公共场所树立巨型电子屏广告牌的实践,表明了它在传递信息、扩大影响方面的有效性。一块设立在黄金地段的巨型电子屏广告牌是任何想建立持久品牌形象的公司的必争之物,它的直接、简捷,足以迷倒全世界的大广告商。很多知名的户外新媒体广告牌,因为它的突出强冲击而成为这个地区远近闻名的标志,如美国纽约时代广场的巨型电子屏的新年倒计时活动一直是美国人民最喜爱的活动之一,同时吸引了数以万计的世界各地游人热情前往欢庆新年的到来,如图 5-8 所示。

户外新媒体能综合运用广告的大小、形状、载具形式、色彩、三维等各方面要素,为广告的创作提供创造的灵活性,表现力强;优秀的广告人能很巧妙地运用这些元素,同时借助高科技材料和技术的综合效果,形象生动地表现广告主题,卓越地表现出强势的视觉冲击力以吸引受众。

图 5-8　美国纽约时代广场巨型电子屏的新年倒计时

基于设计灵活性的特点,广告设计者常结合广告客户自身形象、发布区域、时间等量身定制富有个性化的广告。借助户外媒体特殊载具和新技术、新材料的特点来设计发布的一些形式个性化的广告,展示运动感和时空性。在一些城市的地铁隧道墙上,经常可以发现一连串不同幅的广告画面巧妙借用地铁运动演绎一幅动态画面的广告。同时,一些运用视频、数字、移动等新材料、新技术的户外媒体也逐渐成为一种趋势。户外新媒体给人的印象已不是简简单单的平面单一信息传达,目前数字电子技术的应用使户外新媒体开始"动"起来,有了动态大屏幕、数字视频网络播放系统和三维成像展示台,很多户外新媒体开始走向多元化,这也正是户外新媒体的生命力所在。

3. 发布时段长

许多户外新媒体是持久地、全天候发布的。它们每周 7 天每天 24 小时地伫立在那儿,这一特点令其更容易被受众见到。

4. 千人成本低

户外新媒体可能是最物有所值的大众媒体了。它的价格虽各有不同,但它的千人成本(即每 1 000 个受众所需的媒体费)与其他媒体相比更低廉:射灯广告牌为 2 美元,电台为 5 美元,杂志则为 9 美元,黄金时间的电视则要 1 020 美元。客户最终更看重千人成本,即每 1 000 个受众的费用。

5. 城市覆盖率高

在某个城市结合目标人群,正确地选择发布地点以及使用正确的户外新媒体,可以在理想的范围接触到多个层面的人群,即发布的广告可以和受众的生活节奏配合得非常好。

6. 单一媒体分散但数量巨大

多种户外新媒体载具组合运用,且配合其他媒体攻势、整合传播效果明显。但单一媒体分散、宣传区域有限、广告发布不规范。

联合式户外新媒体广告包括媒体联合(户外新媒体联合、户外新媒体与其他媒体联合)、品牌联合两种形式。户外新媒体联合，即将户外新媒体中各类形式综合性地组合运用于一个广告，如一个广告主题既用交通类广告，又用大型广告牌、街道媒体、人体媒体等同时发布广告；户外新媒体与其他媒体的组合是指一次广告中同时用到户外、电视报纸等媒体，如 CDMA 的户外广告的画面用的是电视广告的主画面，这便放大了广告的效能，达到了整合传播的目的。

一、户外 LED

户外 LED 电子屏媒体是 21 世纪广告业发展的趋势，是具有音视频功能的户内外广告展示设备，属国际领先的高科技产品。该设备外观新颖独特，它的面积可随意调整，不仅能播放音视频广告节目，而且四面还可装固定灯箱广告位，户外 LED 屏是帆布广告、灯箱广告的理想替代产品，现各地政府都鼓励推行使用户外 LED 屏，陆续取消帆布广告、灯箱广告审批。LED 电子屏媒体分为图文显示媒体和视频显示媒体，均由 LED 矩阵块组成。图文显示媒体可与计算机同步显示汉字、英文文本和图形；视频显示媒体采用微型计算机进行控制，图文、图像并茂，以实时、同步、清晰的信息传播方式播放各种信息，还可显示二维动画、三维动画、录像、电视、VCD 节目以及现场实况。LED 电子屏媒体显示画面色彩鲜艳，立体感强，静如油画，动如电影，广泛应用于金融、税务、工商、邮电、体育、广告、厂矿企业、交通运输、教育系统、车站、码头、机场、商场、医院、宾馆、银行、证券市场、建筑市场、拍卖行、工业企业管理和其他公共场所，如图 5-9 所示。

图 5-9　户外 LED 电子屏

(一)户外 LED 主要特点

户外 LED 具有以下特点：

(1) 户外全彩 LED 电子屏媒体广泛应用在公共场所、广告宣传、城市道路网、城市停车场、铁路、地铁等交通引导系统、高速公路旁。

(2) 采用 VGA 同步技术，大屏内容与 CRT 同步，更换广告内容简洁方便；超大画面、超强视觉、亮度高。

(3) 色彩丰富，显示方式变化多样(文字、图形、三维、二维、电视画面等)。

(4) 外观新颖独特，可提升城市科技水平，丰富城市居民文化生活，居民容易接受。

(二)LED 在出版物营销中的运用

1. 充分认识 LED 对出版物营销的广告功能

运用 LED 进行出版物广告营销，能强化企业形象，提高品牌的知名度，增强读者对品牌价值的认同感。如果运用得当，会取得有效的整体宣传效果。

2. 在策划和运用上要创新

首先，表现形式要创新，如果仅仅是平面作品的移植，只是用了更大字体、更醒目的图片，则没有设计感，难以形成出版企业的品牌，难以在众多的户外 LED 广告中脱颖而出、具有极强的视觉冲击力、给读者留下深刻的印象。其次，表现内容要创新，千万不能忽视户外广告的环境因素，而这恰恰是户外 LED 广告区别于其他媒体广告的根本所在。在一个只有 5 秒钟停留和一个 5 分钟停留的环境中，在一个拥挤嘈杂的和一个清静优雅的环境中，坐在行进的车辆上和站在购物场所前，人们的心境是完全不同的，对广告的关注程度也有着巨大的差别。因此，我们在广告的诉求上应该有的放矢，有简有繁。再次，表现手法要创新，高新科技的发展给户外 LED 广告的表现手法提供了空间，光电艺术的巧妙结合使户外 LED 广告的视觉冲击力发挥得淋漓尽致。应该借助于各种环境因素，使广告活起来。

二、楼宇数字电视

在新媒体的概念下，围绕着楼宇展开的一系列的广告活动也日益丰富起来。其中包括楼宇户外超大 LED 屏、电梯等候区的楼宇数字电视等。本书主要讲解的是楼宇数字电视，如图 5-10 所示。

楼宇数字电视是指在具有高消费能力的人群聚集地进行多媒体信息发布的电视传播网络。楼宇数字电视在 2002 年年底作为一种新兴行业，分众传媒首先开始在中国推广，随后在中国市场的发展可谓突飞猛进。2003 年 5 月聚众传媒也开始进入这一领域。在不到 2 年的时间里，两家传媒公司已经各自覆盖了全国 30 多个城市和一万多座商业楼宇，日覆盖人次逾千万，广告业务也应接不暇。分众和聚众这两家公司的快速扩张使中国楼宇视频不仅受到广告商的欢迎,还赢得了国外大牌投资者的青睐。2004年9月,凯雷集团对聚众传媒的首批投资1500万美元到账。一个月后,高盛公司和3i宣布联手向分众传媒注资近3000万美元。中国的商业楼宇视频成为国际投资巨鳄的新宠。经过几年的发展,中国楼宇电视市场已经从最初的"独食者孤"演变成"竞争者众",一线城市竞争白热化,二线城市掘金潮涌现。经过了几年的"圈地式"竞争,国内最优秀的商业楼宇资源已经基本圈地结束,然而欲求进入市场再分一杯羹的人却有增无减。

图 5-10　楼宇数字电视

(一)楼宇数字电视传播的特点

楼宇数字电视传播主要有以下特点:

(1) 目标受众明确,且大部分是优质的潜在客户。据央视市场研究股份有限公司对上海液晶电视效果市场评估报告称,楼宇液晶广告的目标受众大部分年龄在30~39岁,月收入在3 500元以上,教育程度为大学本科,男女比例较为平均。这些在高档写字楼工作的白领阶层,一般从事较体面的工作,有稳定的收入,且收入高,年轻富有魄力,承担的生活负担较小,消费欲高,是时尚与潮流的逐浪人,是商家争夺的目标,但同时也是传统媒介最想覆盖却较难覆盖的高收入群体。比如,在楼宇数字电视中传播都市报的主要新闻,把发生在读者身边的事以标题的形式展示给读者,那么读者在等待电梯过程中或乘坐电梯中,被这些标题吸引,一到办公室极有可能会登录相关网站去详读自己感兴趣的内容;又如,一些对白领的职业发展有帮助的图书,在他们经常出入的写字楼数字电视中进行宣传,极易刺激他们的购买兴趣。

(2) 楼宇电视广告适应目标消费人群的收视习惯。据CSM媒介研究数据显示,全国每天电视消费时间呈逐年下降趋势,人们看电视的时间越来越短,尤其是城市中高档消费的主力军,"三高"(高收入、高学历、高消费)人群由于工作忙、生活节奏快,几乎没时间观看电视广告。而高档写字楼这些地方的电视咨询和广告信息因此能够乘虚而入,一定程度上吸引了这些都市白领的眼球。

(3) 楼宇电视广告目标受众明确，广告成本低(广告千人成本约为当地传统媒体的1/10)、广告干扰度低(如受众无法转台观看别的节目)。因为楼宇电视都安装在高档写字楼的电梯旁，容易引起潜在消费者的关注，广告传播效果良好。

(二)楼宇电视营销存在的问题

由于楼宇电视发展时间短暂，制度不完善，在运营过程中、在效果体现上日益暴露的问题，尤其值得关注，唯有解决了这些问题，楼宇电视广告才能真正实现高效传播。总体来说，我国的楼宇广告存在以下几方面的问题：

1) 内容单一，可看性不强

上海海略管理信息咨询有限公司曾在上海和北京两地进行调研，对商业写字楼内工作的白领人士进行随机拦截访问，接触受访者 1 000 余人，有效问卷为 716 份。调查结果为写字楼里的受访者普遍认为楼宇视频媒体的确能帮助打发空闲时间，但楼宇媒体的唯一内容——广告却让他们产生不愉快。楼宇电视重复播放的内容让人生厌，广告效果很不明显，因为消费者看过了不等于会记住，记住了不等于会购买。另外，由于受长期的广告氛围影响，消费者的认知能力提高了，他们绝不会再轻而易举地、盲目地接受媒体广告。而且他们还会产生排斥心理，拒绝接受形如广告的内容影响。楼宇电视作为纯粹的广告传播媒体，缺少节目内容的承载，是其发展的瓶颈所在。

2) 信息传播与接收上的错位

由于广告播放时间和受众进出电梯时间不一致，面对不完整的楼宇广告，面对广告所要传达的品牌信息，消费者无从把握，也就谈不上营销的最后环节——记忆购买。这是被整合营销传播视为不关注消费者利益的后果。整合营销传播的重点是考虑消费者的需求和心理，将他们作为"上帝"对待，要经常跟他们实现双向沟通交流，才能获得有效的传播策略。目前，楼宇电视明显忽略了受众的需求，不论是在播放时间上还是在播放内容上都偏离了受众的需求。调查显示，受众更希望在这短暂的停留时间里获知诸如新闻、天气预报、财经等资讯类信息，而不只是广告。

3) 广告创意有待提升

由于楼宇广告只是传统电视广告的延伸，因此，我国楼宇广告的创作模式和水平与我国的电视广告基本处于同一水平。在创意上都以"叫卖式"的广告为主，具有强烈的故事性和幽默感的广告不多。因此，其传播效果大打折扣。

三、车载移动新媒体

车载移动新媒体是指利用数字广播电视地面传输技术播出，以满足流动人群的视听需求为主的新型媒体。以火车、出租车、公交车等载体，通过车内数字LED为媒体工具播放。

车载移动电视新媒体迅速兴起的原因之一在于巨大的需求。人群流动，是现代人生活的主语。车载移动电视新媒体的诞生，也源自流动。如果观察车上的形态，我们就会发现，发短信、看报纸、看站名、打电话、听MP3等成了常见场景，这说明，人们在车上有着资讯的需求。这给车载移动电视新媒体带来了潜在的机会，移动电视有内容可以吸引这些受众的主动关注，从而衍生出广告价值。原因之二在于技术。车载移动电视新媒体之所以得到比较大的发展，正是得益于数字和视频技术的快速发展。作为可在移动状态中收看数字电视的车载移动电视新媒体，其媒体内容通过数字技术进行压缩、编码、传输、存储，实时发送、广播。

(一)车载移动新媒体的传播特点

1. 覆盖面广，流动性强

火车可以穿梭在不同的城市，出租车则在城市的大街小巷出入，公交车又有固定的运营线路。这种地毯式、流动性的覆盖优势和特点，弥补了固定媒体的不足。

2. 强制性高，重复率高

根据专业公司的调查和统计，车载传媒的广告认知率为54%，信息准确传达率达到72%，与报纸杂志、广播电视等的宣传效果相比，属于高到达媒体。

(二)车载移动新媒体营销优势

1. 可移动的全封闭传播环境

与其他户外媒体相比，车载媒体广告的传播方式是主动出现在乘客的视野中，在传播方式上最为积极、主动；长时间广告环境全封闭，无干扰。

2. 近距离多频次阅读

车载移动新媒体可以加深人们对传播内容的理解和接受程度。虽然目前出版物运用这种车载新媒体宣传的并不多见，但出版发行单位可以运用这种车载移动新媒体进行创新性的营销，比如策划一些活动在城市推广，也可以通过作者访谈发起话题讨论等。比如出版医学图书的出版社，在不同的季节来临时，可以制作一些保健、饮食等健康题材的宣传片在城市的出租车、公交车上播放，这样可以吸引读者关注医学图书、关注作者信息，从而达到出版物营销的目的。

【课堂演练】

案例欣赏与讨论：《小爸爸》植入广告分析。

项目实训实践　寻找区域内户外新媒体营销机会

1. 实训名称

区域内户外新媒体广告调查分析与实施。

2. 实训目的

(1) 能对学校所在区域内户外新媒体广告现状情况进行调查与分析。

(2) 能与户外新媒体广告公司进行合作洽谈，了解广告形式、广告价位等业务。

(3) 能有针对性地选择户外新媒体进行产品营销。

(4) 能运用所学新媒体制作技术为某产品设计一则户外新媒体广告。

3. 实训内容

(1) 观察区域内户外 LED(不少于 10 处)的广告内容，记录最集中的产品或商家名称。

(2) 记录 LED 广告地理位置，观察其周边道路交通、店家、人流等情形。

(3) 观察楼宇数字电视广告，记录最集中的产品或商家名称。

(4) 记录楼宇的名称及功能、楼宇的地理位置，观察其周边道路交通、店家、人流等情形。

(5) 分析所调查的户外 LED 和楼宇数字电视更适合进行哪类产品的营销。

(6) 分析与户外新媒体广告公司进行合作洽谈，了解广告合作形式、广告价位等业务常识。

(7) 根据上述调查模拟为某产品做一个户外广告，制订广告实施方案，并制作 1 份广告小样。

4. 实训步骤

第一步，分区调查。根据学校所在区域，在地图上进行片区划分。每个小组完成一个片区的调查。班级所有小组共同完成所在区域内的户外新媒体广告调查，在划分片区时注意街道的东西南北方向，不能有遗漏。

第二步，小组分工，路段责任制。每个成员负责小组片区的某路段户外新媒体广告调查与观察。

第三步，调查、观察与记录。

(1) 观察区域内户外 LED(不少于 10 处)的广告内容中，最集中的产品或商家是什么、有什么特点、分析为什么是它们。

(2) 记录此 10 处的地理位置，并观察其周边道路交通、店家、人流等情形。

(3) 至少走入 10 家楼宇并在数字电视广告前观察不少于 30 分钟，看看其广告内容中最集中的产品或商家是什么、有什么特点、为什么是它们。

(4) 记录此 10 家楼宇的名称及功能、楼宇的地理位置，观察其周边道路交通、店家、人流等情形。

(5) 走访广告公司，了解户外新媒体广告合作形式、合作价位等相关业务。

第四步，分析。根据所调查的户外 LED 和楼宇数字电视，分析其现有广告的优劣势。

第五步，模拟户外广告制作与投放。假如你要为本学期模拟营销的某产品做一个户外广告，你会选择哪个形式？为什么？并制订 1 份广告方案，制作 1 份广告小样。

5. 实训要求

(1) 以小组为单位上交所负责片区的户外新媒体广告现状分析报告。

(2) 以小组为单位上交 1 份广告投放方案。

(3) 以小组为单位上交 1 份广告小样。

(4) 时间允许情形下，全班同学进行调查报告分析汇报，并为此汇报会制作好陈述 PPT。

6. 考核标准

	优秀(90~100 分)	良好(80~90 分)	合格(60~80 分)
考核标准 (100 分制)	调查过程有详细记录，调查分析报告有事实基础并逻辑性强；广告方案有创意，与模拟营销的产品相吻合；广告小样设计有创意和视频冲击力	调查过程有较详细记录，调查分析报告有一定的逻辑性并具有相应的要素；广告方案有一定的创意，能表达模拟营销产品的核心诉求；广告小样设计有一定的审美价值	积极参与调查，及时上交调查分析报告和广告方案；广告小样设计有一定的审美价值
自评分			
教师评分			

说明：未参与实训项目，在本次实训成绩中计 0 分。

课后练习

1. 阅读 10 篇关于手机营销方面的论文,并尝试撰写一篇手机营销的论文。
2. 收集国内外户外新媒体创意广告案例,并探讨其创意与品牌价值的内在关系。

项目六　电子商务平台营销

【项目情境描述】

电子商务作为一种新型的商务模式，代表着未来贸易方式的发展方向，其跨越时空交易的便捷性、快速流通和低廉价格能为企业提供更广阔的市场，是未来经济发展的巨大推动力。电子商务平台是一个为企业或个人提供网上交易洽谈的平台，是建立在 Internet 上进行商务活动的虚拟网络空间和保障商务顺利运营的管理环境；是协调、整合"三流"(即信息流、物质流、资金流)有序、关联、高效流动的重要场所。企业、商家可充分利用电子商务平台提供的网络基础设施、支付平台、安全平台、管理平台等共享资源，有效地、低成本地开展自己的商业活动。电子商务平台可提供网上交易和管理等全过程的服务，因此它具有广告宣传、在线展会、虚拟展会、咨询洽谈、网上订购、网上支付、电子账户、服务传递、意见征询、交易管理等各项功能。

一方面，企业可以通过自身电子商务平台的建设，有效地在 Internet 上构架安全的和易于扩展的业务框架体系，实现 B2B、B2C、C2C、O2O、B2M、M2C、B2A(即 B2G)、C2A(即 C2G)、ABC 模式进行商品交易。另一方面，企业借助第三方搭建的电子商务平台实现互联网营销，让用户多一种途径来了解、认知或者购买商品。

本项目将带领大家认识什么是电子商务，了解电子商务模式和相关的电子商务平台运行规则，为网络书店经营管理、网店经营管理等课程学习和将来从事数字新媒体营销相关岗位工作奠定基础。

【学习目标】

(1) 认识电子商务及其对出版物营销的影响。
(2) 认识电子商务模式。
(3) 能利用电子商务平台进行营销。
(4) 能借助淘宝平台建立网店，并能为所开网店进行货源组织、商品命名、细节描述、图片拍摄与美化处理、网店推广与售后服务等。

【学习任务】

任务1　电子商务概述(建议：2课时)
任务2　企业的电子商务营销策略(建议：2课时)

项目实训实践　我在淘宝开网店(建议：4课时)

任务 1　电子商务概述

【教学准备】

(1) 具有互联网环境的实训教室。
(2) 指定可链接的网页如下。
- 快站：http://zhan.sohu.com
- 百度手机助手：http://shouji.baidu.com

【案例导入】

招商银行的电子商务及网络营销创新

成立于1987年4月8日的招商银行是我国第一家完全由企业法人持股的股份制商业银行，总行设在深圳。经过20多年的发展，招商银行已发展成为一家具有一定规模与实力的全国性商业银行，其独特的经营管理模式不仅为中国银行业的改革与发展做出了有益的探索，同时也取得了良好的经营业绩。

招商银行成功的秘诀在于"科技兴行"，该行的电子商务应用在国内同业中始终处于领先地位。从1997年开始，招商银行便把目光瞄向了刚刚兴起的互联网，并迅速取得了网上银行发展的优势地位，招商银行的金融电子服务从此进入了"一网通"时代。经过多年的建设，招商银行电子商务应用主要包括网上企业银行、网上个人银行、网上支付系统、网上证券交易系统和5个系列网站在内的全系列网上银行产品。截至 2014 年 6 月 30 日，招商银行在中国大陆的 110 多个城市设有 115 家分行及 986 家支行、2420 家自助银行、9770 台现金自助设备；招商银行网上银行零售网上银行专业版有效客户总数已达 1745.82 万户，网上企业银行客户总数达到 392 441 户，国内一些主要的知名网站，包括卓越网、当当网，都是招商银行的网上合作商户。

招商银行在保持产品创新的同时，一直非常注重网络应用创新。不管是产品市场细分、营销推广还是客户服务和品牌传达，招商银行充分利用互联网资源进行营销。比如，2005年招商银行在国内首推针对大学生的信用卡产品——Young 卡，Young 卡的申请、使用介绍、后期服务等均通过互联网与学生进行沟通；2006 年正式发行针对时尚年轻女性的 Hello Kitty 粉丝信用卡，并单独建立了专题网站，将有关 Hello Kitty 卡的产品申请、使用信息等放到了网上，同时也开展了一些线下的推广方式进行配合；招商银行25周年"因您而变"的感恩营销，运用新浪、腾讯、MSN、优酷、奇艺、FT中文网、社交媒体、精准富媒体、微博平台等网络媒体的影响力与高覆盖性拉动网民关注和登录网站参与活动。

招商银行的电子商务应用和网络营销创新，已成为我国银行的一个标杆。

(资料来源：改写自网络资料，http://www.doc88.com/p-2701064712828.html)

【知识嵌入】

一、电子商务的基本概念

(一)电子商务的定义

电子商务(Electronic Commerce)是指以电子及电子技术为手段，以商务为核心，在全球各地广泛的商业贸易活动中，在互联网开放的网络环境下，基于浏览器/服务器应用方式，利用简单、快捷、低成本的电子通信方式，买卖双方不谋面地进行各种商贸活动，实现消费者的网上购物、商户之间的网上交易和在线电子支付以及各种商务活动、交易活动、金融活动和相关的综合服务活动的一种新型的商业运营模式。

电子商务是以计算机网络为基础，以电子化方式为手段，以商务活动为主体，在法律许可范围内所进行的商务活动过程。

电子商务的范围涉及人们的生活、工作、学习及消费等广泛领域，其服务和管理也涉及政府、工商、金融及用户等诸多方面。Internet在逐渐地渗透到每个人的生活中，而各种业务在网络上的相继展开也在不断推动电子商务这一新兴领域的昌盛和繁荣。电子商务可应用于小到家庭理财、个人购物，大至企业经营、国际贸易等诸多方面。具体地说，其内容大致可以分为三个方面：企业间的商务活动、企业内的业务运作以及个人网上服务。

它是一个不断发展的概念。IBM公司于1996年提出了Electronic Commerce(E-Commerce)的概念，到1997年，该公司又提出了Electronic Business(E-Business)的概念。但中国在引进这些概念的时候都把它们翻译成了电子商务，很多人对这两个概念产生了混淆。事实上这两个概念及内容是有区别的，E-Commerce应翻译成电子商业，有人将E-Commerce称为狭义的电子商务，将E-Business称为广义的电子商务。E-Commerce是指实现整个贸易过程中各阶段贸易活动的电子化，E-Business是利用网络实现所有商务活动业务流程的电子化。E-Commerce集中于电子交易，强调企业与外部的交易与合作，而E-Business则把涵盖范围扩大了很多。广义上指使用各种电子工具从事商务或活动。狭义上指利用Internet从事商务的活动。

电子商务系统最终需要在一定的环境下运行，包括网络环境、社会环境、硬件环境、软件及开发环境、电子商务服务环境、电子商务应用环境等，如图6-1所示。

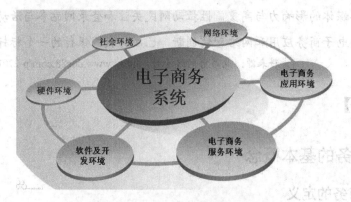

图6-1 电子商务系统运行环境

(二)电子商务基本术语

(1) 网上商城。网上商城类似于现实世界中的商店，两者之间的差别是，网上商城是利用电子商务的各种手段，达成从买到卖全过程的虚拟商店，从而减少中间环节，消除运输成本和代理中间的差价。

(2) 网上支付。网上支付是电子支付的一种形式，它是通过第三方提供的与银行之间的支付接口进行的即时支付方式，这种方式的好处在于可以直接把资金从用户的银行卡中转账到网站账户中，汇款马上到账，不需要人工确认。客户和商家之间可采用信用卡、电子钱包、电子支票和电子现金等多种电子支付方式进行网上支付，这一支付方式节省了交易的开销。

(3) PV、重复购买率、客单价。PV(Page View)即页面浏览量，或点击量。重复购买率是指消费者在网站中的重复购买次数，重复购买率越多，则反映出消费者对该网站的忠诚度越高，反之则越低。客单价(Per Customer Transaction)是指每一个订单的平均购买商品金额，也就是平均交易金额。它是电子商务最常用的广告形式。

(4) 库存。实际库存是仓库中的实际库存量。虚拟库存又叫前台库存，即网站前台展示的库存数量，是电子商务行业特定属性的产物，在日常操作中，经常有消费者在下单后不会立即付款，此时商品不做实际出库操作，但是前台页面库存数已经减少，为了不影响前台页面展现的库存量，就需要设置一个虚拟库存。库存预警是指设置一个库存警戒线，当仓库实际库存到达库存警戒线的时候就会提醒补货。库存警戒线的设置可参照该商品平时销售情况考虑。库存盘点是指对仓库保管的商品进行数量和质量的检查，以清点库存物资的实际数量，做到账、物、卡三相符；查明超过保管期限、长期积压物资的实际品种、规格和数量,以便处理检查库存物资盈亏数量及原因。通过盘点要求做到:库存物资数量清、规格清、质量清、账卡清、盈亏有原因、事故损坏有报告、调整有根据,确保库存物资的准确。库存周转率,英文为 Inventory Turn Over,一般缩写为 ITO,它是一种衡量材料在工厂里或是整条价值流中流动快慢的标准。最常见的计算库存周转率的方法,就是把年度销售产品的成本(不计销售的开支以及管理成本)作为分子,除以年度平均库存价值。其计算公式如下:

$$库存周转率=年度销售产品成本\div当年平均库存价值$$

(5) Web 产品设计。用户界面 (UI,User Interface)设计是指对页面的人机交互、操作逻辑、界面美观的整体设计。好的 UI 设计不仅能让网站变得有个性、有品位,还能让网站的操作变得舒适、简单、自由,充分体现网站的定位和特点。即用户体验(UE,User Experience)是指用户访问一个网站或者使用一个产品时的全部体验。他们的印象和感觉,是否成功,是否享受,是否还想再来使用;即他们能够忍受的问题、疑惑和 BUG 的程度。

(6) 秒杀。它是网上竞拍的一种新方式。所谓"秒杀",就是网络卖家发布一些超低价格的商品,所有买家同一时间在网上抢购的一种销售方式。由于商品价格低廉,往往一上架就被抢购一空,有时甚至只用一秒钟。

(7) 满就送、搭配套餐、限时打折与店铺优惠券。满就送(满就减、满就送礼、满就送积分、满就免邮费)就是卖家设计的一个让消费者购买满一定金额就获得额外产品、奖励或服务的营销手段。

搭配套餐是将几种商品组合在一起设置成套餐来销售,通过促销套餐可以让买家一次性购买更多的商品。它的作用是提升店铺销售业绩,提高店铺购买转化率,提升销售笔数,增加商品曝光力度,节约人力成本。此工具目前不支持虚拟类商品。

限时打折是电子商务平台提供给卖家的一种店铺促销工具,订购了此工具的卖家可以在自己店铺中选择一定数量的商品在一定时间内以低于市场价进行促销活动。活动期间,买家可以在商品搜索页面根据"限时打折"这个筛选条件找到所有正在打折中的商品。限时打折活动商品不支持购物车。该工具目前不支持虚拟类商品。

店铺优惠券是虚拟电子现金券,卖家在开通营销套餐或会员关系管理后,额外给卖家开通的一个超强促销工具。店铺优惠券无须充值,虚拟电子现金券,卖家不必担心任何风险。

(三)电子商务发展的基础

电子商务的形成与交易离不开以下三个方面的关系。

(1) 交易平台。第三方电子商务平台(以下简称第三方交易平台)是指在电子商务活动中为交易双方或多方提供交易撮合及相关服务的信息网络系统总和。

(2) 平台经营者。第三方交易平台经营者(以下简称平台经营者)是指在工商行政管理部门登记注册并领取营业执照，从事第三方交易平台运营并为交易双方提供服务的自然人、法人和其他组织。

(3) 站内经营者。第三方交易平台站内经营者(以下简称站内经营者)是指在电子商务交易平台上从事交易及有关服务活动的自然人、法人和其他组织。

电子商务，有门户网站经营，其信息流、资金流、物流等比较完善。

二、电子商务的特点与功能

(一)电子商务的特点

从电子商务的含义及发展历程可以看出电子商务具有如下基本特征。

(1) 普遍性。电子商务作为一种新型的交易方式，将生产企业、流通企业以及消费者和政府带入了一个网络经济、数字化生存的新天地。

(2) 方便性。在电子商务环境中，人们不再受地域的限制，客户能以非常简捷的方式完成过去较为繁杂的商务活动，如通过网络银行能够全天候地存取账户资金、查询信息等，同时使企业对客户的服务质量得以大大提高。

(3) 整体性。电子商务能够规范事务处理的工作流程，将人工操作和电子信息处理集成为一个不可分割的整体，这样不仅能提高人力和物力的利用率，也可以提高系统运行的严密性。

(4) 安全性。在电子商务中，安全性是一个至关重要的核心问题，它要求网络能提供一种端到端的安全解决方案，如加密机制、签名机制、安全管理、存取控制、防火墙、防病毒保护等，这与传统的商务活动有着很大的不同。

(5) 协调性。商务活动本身是一种协调过程，它需要客户与公司内部、生产商、批发商、零售商间的协调，在电子商务环境中，它更要求银行、配送中心、通信部门、技术服务等多个部门的通力协作，电子商务的全过程往往是一气呵成的。

(6) 集成性。电子商务以计算机网络为主线，对商务活动的各种功能进行了高度的集成，同时也对参加商务活动的商务主体各方进行了高度的集成。高度的集成性使电子商务进一步提高了效率。

(二)电子商务的功能

电子商务可提供网上交易和管理等全过程的服务，因此它具有广告宣传、咨询洽谈、网上订购、网上支付、电子账户、服务传递、意见征询、交易管理等各项功能。

(1) 广告宣传。电子商务可凭借企业的 Web 服务器和客户的浏览,在 Internet 上发布各类商业信息。客户可借助网上的检索工具(Search)迅速地找到所需商品信息,而商家可利用网上主页(Home Page)和电子邮件(E-mail)在全球范围内做广告宣传。与以往的各类广告相比,网上的广告成本最为低廉,而给顾客的信息量却最为丰富。

(2) 咨询洽谈。电子商务可借助非实时的电子邮件(E-mail)、新闻组(News Group)和实时的讨论组(Chat)来了解市场和商品信息、洽谈交易事务,如有进一步的需求,还可用网上的白板会议(Whiteboard Conference)来交流即时的图形信息。网上的咨询和洽谈能超越人们面对面洽谈的限制,提供多种方便的异地交谈形式。

(3) 网上订购。电子商务可借助 Web 中的邮件交互传送,实现网上订购。网上订购通常都是在产品介绍的页面上提供十分友好的订购提示信息和订购交互格式框。当客户填完订购单后,通常系统会回复确认信息单来保证订购信息的收悉。订购信息也可采用加密的方式使客户和商家的商业信息不会泄露。

(4) 网上支付。电子商务要成为一个完整的过程,网上支付是重要的环节。客户和商家之间可采用信用卡账号进行支付。在网上直接采用电子支付手段,可节省交易中很多人员的开销。网上支付将需要更为可靠的信息传输安全性控制,以防止欺骗、窃听、冒用等非法行为。

(5) 电子账户。网上的支付必须要有电子金融来支持,即银行或信用卡公司及保险公司等金融单位要为金融服务提供网上操作的服务。而电子账户管理是其基本的组成部分。

信用卡号或银行账号都是电子账户的一种标志。而其可信度需配以必要的技术措施来保证。如数字证书、数字签名、加密等手段的应用,提供了电子账户操作的安全性。

(6) 服务传递。对于已付了款的客户,应将其订购的货物尽快地传递到他们的手中。而有些货物在本地,有些货物在异地,电子邮件将能在网络中进行物流的调配。而最适合在网上直接传递的货物是信息产品,如软件、电子读物、信息服务等。它能直接从电子仓库中将货物发到用户端。

(7) 意见征询。电子商务能方便地采用网页上的"选择""填空"等格式文件来收集用户对销售服务的反馈意见。这样使企业的市场运营能形成一个封闭的回路。客户的反馈意见不仅能提高售后服务的水平,更使企业获得改进产品、发现市场的商业机会。

(8) 交易管理。整个交易的管理将涉及人、财、物多个方面,企业和企业、企业和客户及企业内部等各方面的协调和管理。因此,交易管理是涉及商务活动全过程的管理。

电子商务的发展,将会提供一个良好的交易管理的网络环境及多种多样的应用服务系统。这样,能保障电子商务获得更广泛的应用。

三、电子商务模式分类

电子商务模式分类的方法很多，依据不同分类，其结果也不同。通常按照交易对象来划分，电子商务可分为 ABC、B2B、B2C、C2C、B2M、M2C、B2A(即 B2G)、C2A(即 C2G)、O2O 等。

(一)ABC

ABC 模式=Agents to Business to Consumer

ABC 模式是新型电子商务模式的一种，被誉为继阿里巴巴 B2B 模式、京东商城 B2C 模式、淘宝 C2C 模式之后电子商务界的第四大模式。它是由代理商(Agents)、商家(Business)和消费者(Consumer)共同搭建的集生产、经营、消费为一体的电子商务平台。三者之间可以转化。大家相互服务，相互支持，你中有我，我中有你，真正形成一个利益共同体。

(二)B2B

B2B = Business to Business

B2B，即企业与企业之间通过互联网进行产品、服务及信息的交换。通俗的说法是指进行电子商务交易的供需双方都是商家(或企业、公司)，他(她)们使用了 Internet 的技术或各种商务网络平台，完成商务交易的过程。这些过程包括发布供求信息，订货及确认订货，支付过程及票据的签发、传送和接收，确定配送方案并监控配送过程等。有时写作 B to B，但为了简便就用其谐音 B2B(2 即 two)表示。

(三)B2C

B2C = Business to Customer

B2C 模式是我国最早产生的电子商务模式，以 8848 网上商城正式运营为标志，如今的 B2C 电子商务网站非常得多，比较大型的有京东商城、哈妹网等。如当当网、亚马逊网等网络书店，也均属于此类。

(四)C2C

C2C = Consumer to Consumer

C2C 同 B2B、B2C 一样，都是电子商务的模式之一。不同的是，C2C 是用户对用户的模式，C2C 商务平台就是通过为买卖双方提供一个在线交易平台，使卖方可以主动提供商品上网拍卖，而买方可以自行选择商品进行竞价。

(五)B2M

B2M = Business to Manager

B2M 是相对于 B2B、B2C、C2C 的电子商务模式而言，它是一种全新的电子商务模式。而这种电子商务相对于以上四种有着本质的不同，其根本的区别在于目标客户群的性质不同，前四者的目标客户群都是作为一种消费者的身份出现，而 B2M 所针对的客户群是该企业或者该产品的销售者或者为其工作者，而不是最终消费者。

(六) M2C

M2C = Manager to Consumer

M2C 是针对于 B2M 的电子商务模式而出现的延伸概念。B2M 环节中，企业通过网络平台发布该企业的产品或者服务，职业经理人通过网络获取该企业的产品或者服务信息，并且为该企业提供产品销售或者企业服务，企业通过经理人的服务达到销售产品或者获得服务的目的。

(七) O2O

O2O=Online to Offline

O2O 是近年来兴起的一种电子商务新商业模式，即将线下商务的机会与互联网结合在一起，让互联网成为线下交易的前台。这样线下服务就可以用线上来揽客，消费者可以用线上来筛选服务，此外，成交还可以在线结算，并很快达到规模。该模式最重要的特点是，推广效果可查，每笔交易可跟踪。

【课堂演练】

上网搜索，学习 B2B、B2C、C2C、ABC 电子商务模式，并从定价方式、买方利益、卖方利益、收入来源等角度详细了解各种电子商务模式的优点。

任务 2　企业的电子商务营销策略

【教学准备】

(1) 具有互联网环境的实训教室。

(2) 指定可链接的网页如下。

- 阿里巴巴网：http://www.1688.com
- 湖南旅游电子商务平台：http://www.hntgov.com
- 当当网：http://dangdang.com

【案例导入】

电子商务平台网络营销推广步骤

电子商务平台主要完成的使命：一是提升品牌形象；二是提升用户体验水平；三是提升交易效率；四是优化资源配置。为达到目的，企业需要做以下事情：

第一步，选择一个好的域名。域名一旦确立不能随意更改，中途更改必将影响甚广。首先好域名是安全和稳定的，使用企业主体作为域名的注册人，获得域名使用权和所有权，不留下安全隐患；域名的稳定性是销售和宣传推广的保障；好的域名是利于优化的，域名与搜索引擎优化之间关系密切，电子商务网站流量的70%来自搜索引擎，因此域名在搜索引擎中的可信度直接影响搜索引擎排名。

第二步，选择一个好的空间。优秀的空间整体性能是电子商务平台健康运行的重要保障，发挥着基础的作用。空间要稳定、安全、快速、有容，并利于优化。

第三步，网站设计与开发建设。在用户体验方面，网站开发建设要利于转化率提升；在网站建设过程中，始终要融合搜索引擎优化思想；在界面设计上，要巧妙衬托企业文化。网站的具体功能设计包括前台表现(如网站首页的设计、单页频道的设计、产品详细页的设计、产品列表页和分类页的设计、文章列表页的设计、文章内容页的设计、用户中心的设计、付款相关页面的设计)和后台实现两部分。

第四步，网站运营与网络营销。在网站上线与客户见面之前，还需要充实网站内容。网站资料，如图片大小、关键词的选取、排版模板的制作等，都会与页面打开速度和搜索引擎优化息息相关。网站的网络营销可以通过网站优化、互联网推广、软文投放、论坛发帖、制作视频、社会化媒体互动等多种手段开展营销。

【知识嵌入】

电子商务营销是利用网络进行沟通，并且实现产品销售的一种方式。但企业进行电子商务营销，并非简单地在网上寻找客户、轻松实现网上交易，而是利用网络上各种资源进行推广营销。

一、企业电子商务营销的方式

(一)利用比较成熟的 B2B 商城开网店

每个企业都要有符合自己实际情形的电子商务营销，对于中小企业而言，在比较成熟的商城中开网店是一个不错的选择。利用成熟的 B2B 商场开网店，在网店中推广自己的产品，只要商城做得比较好，那么来网店购买东西的人也就会很多，比如 1 号店、京东商城等。选择在商城开网店有如下几个优势：一是开网店成本低，只要开通支付宝就可以了；二是只要做一些相应的工作，网店的排名就会提前。

目前国内很多企业都借助 B2B 电商平台宣传和销售产品，企业之所以选择 B2B 平台，一方面，B2B 平台是企业对企业的形式，适合企业的营销需求，信息传递准确且目标客户精准；另一方面，企业可以很好地宣传推广，在行业中形成较高的知名度和专业的市场口碑。电子商务将来一定是企业做推广、做市场的主流方式。目前国内大部分 B2B 电子商务平台都是免费的，它们自身的搜索引擎排名和权重都不低。随着 B2B 的发展，如今的 B2B 电子商务平台数量成几何级上升，有大有小，良莠不齐。企业该怎么选择适合自己的 B2B 网站呢？

第一，选择适合自己产品的 B2B 平台。综合型网站覆盖的行业多、范围广，网站资源竞争激烈，企业需要持续推广才能让更多的客户发现自己。因此，在综合型电子商务平台上，企业间的竞争不仅仅是产品质量的比拼，还是信息优先化、营销手段的竞争。而垂直类 B2B 平台与综合平台的定位不同，专注于某个行业，服务更专业，客户更精准。这类平台往往专注打造专业性信息、交易平台，围绕一个行业深入研究，深度挖掘用户需求。垂直型网站，发布信息效果也会更好。

第二，注册会员要注重效果。目前 B2B 平台可免费为企业注册成为会员，企业也可以在多个平台上注册成为会员。但在电子商务网站上注册会员、发布供求信息和产品信息要注重效果，以免造成时间和资源的浪费。企业注册成会员后，B2B 平台能否为企业带来更多的生意，还需要企业不断加强电商营销水平，及时更新产品信息。

第三，选择行业中知名度高、影响力深的电商平台。一般来说，买家采购商品时会选择行业中知名的、有影响力的平台；企业还要了解该 B2B 平台是通过什么方式帮助企业进行推广，它能为企业提供哪些具有实效的服务。例如阿里巴巴、慧聪网可以为会员提供站内关键词排名、广告位以及软文推广等。选择有资讯栏目的平台，要以获得针对行业的市场情况播报，企业可以接收到及时的行业市场信息，及时根据市场变化调整营销策略。

(二)建立电子商务交易平台

企业还可以试图建立自己的电子商务交易平台，毕竟自己的交易平台约束会很少，把开发出来的商城网址在网上发布、推广，利用搜索引擎平台，通过 SEO 优化网址，让更多的用户找到网站。

企业建立电子商务交易平台工作流程如下。

(1) 建站。建立平台，包括公司介绍、产品展示、营销网络建立等。在建站之前，企业应该进行市场调研，包括网站语言的选择、产品的市场定位及展示方式、企业形象如何通过画面体现、如何更有利于潜在客户的查找访问等，建站工作包括域名申请、空间建设、网站页面制作等内容。

(2) 推广。企业网站建立后，必须通过一系列的推广才能体现网站的价值，才能有效果。推广的方式有很多，包括线下推广和线上推广两个方面，最好做到线下与线上相结合。

(3) 维护。电子商务平台的维护其实是最重要的一个环节，它既包括数据、图片等信息的维护，也包括客户的维护。对网站的维护是为了不断调整网站架构和产品信息，以达到更佳的效果。

二、主流电子商务平台分析

(一)B2B 电子商务——阿里巴巴

阿里巴巴为全球领先的中小企业电子商务公司，也是阿里巴巴集团的旗舰业务。阿里巴巴在 1999 年成立于中国杭州市，通过旗下国际交易市场、中国交易市场和日本交易市场三个交易市场协助世界各地数以百万计的买家和供应商从事网上交易。此外，阿里巴巴也在国际交易市场上设有一个全球批发交易平台，为规模较小、需要小批量货物、快速付运的买家提供服务。阿里巴巴的首页如图 6-2 所示。

图 6-2　阿里巴巴的首页

1. 阿里巴巴网站的主要功能

阿里巴巴网站的主要功能如图 6-3 所示。

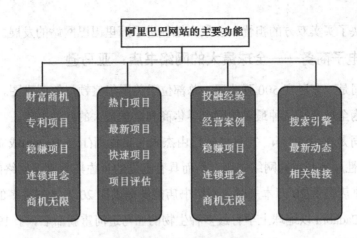

图 6-3　阿里巴巴网站的主要功能

2. 阿里巴巴的价值网络

阿里巴巴中国站的利益相关者主要包括供应商(即卖家)、采购商(即买家)、广告主、第三方认证服务提供商、银行等。其价值网络如图 6-4 所示。

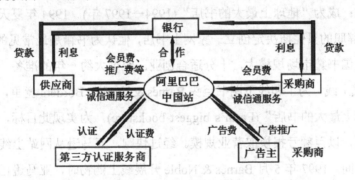

图 6-4　阿里巴巴的价值网络

3. 阿里巴巴网站的相关服务

阿里巴巴网站提供的相关服务主要有买家服务、卖家服务、诚信通等。

(1) 买家服务。买家可以利用网站寻找自己需要的商品,网站为买家提供了商机快递,买家可以设定自己需要商品的关键词,订阅有关商品的最新动态。买家可以享受进货单、导购资讯、物流服务、阿里贷款、找供应商以及发布求购信息等方面的服务。

(2) 卖家服务。阿里巴巴作为全球最大的中小企业电子商务平台,汇集了国内外大量的中小企业。阿里巴巴上卖家和买家是分不开的,很多企业都是以供应商及采购商双重身份出现在阿里巴巴平台上。

(3) 诚信通服务。电子商务得以发展离不开诚信环境的建设,阿里巴巴交易依托于网络,买卖双方一般不直接接触。为了保障交易的正常进行,阿里巴巴推出诚信通服务,在一定程度上解决了买卖双方的担忧,也极大地促进了阿里巴巴网站的发展。

(二)B2C 电子商务——全球最大的网络书店:亚马逊

亚马逊公司是一家财富 500 强公司,总部位于美国华盛顿州的西雅图。它创立于 1995 年,目前已成为全球商品品种最多的网上零售商和全球最大的网络书店。

亚马逊公司是在 1995 年 7 月 16 日由杰夫·贝佐斯(Jeff Bezos)成立的,一开始叫 Cadabra。它的性质是基本的网络书店。然而具有远见的贝佐斯看到了网络的潜力和特色,当实体的大型书店提供 20 万本书时,网络书店能够提供比 20 万本书更多的选择给读者。因此贝佐斯将 Cadabra 以地球上孕育最多种生物的亚马逊河重新命名,于 1995 年 7 月重新开张。该公司原于 1994 年在华盛顿州登记,1996 年时改到德拉瓦州登记,并在 1997 年 5 月 15 日股票上市。

1. 亚马逊定位

亚马逊经历三次定位转变。

第一次定位:成为"地球上最大的书店"(1994—1997 年)。1994 年夏天,从金融服务公司 D.E.Shaw 辞职的贝佐斯决定创立一家网上书店,他认为书籍是最常见的商品,标准化程度高;而且美国书籍市场规模大,十分适合创业。经过大约一年的准备,亚马逊网站于 1995 年 7 月正式上线。为了和线下图书巨头 Barnes & Noble、Borders 竞争,贝佐斯把亚马逊定位成"地球上最大的书店"(Earth's biggest bookstore)。为实现此目标,亚马逊采取了大规模扩张策略,以巨额亏损换取营业规模。经过快跑,亚马逊从网站上线到公司上市仅用了不到两年时间。1997 年 5 月 Barnes & Noble 开展线上购物时,亚马逊已经在图书网络零售上建立了巨大优势。此后,亚马逊和 Barnes & Noble 经过几次交锋,最终完全确立了自己最大书店的地位。

第二次定位:成为"最大的综合网络零售商"(1997—2001 年)。贝佐斯认为和实体店相比,网络零售很重要的一个优势在于能给消费者提供更为丰富的商品选择,因此扩充网站品类,打造综合电商以形成规模效益成了亚马逊的战略考虑。1997 年 5 月亚马逊上市,尚未完全在图书网络零售市场中树立绝对优势地位的亚马逊就开始布局商品品类扩张。经过前期的供应和市场宣传,1998 年 6 月亚马逊的音乐商店正式上线。仅一个季度亚马逊音乐商店的销售额就已经超过了 CDnow,成为最大的网上音乐产品零售商。此后,亚马逊通过品类扩张和国际扩张,到 2000 年的时候亚马逊的宣传口号已经改为"最大的网络零售商"(the Internet's No.1 retailer)。

第三次定位:成为"最以客户为中心的企业"(2001 年—至今)。2001 年开始,除了宣传自己是最大的网络零售商外，亚马逊同时把"最以客户为中心的公司"(the world's most customer-centric company)确立为努力的目标。此后，打造以客户为中心的服务型企业成为了亚马逊的发展方向。为此，亚马逊从2001年开始大规模推广第三方开放平台(Marketplace)、2002年推出网络服务(AWS)、2005年推出Prime服务、2007年开始向第三方卖家提供外包物流服务 Fulfillment by Amazon(FBA)、2010年推出KDP的前身自助数字出版平台 Digital Text Platform(DTP)。亚马逊逐步推出这些服务，使其超越网络零售商的范畴，成了一家综合服务提供商。

亚马逊公司的最初计划原本是在4~5年之后开始有盈利，2000年的网络泡沫造成了亚马逊公司平稳成长的风格成为独树一帜的佳话。在20世纪90年代有相当多网络公司快速成长，当时亚马逊公司的股东不停抱怨贝佐斯的经营策略太过保守和缓慢，而网络泡沫时期，那些快速成长的网络公司纷纷结束营业，只有亚马逊还有获利。2002年的第四季度，亚马逊的纯利约有500万美元，2004年则成长到3亿多美元。

2004年8月亚马逊全资收购卓越网，使亚马逊全球领先的网上零售专长与卓越网深厚的中国市场经验相结合，进一步提升客户体验，并促进中国电子商务的成长。至今已经成为中国网上零售的领先者。

亚马逊作为全球最大的网络书店，可以提供的图书目录比全球任何一家书店的存书要多15倍以上。而实现这一切既不需要庞大的建筑，又不需要众多的工作人员，亚马逊书店的1600名员工人均销售额为37.5万美元,比全球最大的拥有2.7万名员工的Barnes & Noble图书公司要高3倍以上。这一切的实现，电子商务在其中所起的作用十分关键。它工作的中心就是要吸引顾客购买它的商品，同时树立企业良好的形象。

2. 亚马逊Kindle对出版行业的影响

亚马逊自2007年11月19日发布了第一代Kindle电子书阅读器，用户可以通过无线网络使用 Amazon Kindle 购买、下载和阅读电子书、报纸、杂志、博客、芝麻客及其他电子媒体。2012年12月13日上午，亚马逊中国在毫无征兆的情况下，发布了中国亚马逊Kindle电子书商城。这预示着中国正式加入了电子书阅读的世界潮流。中国找到正版制作精良的电子书将不再是难事。当前，中国亚马逊Kindle商城里已上线超过2万本书，其中包括小说、文学、传记、艺术、少儿、经济、管理、生活等多种门类。

许多成功的电子商务平台，其实都是渠道平台。它们没有自己的产品，而是代卖别人的产品，但是现在，亚马逊借由Kindle的发布，已经进一步从软到硬、从云到手心地掌握了电子书的趋势，成功地改变了出版商与它的关系，架起了从出版上游(作者)到出版下游(读者)的通道，将来，有可能会成功绕过出版商，从作者直接到读者，从而改写出版规则。

Amazon 有可能因为它给了使用者太多选择的权利,反过来倒逼原厂商自动降价 50%以上,自己去调整怎么赚得更多。

3. 销售策略

亚马逊的营销活动在其网页中体现得最为充分。亚马逊在营销方面的投资也令人注目:亚马逊每收入 1 美元就要拿出 24 美分搞营销、拉顾客,而传统的零售商店则可能只愿意花 4 美分。

亚马逊的营销策略主要有以下几种。

(1) 产品策略。亚马逊致力于成为全球"最以客户为中心"的公司。目前已成为全球商品种类最多的网上零售商。亚马逊和其他卖家提供数百万种独特的全新、翻新及二手商品,类别包括图书、影视、音乐和游戏、数码下载、电子和电脑、家居和园艺用品、玩具、婴幼儿用品、杂货、服饰、鞋类、珠宝、健康和美容用品、体育、户外用品、工具,以及汽车和工业产品等。

同时,在各个页面中也很容易看到其他几个页面的内容和消息,它将其中不同的商品进行分类,并对不同的电子商品实行不同的营销对策和促销手段。

(2) 定价策略。亚马逊采用了折扣价格策略。所谓折扣策略,是指企业为了刺激消费者增加购买,在商品原价格上给予一定的回扣。它通过扩大销量来弥补折扣费用和增加利润。亚马逊对大多数商品都给予了相当数量的回扣。例如,在音乐类商品中,承诺:"You'll enjoy everyday savings of up to 40% on CDs, including up to 30% off Amazon's 100 best-sellong CDs(对 CD 类给 40%的折扣,其中包括对畅销 CD 的 30%的回扣)。"

(3) 促销策略。常见的促销方式,也即企业和顾客以及公众沟通的工具主要有四种,分别是广告、人员推销、公共关系和营业推广。在亚马逊的网页中,除了人员推销外,其余部分都有体现。

主页上广告的位置也很合理,首先是当天的最佳书,而后是最近的畅销书介绍,还有读书俱乐部的推荐书,以及著名作者书籍等。不仅在亚马逊的网页上有大量的多媒体广告,而且在其他相关网络站点上也经常可以看到它的广告。例如,在 Yahoo! 上搜索书籍网站时就可以看到亚马逊的广告。

亚马逊专门设置了一个 gift 页面,为大人和小孩都准备了各式各样的礼物。这实际上是价值活动中促销策略的营业推广活动。它通过向各个年龄层的顾客提供购物券或者精美小礼品的方式吸引顾客长期购买本商店的商品。另外,亚马逊还为长期购买其商品的顾客提供优惠,这也是一种营业推广的措施。

亚马逊经常会免去一些客户的运费,如当客户在大学校园或者满足一定金额的订单。

【课堂演练】

请打开湖南旅游电子商务平台(http://www.hntgov.com),如图6-5所示,分别以游客和商家身份,分析网站客户交易面设计、产品品种分类设计、价格、促销活动、服务体系;如果你是某旅游企业产品数字化营销专员,请你针对上述网站制定营销策略。

图6-5 湖南旅游电子商务平台首页

项目实训实践 我在淘宝开网店

1. 实训名称

我在淘宝开网店。

2. 实训目的

(1) 能够运用"出版物市场调查与分析"课程所学知识,制订开店调查方案。

(2) 能够运用"出版物营销实务"课程所学知识,寻找和洽谈货源。

(3) 能够运用"数字出版基础"所学知识,处理和美化图片。

(4) 能够了解注册和经营淘宝网店全过程。引导学生自主创业,有能力的同学可以继续将网店开下去。

3. 实训内容

(1) 以小组为单位,完成在淘宝开网店的前期论证工作;制定调查问卷、开展调查、完成调查分析论证报告。

(2) 组织货源,拍摄商品图片、处理图片、商品描述。

(3) 注册网店,对网店进行装饰、推广。

4. 实训步骤

第一步，开店可行性论证。淘宝网上出售的产品五花八门，有服装、配饰、精品、箱包、美容、玩具、文体用品、书籍、食品、电子产品，还有虚拟充值。哪类产品适合我们？网店究竟要卖什么？我们要针对什么样的人群？是学生群体、上班族还是白领？要了解网民的特征，确定消费者需求定位和开网店是否可行。这些需要进行开店前的调研，通过设计问卷、进行调研，并对调研结果进行分析、总结，做出开网店的可行性论证，制订基本的执行计划。根据开店计划和经营产品来确定选取和优化网店名称。网店名称要尽可能与所经营的商品相吻合，让人一看就明白网店里出售的是什么。

第二步，组织货源。按照计划寻找货源，与供应商沟通、洽谈、确定货源，采集货源。进货渠道有阿里巴巴进货、实体商城进货、做代理等。多逛阿里巴巴，尽量寻找价格便宜、质量有保证的厂家进货；选定几家长期合作厂家。做代理最适合大学生体验开店。

商品名称和细节描述应尽可能以简洁的语言概括出商品的特质，让人一看就能大致了解商品的基本信息，并考虑好商品的分类，以便从搜索引擎中找到；商品命名有如下几种方式：品牌+型号+商品名称(关键词)；地域特点+品牌+商品关键词；店名+品牌+型号+商品关键词。商品名称尽量多包含热门搜索关键词。

对所采集的货物进行拍照、图片美化处理等。拍摄照片有两种方式，一是拍摄实物图片，要多角度拍摄，灯光效果要好，确保实物美观清晰；二是人模拍摄，要注意人模与场景结合。图片处理软件有 photoshop、可牛、光影魔术手等。使用 photoshop 可以对图片进行裁切、调节明暗程度、加边框和水印；还可使用可牛、光影魔术手进行照片的美化。

第三步，建立网店，并进行装饰。熟悉淘宝交易规则，申请注册、身份认证。熟练运用开店所需要的软件，如阿里旺旺、淘宝助理等，网店装饰要与经营的产品品位相一致，色彩搭配合理，图片不宜太多。网店装修包括店招设计、Banner 设计、模板选取、宝贝分类、店铺介绍、橱窗推荐、看图购物等内容。

可以从代码中美化宝贝，这些工作包括如下几个方面。

(1) 插入图片代码：<img src="图片链接地址"/>应用于公告栏分类栏及宝贝描述内。

(2) 插入公告栏挂饰代码：<img src="图片链接地址" style="left:20px；position:relative;top:0px"/>。

(3) 背景音乐代码：<bgsound loop="-1" src="音乐地址"></bgsound>。

(4) 在图片里附加音乐的办法：<img border=0 src="图片地址" dynsrc="音乐地址">。

(5) 浮动图片的代码：<img alt="1" height="150" src="这里放图片地址"/>。

(6) 悬浮挂饰代码：<img src="这里放图片链接地址" style="left:20px；

position:relative;top:0px"/>。

(7) 文字链接代码：<a href="网页地址">链接文字</a>。

(8) 移动文字代码：<marquee>从右到左移动的文字<marquee>。

(9) 添加 QQ 在线交谈代码：<a target=blank href=http://wpa.qq.com/msgrd? V=1&Uin=QQ 号码&Site=www.goodcup.bokee.com&Menu=yes><img border="0" SRC=http://wpa.ww.com/pa?p=1:QQ 号码:7 alt="点击这里给我发消息"></a>。

第四步，上传准备出售的物品。

第五步，网络店铺的推广、宣传以及售后服务。网店上要留有 QQ、手机号码，保持旺旺同时在线；开展一些促销活动，积攒人气和信用度；借助 QQ 签名、论坛签名发布网店商品图片，进行宣传；开设专业的博客、微博、微信，写与自己卖的产品相关行业文章，引流到网店；在社区发帖、回帖，以提高店铺浏览量；登录各大搜索引擎和网址导航入口，提交网站登录信息；利用旺旺、QQ 等聊天工具、电子邮件发送相关信息；加入商盟，多做友情链接，多参加活动；配合实体宣传和推广。宝贝出售后，要查看已卖出的宝贝，联系交易事宜，处理付款、发货、评价、投诉等事宜。

第六步，成果展示，评选最优秀网店。

5. 实训要求

(1) 以小组为单位上交 1 份详细的开店调查方案和开店可行性论证报告。

(2) 以小组为单位完成淘宝网店注册、装饰、宝贝图片处理、宝贝图片上传、宝贝发布等工作。

(3) 制订所开设网店推广计划。

(4) 以小组为单位，制作 PPT，并在全班进行汇报。

6. 考核标准

考核标准 (100 分制)	优秀(90～100 分)	良好(80～90 分)	合格(60～80 分)
	调查方法恰当,可行性论证报告质量高；团队配合默契,分工明确；网店装修与所经营的产品品位相一致；网店推广方案可行,网店经营业绩明显	开展网店经营的可行性论证调查与分析；团队配合默契,工作积极性高；完成网店注册、装修、图片处理、推广、经营等系列工作	能及时完成调查,及时上交论证报告,无重大编校质量差错；能完成网店注册、装修、图片处理等工作
自评分			
教师评分			

注：未参与实训项目，在本次实训成绩中计 0 分。

课后练习

1. 思考题：新媒体用户有哪些特征？
2. 简答题：什么是 Web 2.0？Web 2.0 时代新媒体的主要形态有哪些？

《数字新媒体营销教程》授课计划表
(72课时)

项目与任务		学习目标	建议课时
项目一 认识数字新媒体营销	任务1 数字传播与数字新媒体	能认识数字传播技术及其对出版的影响；认识数字新媒体的种类及其对出版物营销的影响	2
	任务2 全媒体整合营销	能具有利用新媒体进行出版物营销的意识；能具有努力成为优秀新媒体营销经理的理念	2
	项目实训实践 区域内数字新媒体营销现状大调查	能够制订调查方案，设计制作调查问卷，顺利完成调查；能够整理和分析调查资料；能够撰写调查分析报告	4
项目二 互联网营销	任务1 网站营销	认识互联网营销的内涵；充分肯定互联网营销在企业营销中的意义和价值；能够运用网站营销手段进行营销	3
	任务2 电子邮件营销	能够运用电子邮件营销手段进行营销	2
	任务3 搜索引擎优化	能够运用搜索引擎优化营销手段进行营销	3
	任务4 联署计划营销	能够运用联署计划营销手段进行营销	2
	项目实训实践 新媒体营销经理训练营启动	能对模拟营销的产品进行网站营销计划，撰写营销方案，设计制作网站飘浮广告	4
项目三 社会化媒体营销	任务1 认识社会化媒体营销	认识社会化媒体对出版及出版物营销的影响；认识各类社会化新媒体的特点	2
	任务2 网络社区与论坛营销	能运用网络社区和论坛进行营销	2
	任务3 SNS营销	能运用SNS营销	2
	任务4 博客营销	能注册博客、撰写博客文章进行营销	4
	任务5 微博营销	能注册微博、撰写和发表微博；能为企业开展微博营销	4
	任务6 微信营销	能借助微信朋友圈、微信公众平台账号进行营销	4
	项目实训实践 社会化媒体营销大比拼	能综合运用网站、电子邮件、论坛、博客、微博、微信等社会化媒体手段对模拟营销产品进行营销	4
项目四 数字视频营销	任务1 聚焦数字视频营销	认识什么是数字视频和数字视频营销；了解数字视频营销的特点、数字视频营销的播放平台	2
	任务2 视频营销的策划、制作与传播	掌握数字视频营销的策划、设计、制作与上传等技巧；掌握数字视频营销优化、排名提升等技巧	4
	任务3 微电影营销	了解微电影营销的特点、类型、优势，能策划微电影进行产品或服务的营销	2
	项目实训实践 原创视频营销	能根据主题策划、拍摄、编辑和实施微电影营销	4

续表

项目与任务		学习目标	建议课时
项目五 移动和户外新媒体营销	任务1 移动新媒体(手机)营销	了解手机营销的特点,掌握手机营销的技巧	2
	任务2 户外新媒体营销	认识户外新媒体类型、了解户外新媒体营销的播放平台,掌握户外新媒体营销的技巧	2
	项目实训实践 寻找区域内户外新媒体营销机会	通过了解本区域内户外新媒体广告的资源情况,对模拟营销产品制订户外新媒体营销计划	4
项目六 电子商务平台营销	任务1 电子商务概述	认识电子商务及其对出版物营销的影响;认识电子商务模式	2
	任务2 企业的电子商务营销策略	掌握电子商务平台营销的技巧	2
	项目实训实践 我在淘宝开网店	能借助淘宝平台建立网店,并能为所开网店进行货源组织、商品命名、细节描述、图片拍摄与美化处理、网店推广与售后服务等	4

主要参考文献

[1] 鞠明君. 微信：社会化媒体营销的革命[M]. 北京：清华大学出版社，2013.

[2] 唐乘花. 数字出版基础[M]. 长沙：湖南科学技术出版社，2012.

[3] 郝振省. 数字时代的全媒体整合营销[M]. 北京：中国书籍出版社，2009.

[4] 童佟. 网络整合营销的道与术[M]. 北京：机械工业出版社，2010.

[5] 昝辉 Zac. 网络营销实战密码[M]. 北京：电子工业出版社，2011.

[6] 王金泽. 微信营销完全攻略 [M]. 北京：人民邮电出版社，2013.

[7] 孙建红. 电子商务案例分析[M]. 北京：对外经济贸易大学出版社，2008.

[8] 马荣. Android 版微信 5.4 开放内测应用宝独家[EB/OL]. [2014-08-28]http://soft.zol.com.cn/474/4744775.html.

[9] 杨明品. 视频产业发展现状与竞争格局分析[EB/OL]. [2014-06-12]http://dvb.lmtw.com/Market/201406/105001.html.

[10] 孙玉双，张佳满. 论户外新媒体的现状及发展趋势[J]. 现代视听，2010(4).

[11] 董敬一. 食品行业电子商务平台网络营销推广方案[EB/OL]. [2015-01-28]http://www.admin5.com/article/20111206/394646.shtml.

[12] 余龙玉. 电子商务专业淘宝开店实践《谈网上开店》[EB/OL]. [2015-01-20]http://wenku.baidu.com/view/12e1790cbb68a98271fefa26.html.

[13] 唐乘花，肖凭. 浅论微电影在企业营销中的应用[J]. 消费导刊，2012.5.

[14] 唐乘花，张波. 微电影营销在市场前景浅析[J]. 中国市场，2012.7.

[15] 唐乘花. 传统出版业数字化转型的困境与突破研究[M]. 长沙：湖南科学技术出版社，2013.

[16] 唐乘花，刘为民. 《此生未完成》：人际索引博客传播的启式[J]. 出版参考，2013.3.

[17] 唐乘花. 论手机出版的内容管理与编辑创新[J]. 科技与出版，2013.7.

主要参考文献

[1] 和凯旋,杨柳.建筑环境智能化概论[M].北京:清华大学出版社,2013.
[2] 白雪.建筑环境学[M].天津:天津大学出版社,2012.
[3] 薛志峰.现代楼宇综合布线与自控系统[M].北京:中国电力出版社,2008.
[4] 童林旭.地下建筑学[M].北京:机械工业出版社,2010.
[5] 邱林.智能楼宇综合布线[M].北京:电子工业出版社,2011.
[6] 王公宝.智能建筑综合布线[M].北京:人民邮电出版社,2012.
[7] 田淑珍.电子建筑综合布线[M].北京:清华大学出版社,2008.
[8] 邹杰.Android系统占5年移动门店应用市场[EB/OL].[2014-08-28].http://soft.zol.com.cn/478/4792795.html.
[9] 杨剑忠.华智东方发布新架构云安全和云计算[EB/OL].[2014-06-12].http://www.chnw.com/market/20140610500.html.
[10]陈海东.浅谈供水与排水施工的协调及其质量[J].砖瓦世界,2010(4).
[11]胡凯.智能化建筑电子信息系统防雷[EB/OL].[2015-01-28].http://www.adnmd.com/article/2011290960460.shtml.
[12]朱近之.当下云计算生态环境与业务模型上升趋势[EB/OL].[2015-01-20].http://wenku.baidu.com/view/f2e1900cbc58893.html.
[13]顾秀莲.国内外云技术研究与应用的新进展[J].信息学报,2012.5.
[14]陈晓敏.智能建筑技术管理内容与创新[J].中国电器,2012-7.
[15]梅振华.综合评价智能化建筑物电缆布线工程[M].长春:长春出版社,2013.
[16]刘丽华.《云计算技术》.人民邮电出版社[现代实业].出版参考,2013.
[17]熊光楞.协同仿真与虚拟样机技术,清华大学出版社,2013.7.